本专著是广州市哲学社会科学发展"十三五"规划 2017 年度重大课题"广州建设具有全国影响力的风投创投中心研究"（课题编号：2017GZZD04）的最终研究成果。

中国创业投资中心发展与评价研究

ZHONGGUO CHUANGYE
TOUZI ZHONGXIN FAZHAN YU
PINGJIA YANJIU

徐枫 著

·广州·

图书在版编目（CIP）数据

中国创业投资中心发展与评价研究 / 徐枫著 .—广州：华南理工大学出版社，2019.12
ISBN 978-7-5623-6035-3

Ⅰ.①中… Ⅱ.①徐… Ⅲ.①创业投资 – 研究 – 中国 Ⅳ.① F832.48

中国版本图书馆 CIP 数据核字（2019）第 152287 号

中国创业投资中心发展与评价研究
徐枫 著

出 版 人：卢家明
出版发行：华南理工大学出版社
（广州五山华南理工大学 17 号楼，邮编 510640）
http：//www.scutpress.com.cn E-mail：scutc13@scut.edu.cn
营销部电话：020-87113487 87111048（传真）
责任编辑：朱彩翩
印 刷 者：广州市新怡印务有限公司
开 本：787mm×1092mm 1/16 印张：12.25 字数：283 千
版 次：2019 年 12 月第 1 版 2019 年 12 月第 1 次印刷
定 价：88.00 元

版权所有 盗版必究 印装差错 负责调换

前 言
QIANYAN

发展创业投资（以下简称"创投"）是实施创新驱动发展战略的重要举措，是实现技术、资本、人才、管理等创新要素与创业企业有效结合的投融资方式，是培育我国经济社会发展新动能的孵化器。2014年李克强总理提出"大众创业，万众创新"的口号，吹响了我国创业投资高速发展的号角。为促进创业投资的发展，近年来从中央到地方陆续出台了一系列优惠政策支持创新创业，涵盖税收优惠、贷款补贴及财政引导等多个方面。

作为新兴产业资金配置的中枢，创业投资在推动技术创新的发展中起到了至关重要的作用。对企业来说，实现技术创新的突破，是一条漫长的道路，背后需要大量资金与时间的投入。美国硅谷成为全球科技创新中心的重要原因之一，正是创业投资为硅谷新兴技术企业的成长一路保驾护航。硅谷技术集聚的优势吸引了大量创投资金，因此率先成为发展成熟的全球创投中心，并且其创投资源辐射至周围地区，拉动了整个旧金山湾区的经济增长。从美国经验来看，要想建设成为全球重要科技产业创新中心，离不开创投中心的建设。

创投中心指的是创业投资机构集中、新兴产业聚集、资本市场发达、投融资活动频繁的创业投资枢纽。创投中心一方面聚集创业投资资金等资源，为创新创业企业提供增值服务；另一方面又将创投资源辐射至周边城市，集聚高新科技企业，吸引大量的高端人才落户，发挥产学研融合优势，不断将研究成果落地转化，推动当地成为重要的科技创新中心。建设创业投资中心城市，能充分发挥创业投资对新兴产业的助推作用，对优化供给侧资源配置、化解产能过剩以及加快地区经济转型升级具有重大意义。

在创业投资的研究领域，鲜有特别关注创业投资中心的形成与作用。只有认清形势，把握好方向，才能又快又好地建设创业投资中心。为此，本书构建了一套全面、科学的创业投资中心评价体系——中国创业投资中心发展指数，客观评价各城市创业投资发展

的水平,从而为各地创业投资中心的建设提供有针对性的指导意见。

本书重点阐述了"什么是创业投资中心以及为什么要建设创业投资中心""中国创业投资中心发展指数是如何构建的""我国各城市及地区的真实创投发展水平是什么情况""制约我国各城市及地区创业投资发展的主要障碍有哪些""如何促进创业投资的发展"等五个层面的问题。

本书首先介绍了创业投资的由来和内涵,界定了创业投资中心的概念,梳理国内外创业投资发展历程,并与我国创业投资的发展现状进行对比。在深入剖析美国创投中心演变历程的基础上,从创业投资中心的集聚作用和辐射作用两方面论述发展创业投资中心的必要性。然后,编制中国创业投资中心发展指数,通过不同等级指标的依次细化分析,从多个维度对我国各创业投资中心进行全方位的系统性评价,确定其在全国的排名并进行创投等级的梯队划分。与此同时,通过区域效应分析、障碍度分析和政策关联性分析等方法,解构出城市创投发展的主要障碍因素。

本书旨在从城市层面科学评估我国创业投资发展的形势,希望能为各级政府部门,风投("风险投资"的简称,下同)、创投机构以及风投、创投领域的专家学者提供决策参考。由于本书为广州市社会科学规划课题的研究成果,因此重点分析了广州市创业投资领域的实际情况,在结尾处针对广州市创业投资的发展障碍,提出促进广州市创业投资发展的建议,以期找出广州市创业投资集聚的驱动因子,解密创业投资中心城市的正确发展道路。

本书的出版,得到了广州市社会科学规划项目的支持,在此表示衷心的感谢!

编者

2019 年 5 月

目录 MULU

第1章 绪论 1
    1.1 研究背景 1
    1.2 文献综述 2
    1.3 研究内容与研究方法 16
    1.4 创新之处 18

第1篇 背景篇 21

第2章 国内外创业投资发展概况 23
    2.1 发展创业投资的战略性意义 23
    2.2 国内外创业投资的发展历程 24
    2.3 国内外创业投资发展现状 29

第3章 创业投资中心城市的发展与重要意义 37
    3.1 创业投资中心的发展历程及启示 37
    3.2 创业投资中心城市发展的意义 46

第2篇 指数篇 49

第4章 创业投资中心发展指数构建 51
    4.1 设计原则 51
    4.2 构建目标 52
    4.3 理论基础 53
    4.4 框架模型 56

  4.5 指标体系 …………………………………………………………… 57
  4.6 样本选取 …………………………………………………………… 66

第5章 创业投资中心发展指数计算结果 68
  5.1 指数计算 …………………………………………………………… 68
  5.2 历年中国创业投资中心发展情况 ………………………………… 71

第3篇 评价篇 77

第6章 指数排名简析 79
  6.1 创投中心梯队分析 ………………………………………………… 79
  6.2 地区创业投资评价 ………………………………………………… 80
  6.3 粤港澳大湾区评价 ………………………………………………… 81
  6.4 创投中心历年趋势 ………………………………………………… 83
  6.5 创投中心位差简析 ………………………………………………… 84
  6.6 重点创投中心简析 ………………………………………………… 86

第7章 要素评价 89
  7.1 创投绩效 …………………………………………………………… 89
  7.2 创新能力 …………………………………………………………… 95
  7.3 金融环境 …………………………………………………………… 101
  7.4 人才环境 …………………………………………………………… 107
  7.5 政策支持 …………………………………………………………… 113

第8章 区域效应分析 120
  8.1 创业投资中心的空间分布概览 …………………………………… 120
  8.2 全局 Moran 分析 …………………………………………………… 121
  8.3 局部 Moran 分析 …………………………………………………… 122
  8.4 创业投资中心区域格局总结 ……………………………………… 124

第 4 篇　政策篇　125

第 9 章　发展障碍分析 ·· 127
　　9.1　创投排名障碍度分析 ··· 127
　　9.2　广州市创投政策关联性分析 ································· 138
　　9.3　广州市创投发展障碍总结 ···································· 147

第 10 章　政策建议 ··· 149
　　10.1　创投发达城市创投政策分析 ································· 149
　　10.2　广州市发展创业投资政策建议 ······························ 170

附录　各城市一级指标的得分情况 ································· 176
　　发展指数 2011 ·· 176
　　发展指数 2012 ·· 177
　　发展指数 2013 ·· 178
　　发展指数 2014 ·· 179
　　发展指数 2015 ·· 181
　　发展指数 2016 ·· 182
　　发展指数 2017 ·· 183

参考文献 ·· 184

第 1 章 绪 论

1.1 研究背景

2017年10月，习近平总书记在十九大报告中指出，面对国内外形势变化，在新时代要坚持中国特色社会主义，实现社会主义现代化及中华民族的伟大复兴，须紧扣我国变化的社会矛盾，贯彻新发展理念，建设现代化经济体系。近年来，我国经济发展进入了增速变化、结构调整的新常态。面临着经济发展动能转换节点，要化解产能过剩，实现经济可持续高质量增长，需要通过科技创新，发展新兴产业来引领。当前新兴产业以中小企业为主，而创业投资（以下简称"创投"）为创新企业提供资金及战略性建议，让新兴中小企业做大做强，是新兴产业壮大不可缺少的部分。建设创业投资中心城市，最大化发挥创业投资对新兴产业的促进作用，是我国当前促进创投发展的重要课题。

创业投资起源于欧洲，兴起于美国。20世纪50年代后，美国政府通过一系列法案，发展创业投资，促进新兴产业迅速壮大。在此之后，随着引导力度的逐渐加大，资本市场的不断完善，创业投资在美国迅速发展，使美国成为创业投资发展最好的国家。创业投资是美国高新技术产业能够高速发展的最主要推动因素，当时许多高新技术企业都受益于创业投资的资金投入，并利用创业投资的资金及战略建议迅速发展，成为世界上顶尖的高科技公司，如苹果公司、IBM、谷歌等，这也使得美国科技以及高新技术产业领先于全球。对于我国来说，要实现科技强国，壮大新兴产业、发展创业投资是必不可少的一环。

2014年李克强总理提出"大众创业，万众创新"，我国创业投资发展开始进入一个新的阶段。为促进创业投资的发展，我国出台了一系列切实有效的政策，涵盖税收优惠、贷款补贴、财政引导、科技转化、创业孵化等多个方面。2015年，《国务院办公厅关于发展众创空间推进大众创新创业的指导意见》和《关于大力推进大众创业万众创新若干政策措施的意见》两个文件的出台，大力促进大众创新创业。国务院、科技部出台科技转化的相关政策，如修订《中华人民共和国促进科技成果转化法》，制定《实施〈中华人民共和国促进科技成果转化法〉若干规定》，扫除科技成果使用、处置及收益权等政策障碍，并进一步明确细化相关制度措施。2016年，国务院印发《关于促进创业投资持续健康发展的若干意见》，进一步放宽资金来源，规范市场环境等。除了国家出台相关的政策，北京、上海等省市先后发布政策促进创业投资持续发展。

截至 2017 年底，中国私募创业投资机构、股权投资机构数目超过 1.2 万家，其中由国家引导建立的政府引导基金数目已达到 1500 支，活跃在中国内陆的早期投资、创业投资和私募股权投资机构管理资本量总计超 8.5 万亿元，按照规模来算，中国已成为全球第二大股权投资市场。

根据科技部、商务部、国家开发银行联合出版的《中国创业风险投资发展报告 2017》，我国 2016 年创业投资机构仅覆盖 41 个城市，其中大部分集中在北京、上海、深圳三个城市，占全国创业投资机构总数的 60% 以上。整体来看，创业投资资源主要聚集在东部沿海和发达地区，中部地区创业投资机构逐渐崛起，而西部地区则继续保持平稳、资源较少的特点。按区域来分，首先以上海为首的长三角地区的创业投资中心实力最为强劲，其中，杭州、苏州、南京等创业投资发展较好，尤其是杭州，近几年创业投资发展速度迅猛。以深圳为首的粤港澳大湾区实力稍弱，但具有较大的发展潜力。广东省人民政府和广东省其他各市县人民政府对创业投资及新兴产业扶持力度加大，促使创业投资迅速发展。例如广州市创业投资实力迅速提升，跃居全国第五；佛山、珠海等城市创业投资在深圳、广州这两个创业投资中心的辐射引导下加快建设步伐。其次是以北京为首的环渤海地区，北京创业投资中心的集聚效应较强，加上天津创业投资整体实力较强，带动了整个地区的发展，但是该地区其他城市的创业投资发展水平较低。我国其他省份的创业投资，如四川、山东等近年来表现也渐佳，但仍没有发达的创业投资中心城市。在未来发展创业投资的过程中，各省市应该通过建设创业投资中心城市，发挥中心城市的集聚作用与辐射作用，从而最大化地提升区域创业投资产业的水平。

推进我国创业投资发展，迫切需要科学的评价体系作引导，但是当前国内外并没有建立关于城市创业投资发展的评价体系。华南理工大学金融工程研究中心根据前人的经验及理论，结合创投绩效、创新能力、金融环境、人才环境及政策支持五个方面，构建了完整的评价体系——中国创业投资中心城市发展指数，该指数比较当前我国中心城市的创投发展情况，并根据各个指标综合评判各城市创投发展的优劣，从而为其创投发展提供针对性的意见，促进我国创业投资更好地发展。

1.2 文献综述

创业投资产业于 20 世纪 40 年代兴起于美国，已经发展了半个多世纪，关于创业投资的研究也已经相对成熟。本章将对创业投资的已有研究和相关理论进行梳理，主要包括创业投资的相关研究和相关指数的研究。在创业投资的相关研究中，我们将从创业投资的定义、发展创业投资的意义、创业投资的影响因素三个方面展开；在相关指数的研究中，我们将从创新创业指数的构建、金融中心指数的构建两个方面展开。

1.2.1 创业投资的定义

创业投资，又称为风险投资（以下简称"风投"），英文为 Venture Capital。广义的创业投资泛指一切具有高风险、高潜在收益的投资；狭义的创业投资是指以高新技术为基础，对生产与经营技术密集型产品的投资。对于创业投资，不同的组织有着不同的定义。美国创业投资协会（NVCA）认为创业投资是由专业投资者投入到新兴的、迅速发展的、有巨大竞争潜力的企业中的一种股权性资本。英国创业投资协会（BCCA）认为其为"积极活跃地管理资金，用于对英国未上市公司进行长期股权投资的机构"。欧洲投资银行（EIB）认为创业投资是为形成和建立专门从事某种新思想或新技术生产的小型公司而进行的股份形式承诺的投资。

综合对于创业投资的不同定义，笔者认为，创业投资是指通过向相对不成熟的创业企业提供股权资本，同时为其提供管理和经营服务，并在企业发展到相对成熟后，通过股权转让收取高额中长期收益的投资行为。

1.2.2 发展创业投资的重要意义

创业投资自 20 世纪 40 年代兴起于美国，经过 70 多年的不断发展，孕育了大批企业巨头和新兴产业，取得了卓著的成效，已经成为当今世界新兴产业、高科技产业乃至世界经济发展的强大推动器。

关于发展创业投资的意义，研究历史很长，可以说从创业投资诞生时就已经开始讨论了。但真正的实证研究大多都是在 21 世纪才开始进行的，这主要与创业投资的数据可得性有关，创业投资固有的私募性导致相关信息的非公开，大大限制了相关研究的开展。近年来，创业投资专业数据库的建立和完善，以及大量创业投资支持的公司上市，为研究者提供可资利用的数据信息（朱孝忠，2008）。如今，对于发展创业投资的意义，即创业投资的意义研究领域发展迅速，已经取得了众多成果。

创业投资是现代高科技项目的孵化器。创业投资制度的创立，极大地促进了科技产业化的进程，促进了知识经济的发展。创业投资从产业发展的角度看，是高科技项目的孵化器，但从产权和争夺市场的角度看，也是高科技项目的控制器。在全球经济日益一体化的今天，我们必须加快创业投资体制的创新，才能在争夺高科技人才与项目的市场中保持主动，促进我国新经济的健康发展。

综合已有研究，发展创业投资的意义主要体现在以下几个方面：①创业投资促进了经济的发展；②创业投资促进了技术创新和高新技术产业的发展；③创业投资促进了企业的发展；④创业投资对企业 IPO（首次公开募股）的影响。

1. 创业投资促进了经济的发展

自 1946 年第一家创业投资机构——美国研究与发展公司成立以来，创业投资在美国得到了空前的发展，推动了美国新经济的繁荣发展。已有研究大都证实了创业投资的的确确促进了经济的发展。对于创业投资与经济增长关系的研究大致可以分为两类：一是直接对创业投资和经济增长的关系进行实证研究，二是通过创业投资的资本要素属性和技术要素属性两方面进行研究。

李成等（2009）通过对美国创业投资与经济增长关系进行实证分析，发现美国创业投资与经济增长之间存在着长期稳定的关系，每百万美元的创业投资资金，可带动0.21亿美元的经济增长，创业投资在经济增长中的作用明显。

陆文香等（2013）利用1995—2012年美国创业投资和GDP总量原始数据，就美国的创业投资对其GDP的影响进行计量实证分析，结论表明美国的创业投资对美国经济增长具有很大的推动作用。

李少亮（2013）选取1997—2011年度我国的创业投资额和国内生产总值实证检验创业投资对经济增长（GDP）的影响，发现创业投资与经济增长之间确实存在较强的相关关系，尽管各自的变化是不稳定的，但就长期而言，它们之间却构成了长期稳定的动态均衡关系，进一步得出创业投资在推动经济增长方面有一定的积极作用的结论。

以上的研究都是通过对创业投资和经济增长的关系进行实证研究从而来探究创业投资对经济增长的影响，也的确得到了我们预想中的结果，但是由于没有深入探究创业投资促进经济增长的机理，无法反映出创业投资如何促进经济的增长。已有研究除了直接对创业投资和经济增长的关系进行实证研究之外，也有学者通过创业投资的两个属性：资本要素和技术要素进行研究。

王双正等（2003）把高新技术创业投资作为推动经济增长的重要因素，运用索洛增长方程对创业投资的贡献率进行实证分析。模型反映了技术进步、劳动力、创业投资、其他投资与经济增长之间的关系，为不同地区、规模的风险投资业进行横向比较提供了一条可资借鉴的思路。

金雪军等（2007）从创业投资部门通过促进要素投入和技术进步两个角度来研究创业投资对于经济增长的作用机制，利用传统的柯布道格拉斯生产函数，将创业投资对经济增长的内部因素内生到生产函数之中并选取了2003—2005年我国东部十省的数据进行实证研究，研究结论表明创业投资作为要素投入对经济增长与传统的资本和劳动力投入相比有明显的区别，创业投资通过促进高科技产业的发展来提高全要素生产率，进而促进经济增长。

徐勇等（2012）构建了基于技术创新中介效应的创业投资和经济增长关系的实证模型，采用面板数据方法，实证分析了我国31个省（市、自治区）的技术创新在创业投资促进经济增长过程中的中介作用机制。实证结果表明，在控制教育水平、研发投入等因素的情况下，创业投资一方面对经济增长具有明显的正向促进作用，另一方面通过推动技术创新间接地促进经济增长。

综上所述，创业投资不仅对经济增长具有明显的推动作用，同时也通过推动技术创新和提高全要素生产率从而间接地促进经济增长。

2. 创业投资促进了技术创新和高新技术产业的发展

创业投资是美国高新技术产业的关键推动力，为美国新经济的成功和技术进步做出了重大贡献。世界各国纷纷仿效美国的做法，制定一系列推动本国创业投资业发展的政策，其基本出发点就是认为创业投资对技术创新具有巨大的推动作用，因而造就了美国在高科技领域的领先地位，世界各国都希望通过发展本国的创业投资业来促进技术创新并最终推动经济发展。

从学术层次来划分，可以分为调查研究和计量研究两个部分。调查研究是由各国创业投资协会、政府机构，或相关统计机构在调查的基础上进行的研究；计量研究主要是由学者采用规范的计量技术进行的研究，包括宏观计量研究、产业计量研究和微观计量分析。

调查研究是由各国创业投资协会、政府机构或相关统计机构在调查的基础上进行的研究，由于其数据来源较为全面和真实，因而结果具有较高的可信度。

NVCA（2007）以美国23 500家创业投资支持的创业企业为样本，研究了创业投资对技术进步的影响。美国在高新技术行业，创业投资的贡献非常明显。以2006年为例，在软件行业中，创业投资支持的企业雇用了87万员工，占行业员工总数的88.2%，销售收入为2270亿美元，占行业总销售收入的38.9%；在计算机及外围设备行业中，创业投资支持的企业雇用了199万员工，占行业员工总数的94.0%，销售收入为5333亿美元，占行业总销售收入的78.3%。可以看出，创业投资参与了高新技术产业发展和运营，对技术创新有着巨大的贡献。同时，创业投资促进了产业集聚的形成，如硅谷和128号公路，为美国高新科技产业的繁荣奠定了基础。

EVCA（欧洲风险投资协会）（2005）研究了欧盟25国创业投资对技术创新和高新技术产业发展的影响。在生物技术和医疗健康行业中，创业投资支持的企业雇用员工数年均增长率超过45%。同时创业投资支持的企业R&D（即研究与试验发展）投入和R&D人员数比例更高；平均每三个员工中就有一个从事研发工作，13%的员工拥有博士或同等学位。同时，创业投资支持的企业平均每年的R&D投入为340万欧元，每个员工的年平均R&D支出为50 500欧元。另外，从专利来看，创业投资支持的企业年平均申请专利14项，获得授权8项，平均每百人获得专利数8.4项，这一水平是欧盟25国整体的6倍。

从以上调查研究可以明显看出，创业投资是技术创新和高新技术产业发展的强大推动力。以下的计量研究则是从实证分析的角度探究创业投资对于技术创新的影响。

自1998年第一篇关于创业投资对技术创新影响的研究 *Does Venture Capital Spur Innovation?* 出现以来，学者们利用不同数据和不同方法对此进行了研究。研究结果大致有以下两类，一些研究证实了创业投资对技术创新的作用，而另一些研究则发现创业投资对技术创新并没有显著的作用。可见目前该领域并没有得到一致的研究结论，所用模型、数据和方法的不同使研究结果产生了差异。

Korturn 和 Lerner（1998）在论文 *Does Venture Capital Spur Innovation*？中指出创业投资活动显著增加了一个行业的专利数。

Tykvova（2000）以德国为样本，采用专利产出函数，用 1991—1997 年的 58 个观测值进行分析，结果表明，创业投资对德国专利申请数量有显著的正向影响。创业投资额翻一番，则专利申请数量增加 12%；创业投资公司的数量增加一倍，则专利申请数量增加 21%。

Hellmann 和 Puri（2000）以美国硅谷 173 个高新技术创业公司为样本，选用 Probit 模型和 Cox 比例风险模型对企业融资策略与产品市场策略的互动关系进行了经验研究。研究发现，采用创新策略的公司比采用模仿战略的企业明显更好，并且在其生命周期的更早阶段获得风险资本，同时创业投资的介入显著减少了将产品推向市场的时间，尤其对创新者而言。

Engel 和 Keilbach（2007）选取了 274 个风险资本支持企业和 50 754 个对照企业作为样本，研究了创业投资对德国小企业成长和创新活动的影响。与 Hellmann 和 Puri（2000）一致，编者也选用了 Probit 模型，研究结果表明，创新型企业有更高的概率获得风险资本；企业获得创业投资后，将表现出更高的成长率，但在创新产出方面并没有表现出明显的差异。编者认为，这是因为创业投资者为了实现资本收益的最大化，将精力放在企业价值最大化，促使他们投资的企业将精力放在已有创新的商业化上，而不是放在进一步的创新上，但是只有创新成果的转化才能迅速实现更高的增长率。

程昆等（2006）通过实证分析表明创业投资对我国技术创新有促进作用，但与美国创业投资对技术创新的作用效率相比存在较大的差距，我国还需改进创业投资环境，以更好地促进技术创新。他们指出，技术创新本身具有正外部性和较高的不确定性。在技术创新投资中，由于信息不对称有可能导致技术创新融资市场成为"柠檬市场"，同时技术创新人员与投资者之间还会出现委托代理问题，产生道德风险，进而造成技术创新融资成本过高、技术创新投资不足等现象的发生。风险资本家的专业才能降低信息不对称、柠檬风险溢价以及道德风险，风险资本行业是解决技术创新融资问题的"自由市场"方式。另外，特殊的风险资本合同结构有助于解决技术创新融资问题。

朱孝忠（2008）指出，现有的研究思路主要有两种，一种以理论文献为代表，认为创业投资解决了高科技中小企业融资难的问题，促进中小企业的产生和发展，进而有利于技术创新。另一种以经验研究为代表，重点考察创业投资参与是否显著提高了企业和产业的创新率。他对已有研究进行总结，得出以下结论。第一，创业投资对技术创新的促进来源于两个方面：①有创业投资支持的公司与无创业投资支持的公司在技术创新上的差距；②如果没有创业投资就不可能使产生和发展起来的公司所发生的技术创新。第二，现有的研究往往是比较创业投资与 R&D 在促进技术创新方面的作用，未来的研究应当着重比较创业投资与其他融资形式（主要是银行贷款）在促进技术创新方面的差别。

龙勇和杨晓燕（2009）采用实证研究的方式，利用专利申请数（技术创新产出能力）和高新技术产品出口额（技术创新效率）两个指标来刻画技术创新能力，将专利申请数和高技术产品出口额作为被解释变量，采用R&D经费支出额、创业投资额作为解释变量，运用1997—2006年的数据研究创业投资对我国技术创新能力作用的程度。研究结果表明，创业投资和技术创新能力之间是相互推动、相互影响的一个良性循环，创业投资能够有力地促进技术创新能力的提高。但是从我国实证分析结果来看，创业投资在我国的发展远没有达到欧美发达国家的水平，这主要是由于创业投资的发展，不仅受到企业发展水平的影响，而且还受到融资环境的影响。

米建华和谢富纪（2009）对我国创业投资发展与技术创新、经济增长进行了比较，并基于20个省市的截面数据对创业投资、技术创新与经济增长之间的关系进行了实证研究。实证结论表明创业投资显著促进了技术创新，而技术创新进一步显著促进了经济增长，同时创业投资与经济增长之间也在5%的水平上显著正相关；创业投资促进经济增长的核心机制在于创业投资涉及技术创新的各个环节，从而使高风险的技术创新活动获得了资金支持，使各种技术创新得以开展；技术创新的成功产业化最终推动了经济增长。

米建华、谢富纪和蔡宁（2010）指出创业投资对技术创新集群的促进路径主要有两种。一是通过投资某个主导技术创新项目，在主导技术创新项目产业化成功后，带动产业链或链节点上其他技术创新项目进入，从而形成技术创新集群。这种模式可以称之为主导技术创新项目驱动集群模式。二是通过多个创投资本同时在某个区域投资多个相同产业的技术创新项目，先形成较小范围的技术创新聚集，这些项目产业化成功后，进一步吸引同产业其他技术创新项目和创投资本进入，增加技术创新的聚集度，形成技术创新项目集群。这种模式可以称之为多项目共同驱动集群模式。

龙勇和时萍萍（2012）通过对重庆、深圳、广州等地高新技术企业的中高层管理人员进行访谈、问卷调查等方式，利用结构方程模型，以吸收能力为中介变量，研究创业投资的介入对高新技术企业技术创新效应的影响。研究结论显示创业投资的介入会增强高新技术企业对知识的静态和动态吸收能力，进而影响高新技术企业的技术创新效应，增加企业技术创新绩效，降低技术创新风险。

苟燕楠和董静（2014）通过对我国中小板上市公司的实证研究发现，无论从研发投入还是从专利数量上来看，有创业投资参与的企业在技术创新上的表现要显著好于无创业投资参与的企业。进一步的回归分析发现，在资本背景和经验背景不同的情况下，创业投资对企业技术创新的影响不同。政府背景创业投资的参与、公司背景创业投资的参与以及混合资本背景创业投资的参与与企业研发投入呈负相关关系。创业投资机构的经验越丰富对企业研发投入的影响越积极。

张佳睿（2014）通过对美国创业投资和国民生产总值进行实证分析发现创业投资额的当期波动及前一期的波动对GDP的当期波动有显著影响，且上一期的误差对当期的波动影响同样显著。同时，回归系数表明，当期美国创业投资额相对增加1%，会引起美国国民生产总值相对增长 0.019 23%，前一期美国创业投资相对增加 1%，会引起 GDP 相对增加 0.974 5%。由此可以看出，创业投资对 GDP 的影响具有一定的滞后性。

戚溯、丁刚和魏继鑫（2014）以物联网上市企业为例，基于数据包络分析模型和超效率模型进行创业投资对物联网产业技术创新绩效影响的评价和实证分析，并进行创业投资促进技术创新绩效的内生性检验，结果表明有创业投资支持的物联网上市企业的技术创新绩效高于没有创业投资支持的物联网上市企业，创业投资对产业技术创新具有促进作用，从而推动产业的发展和变革。

陈思等（2017）以 2006—2011 年深沪两市首次公开上市的 A 股公司为样本，创造性地运用双重差分模型（DID），研究创业投资对企业创新的影响，并进一步探讨其作用机制。之所以选择 DID，是由于不仅有创业投资进入的企业和无创业投资进入的企业可能存在不同，而且有创业投资参与的企业在创业投资进入前后也可能存在不同。采用 DID 的方法同时控制两种差异，才能更好地排除干扰因素，较为可靠地剥离出创业投资对企业创新的影响。研究发现：创业投资的进入促进了被投资企业创新，表现为专利申请数量的显著增长。外资背景的创业投资和多家创业投资联合投资对被投资企业创新活动的促进作用更强；且创业投资期限越长，对创新的促进作用越强。进一步考察创业投资影响企业创新的潜在机制发现：一方面，创业投资的进入有利于被投资企业引入研发人才，扩大研发团队；另一方面，创业投资的进入为被投资企业提供了行业经验与行业资源，从而有利于企业创新能力的提高。

王兰芳和胡悦（2017）利用中国企业面板数据，以制造业工业企业 2002—2013 年面板数据为样本，检验了创业投资对创新绩效的影响。结果表明，创业投资支持的企业在创业投资进入之后创新绩效的变化显著高于同期非创业投资支持的企业的变化。对于外部融资依赖度更高、高新技术密集度更高的行业以及产权保护更好的地区，创业投资对企业创新绩效的促进更显著。进一步区分创业投资机构的特征发现，非国有创业投资机构对创新绩效的促进作用显著大于国有创业投资机构；高声誉、高网络资本的创业投资机构对创新绩效的促进作用更显著。

以上的研究大多都证实了创业投资对技术创新与高新技术产业的发展具有促进作用。而以下的研究结果则有所不同，发现创业投资并不能明显地促进技术的创新和新兴产业的发展。

王建梅和王筱萍（2011）通过二元回归分析发现，创业投资额对国内发明专利申请量的影响作用不明显，而 R&D 经费支出对国内发明专利申请量的影响作用较明显。可见，我国的发明专利大部分都是由 R&D 投入产生的，而创业投资对技术创新没有起到应有的促进作用。这表明，与美国等创业投资发展成熟的国家相比，我国还存在很大差距。

尹洁（2012）发现，目前在中国，创业投资的增加反而导致企业创新能力的下降，创业投资对技术进步和技术效率的综合效应为负。他认为之所以会出现这样的结果，是因为大多数机构只是为攫取高新技术产业企业的红利，提供的只是少部分资金，而没有更好地进行管理和战略指导，没有对企业进行技术研发上的支持和引导，这就导致了我国创业投资行业目前没有发挥其应有的作用,行业还处于攫取高新技术产业价值而不是创造价值的阶段。

邓俊荣和龙蓉蓉(2013)利用1994—2008年中国创业投资额、R&D研发经费支出和专利申请量作为指标建立实证模型,通过二元线性回归分析发现:创业投资对技术创新的作用系数为负,并没有像国外那样有明显的推动作用,而R&D研发经费支出对技术创新的作用显著,研究期间国内技术创新大部分是由R&D投入产生。研究最后得出制约中国创业投资发展的主要原因在于:中国创业投资发展速度过快,投资额变动很大;中国创业投资处于发展初期,对被投资企业的帮助有限;中国创业投资行业本身不够成熟,对高新技术企业提供的支持远小于发达国家;中国创业投资创新主体的高新技术企业所面临的创新环境不够成熟。

可以看出,以上研究的对象均是我国的创业投资产业。之所以会得出创业投资不能很好地促进我国技术创新的结论,主要有以下几点原因:中国创业投资处于发展初期,对被投资企业的帮助有限,远不如发达国家;大多数创业机构只是为攫取高新技术产业企业的红利,没有为企业提供优质的管理和战略指导,没有对企业进行技术研发上的支持和引导;中国创业投资创新主体的高新技术企业所面临的创新环境不够成熟。

3. 创业投资促进了企业的发展

已有研究大都证实了创业投资对于企业的成长具有明显的促进作用。

Kaplan和Stomberg(2003)指出,创业投资作为一种权益融资,不仅能够满足科技企业在创立时对资金的需求,而且还能够通过参与董事会、制定发展战略、监管公司行为和雇用管理层等方式来迅速促进科技型企业的成长。

Baeyens和Manigart(2003)通过实证分析得出,风险资本支持的企业相对于非创业投资的企业更容易融资,创业投资支持的企业能够以更优惠的条件融资。

Rinand Penas(2007)总结了创业投资对企业创新战略的影响,将其划分为两种观点。①一种观点认为创业投资擅长选择市场时机(Gomper等,2005),善于在正确的时间投资企业,并在正确的时间促使企业上市(或者被收购),从而获取资本收益并将其投资于新的企业(Michelacci和Suarez,2000)。②另一种观点认为创业投资是企业发展的引领者,促进了企业的创新战略、专业化战略和商业化战略的实施。创业投资作为缺乏经验的创业家的顾问和监督者,发挥了积极的作用(Bakerand Gompers,2003)。创业投资在向创业家团队提供资本的同时,还提供其他服务,比如监督和建议等,促使企业进一步发展。创业投资的作用从融资方面扩展到战略方面,如产品市场化(Hellmann和Puri,2000),人力资源战略(Hellmann和Puri,2002)和商业联盟(Hsu,2006)。

Peneder(2009)将创业投资对企业绩效的传导机制归结为三种。①融资功能:许多新兴产业很难获取传统渠道的融资或者融资不足,它们需要创业投资的支持;②选择功能:创业投资机构会对企业进行甄别和筛选,选择那些具有发展潜力、在未来会表现出高绩效的企业；③价值增加功能：创业投资不仅仅是为了创新，更是为了企业价值的提升。因此风投机构在注入资本的同时还提供了管理支持，例如引导企业采用专业化商业模式，帮助企业加入非正式的关系网络。通过这三种传导机制，创业投资与企业增长之间建立了真正的因果关系，即创业投资能够促进企业的成长。

贾生华等（2009）在总结了创业投资对企业成长的促进作用及其内在机制和影响因素的基础上，得到了三个主要结论：①创业投资能有效促进企业成长；②创业投资主要通过增值作用促进企业成长；③创业投资的增值作用要受创业投资公司特征和创业投资支持的企业特征等影响。

王瀚轮（2014）采用中介效应检验和调节效应检验探究创业投资与新创企业之间的关系，并从资源获取的角度深入揭示上述关系。研究表明：①创业投资对新创企业绩效具有直接的积极影响；②创业投资通过促进新创企业资源获取而提升新创企业绩效；③组织学习在创业投资与新创企业获取资源之间具有调节作用，该研究结论更有利于深入理解创业投资与新创企业之间的关系。

董静等（2014）在梳理和分析创业投资与创业企业发展之间的关系、创业投资机构的风险及监控机制、创业投资机构的资源能力及增值服务这三个领域相关研究的基础上，开创性地构建了创业投资机构对创业企业管理模式的选择模型。该模型在创业企业类型和创业投资管理模式之间建立了匹配关系，指出创业投资机构可以通过组合激励约束机制和增值服务机制形成不同的管理模式，对在行业专长和不确定性上存在显著差异的创业企业进行分类管理，以促进创业企业的发展、提高创业投资的绩效。

蒋伟和顾汶杰（2015）从创业投资对创业企业作用的机理分析出发，明确得出创业投资对创业企业创新和企业成长的明显作用。研究表明创业投资活动的发展和增长有助于地区新企业的创新，一方面创业投资为那些无法从传统渠道融资的创业企业提供资金支持，另一方面也刺激地区创新，促使新经济部门、新技术、新产品的出现，为创业者创业活动提供更多机遇。研究结果表明创业投资不但有助于企业规模的不断扩大，同时也有助于企业研发创新等各项成长能力的提升，有效提高了企业竞争优势，帮助企业做大做强。

赵静梅等（2015）采用情景转换回归方法（switching regression，SR）探究创业投资对企业生产效率的经济效应。研究发现，无论是有风投背景的企业转变为无风投背景的企业，还是无风投背景的企业转变为有风投背景的企业，企业生产效率都无明显的变化。但是，总体无效率主要由低声誉风投机构导致，当高声誉风投机构转换成低声誉风投机构时，企业生产效率显著下降1.24%；当低声誉风投机构转换为高声誉风投机构时，企业生产效率显著上升1.65%。由此可见，虽然创业投资整体对企业生产效率并没有明显的提升作用，但是高声誉的创业投资表现出明显的提高企业生产效率的能力，这也验证了我国创业投资对企业生产效率存在声誉机制。

综上所述，创业投资支持初创企业的成长主要通过以下途径：为难获取传统融资渠道的初创企业提供资金支持；创业投资通过参与董事会、制定发展战略、监管公司行为支持企业发展；创业投资会对企业进行甄别和筛选，选择那些具有发展潜力、在未来会表现出高绩效的企业。

4. 创业投资对企业 IPO 的影响研究

已有研究主要从有无创业投资支持以及创业投资支持前后两个角度，分析创业投资对企业 IPO 的影响。

Hsu（2006）通过对 696 家初创公司的分析表明，有创业投资参与的企业 IPO 的比例要明显高于无创业投资的企业。当然，这并不足以说明创业投资促进了企业的 IPO，也可能是因为创业投资倾向于进入更有 IPO 可能性的企业。

张学勇和廖理（2011）通过研究创业投资背景对公司在股票市场表现的影响发现，相对于政府背景创业投资支持的公司，外资和混合型背景创业投资支持的公司 IPO 抑价率较低，股票市场累计异常回报率较高，民营背景创业投资支持的与政府背景支持的无显著差异；如果仅划分为有、无外资背景创业投资参与两类，那么外资背景创业投资参与支持的公司相对于那些非外资背景创业投资支持的公司 IPO 抑价率更低，股票回报率更高。对影响机理进一步剖析发现：相对于那些非外资背景的创业投资，外资背景创业投资倾向更加谨慎的投资策略，投资之后对公司治理结构安排会更加合理，并且公司具有较好的盈利能力，这些最终导致公司股票 IPO 抑价率较低和回报率较高。

贾宁和李丹（2011）以 2004—2008 年深圳中小板的上市公司为样本，研究创投机构对其支持企业上市后经营业绩和股市表现的影响。结果表明，创投支持企业上市时的规模和年龄均显著低于非创投支持企业，且前者在上市首日的抑价水平显著高于后者。此外，国有创投机构支持企业的抑价水平及绩效下滑幅度显著低于非国有创投机构支持企业。这些结果验证了 Gompers 提出的"逐名动机"假说，表明我国创投行业目前存在急功近利的倾向，创投机构为尽快实现投资收益、证明自己的实力会促使其投资企业过早上市，并且过度追求短期业绩而对企业的长期发展造成一定负面影响。

李玉华和葛翔宇（2013）通过考察创业投资参与对创业板企业在 IPO 前中后三个阶段表现的影响，发现：所参与企业 IPO 前的盈余管理程度较低，创业投资起到"监督"作用；所参与企业 IPO 时的抑价率较低，创业投资发挥了"核证"作用；而所参与企业 IPO 后的业绩并不显著优异，表明创业投资对所投企业"增值服务"作用还不太明显。通过进一步挖掘不同投资特征的创业投资对企业的影响差异，发现：较单一投资，联合投资具有"筛选""核证""资源共享"和"增值服务"优势，所参与企业 IPO 时的抑价率更低，IPO 后业绩更出色；相较成熟期"突击入股"，企业成长期或创立早期的创业投资，所参与企业 IPO 前盈余管理程度低，IPO 时抑价率低，IPO 后业绩更加出色。

许昊等（2016）以创业板上市企业为研究对象，分析了创业投资机构的进入、参与程度和资金背景对新创企业 IPO 绩效的影响。研究发现：①创业投资的进入和参与程度能显著改善企业 IPO 绩效；②相比于政府背景创业投资，民营和外资背景创业投资的进入和参与程度对 IPO 绩效的影响更大；③政府背景创业投资虽向投资者发出新创企业质量较高的"信号",但未能真正缓解投资者对企业真实价值认识的信息不对称和不确定性。此外,联合创业投资可以有效提升IPO绩效。

以上研究均证实创业投资改善了初创企业的IPO绩效,创业投资发挥了"核证"作用。同时,也有研究发现创业投资对企业IPO没有显著影响。

张丰(2009)运用均值比较和多元回归分析研究创业投资参与对我国中小企业板的影响。研究发现,创业投资参与的企业偿债能力显著较好,但营运能力显著较差,同时创业投资参与没有明显缩短上市所需时间,这说明国内创业投资很好地改善了企业资本结构,但提供的增值服务不足,项目选择中可能存在"逆向选择"问题。在股票市场表现方面,创业投资参与企业的抑价程度显著高于非创业投资参与企业,即创业投资参与没能起到国外实证得出的"认证作用",这说明国内创业投资可能存在"逐名动机",即为了获得高声誉宁愿承担高抑价的成本。

Miloud(2016)采用巴黎证券交易所的高频数据,研究样本是实现IPO企业,包括有无VC公司参与实现的,进行实证研究,结果表明有无创业投资的参与之间没有显著的价格差异。

通过对以上研究的梳理,可以看出,创业投资通过促进技术创新的高新技术产业的发展推动了经济的增长,同时,创业投资促进了初创企业的成长,提高了其IPO绩效。创业投资对当前我国经济转型升级、建设创新型国家具有极其重要的意义。

1.2.3 创业投资的影响因素

对于创业投资影响因素的研究,学者一般通过归纳总结影响因素并构建回归模型进行分析。

Black和Gilson(1998)通过比较美国与日本、德国的银行体系和股票市场,指出一个国家的金融体系与创业投资市场有着密切的联系,同时发现,相比银行借贷市场,活跃的股票市场更能促进创业投资的发展,因为股票市场可以为创业投资提供IPO的退出途径,使企业家重新获得企业的控制权。

Gompers和Lerner(1998)研究了美国1972—1994年创业投资组织筹资的影响因素,结果表明,养老金基金、资本利得税、GDP、R&D支出以及企业业绩和声誉影响创业投资的发展,其中GDP的高增长、R&D支出的增加以及更低的资本利得税促进了风险资本的发展。

Jeng和Wells(2000)以21个国家为样本分析了创业投资的决定因素,包括IPO、GDP和市场资本增长、劳动力市场刚性、会计准则、私人养老基金和政府项目,结果表明:IPO是创业投资最有力的驱动力,而GDP和市场资本增长的影响并不显著;不同类型的创业投资受这些因素的影响不同。

Schertler(2003)利用动态面板估计确定了西欧国家创业投资活动的驱动力,结果表明驱动力包括股票市场的流动性、人力资本禀赋、劳动力市场刚性,其中股票市场的流动性对创业投资具有重要的影响。

单雪雨（2010）将影响创业投资集聚的驱动因素划分为三个类别：基础条件、核心因素、辅助因素。基础条件包括：区域宏观经济环境、基础设施和区域人文环境；核心驱动因素包括科技创新资源、人才智力资源集聚和知识技术外溢及学习效应；辅助驱动因素主要包括中介机构的支持，政策法规的扶持以及资本市场退出等方面。

张艳光（2011）分析了影响我国创业投资的四个因素：首次公开发行、利息率、经济增长率和技术创新。通过对2001—2010年的数据进行实证分析发现，首次公开发行是创业投资的主要推动力之一，二者存在着正相关关系；利息率与创业投资存在着负相关关系；经济增长为创业投资的发展提供了不可缺少的经济环境；而技术创新则从根本上保证了创业投资的动力来源。

张晓晖和尹海英（2012）利用2009年中国创业投资区域分布的截面数据，文章实证分析了中国创业投资区域分布的特征及其影响因素。结果表明：创业投资在中国的集聚现象明显，"关系型投资"特征明显的创业投资在区域选择上会更加倾向于和其他创业投资项目集中在一起；中国创业投资呈现出金融市场导向型特征，即金融市场资源丰富的区域更容易吸引创业投资；人力资本丰富的区域也会成为创业投资的理想投资区域；技术要素和市场规模对创业投资区域选择的影响不够显著。

朱永贵（2013）将创业投资影响因素分为供给方以及需求方的影响因素，这些影响因素包括GDP、短期利率、长期利率、技术机会（包括国内研发经费的投入、知识投入以及专利数量）以及就业率；并选取美国1997—2011年的相关数据通过因子分析法进行相应的数理统计分析，结果表明知识投入、GDP、专利数量以及就业率这四个因素与创业投资正相关，对创业投资有促进作用；长期利率、短期利率与创业投资负相关；国内研发经费的投入与创业投资的关系最小。

蒲惠荧和苏启林（2013）通过对我国31省（区、市）创业投资的空间相关性进行测量，得出我国创业投资具有较强的全局空间相关性、集聚性与空间溢出异质性等特征。对影响创业投资集聚和空间溢出的因素进行计量分析得出，我国创业投资活动主要受区域创新资源、金融发达程度与政府支持性政策影响。

张玉华和李超（2014）构造了衡量创业投资地域集聚程度的指标，计算并检验了中国创业投资地域集聚程度及其空间相关性。基于空间面板模型，利用中国2005—2012年省域面板数据，实证分析了中国创业投资地域集聚的影响因素，结果表明：中国省域创业投资集聚具有显著的空间相关性；东部地区为创业投资"高高"集聚的区域，西部地区为创业投资"低低"集聚的区域；各省创新资源、人力资本水平以及政府政策是影响创业投资集聚发展的共同因素，而中介机构服务、区域市场容量、交通运输情况对各区域的影响不同。

通过对以上研究的梳理，我们可以看出，创业投资的影响因素包括以下几大类：宏观经济情况、金融发展水平、科技研发投入、人力资本水平和政府政策等。这对后文的创业投资中心评价体系的构建提供了宝贵的参考意见。

1.2.4 创新创业指数的构建

当前国内外均推出许多创新创业指数,通过了解不同指数的指标构建,有利于本书创业投资中心城市评价体系的构建。

《全球创业观察(GEM)2017/2018 中国报告》从创业活动、创业环境、创业政策三个方面对参加 GEM 项目的国家和地区进行分析和评价,为分析全球国家层面上的创业活动提供了数据支持。

《2008 全球知识竞争力指数》(WKCI)包括 5 类 19 个指标。5 类分别是:人力资源要素、金融资本要素、知识资本要素、地区经济产出、知识可持续发展能力。

Furman 和 Hayes(2004)提出国家创新能力指标体系包括创新产出、公共创新基础设施质量、特定产业集群创新环境、创新联系质量以及与创新产出相关的因素 5 个一级指标共 20 个二级指标。

硅谷指数(2010)包括人口、经济、社会、空间和管理 5 个方面共 16 个指标,其中专利、瞪羚企业数量和创业投资是反映硅谷创新能力的 3 个重要指标,其他都属于社会经济发展指数指标。

欧盟创新指数(2010)以创新推动、企业创新行为和创新产出作为一级指标,创新推动包括人力资源和金融支持,企业创新行为包括企业投资、联系与创业和生产率,创新产出包括创新和经济效果。

欧洲创新记分牌(2017)比较测量了欧盟成员国创新绩效。其指标体系由三个层级组成,第一层级包括框架条件、投资、创新活动和影响 4 个组群。第二层级包括人力资源、有吸引力的研究系统、创新友好型环境、金融支持、企业投资、创新者、联系、知识资产、就业影响和销售影响 10 个维度。第三层级包括新博士毕业生、25—34 岁年龄段受过高等教育人口、终身学习等 27 个指标。

《2017 年全球创业生态系统报告》是在长达一年的时间内研究调查了全球 10 000 个创业企业和 300 多家公司的基础上,综合考量了融资、市场覆盖率、全球相关性、技术人才、创业经历、资源募集、企业参与以及创始人愿景与战略 8 个因素,来评价各个城市创业生态活力。

全球创新指数 GII(2017)包括两个亚指数,创新投入亚指数和创新产出亚指数。其中创新投入亚指数下设 5 项一级指标,分别为政策制度环境、人力资源与研发、基础设施、市场成熟度和商业成熟度五个维度;创新产出亚指数下设 2 项一级指标,分别是知识与技术产出、创意产出两个维度。

中国科协发展研究中心国家创新能力评价研究课题组在 2009 年出版了《国家创新能力评价报告》,从三个维度七大要素共计 21 个三级指标对国家创新能力进行评价。创新投入要素维度包括物质资本、科技人力资源、政策环境三个要素;创新产出包括知识产权、应用绩效两个要素;创新潜能包括战略储备和发展趋势两个要素。这个报告最显著的特点是加入了发展潜能特别是发展趋势这一指标,通过考察过去五年间科技投入增长的情况考察其发展速度和潜能,能够从纵向时间上对一个国家的创新能力进行比较,观察其发展趋势,也可以观察发达国家的发展轨迹。

《国家创新指数报告 2013》借鉴了国内外关于国家竞争力和创新评价等方面的最新研究成果,参考世界经济论坛和瑞士洛桑国际管理发展学院等国际权威机构的评价报告,建立了包括创新资源、知识创造、企业创新、创新绩效和创新环境 5 个一级指标、30 个二级指标的评价指标体系。

袁卫等(2016)设计了中国城市创业指数,包括创新型创业指数和产业型创业指数两个部分,从政策支持、市场环境、文化环境和创业者活动四个维度来反映和评价城市创业的综合水平。其中创业指数代表了创新创业综合水平为主的城市分析视角,创新型创业指数代表了以创新驱动为主的创业城市分析视角,产业型创业指数则代表了以产业培育为主的创业城市分析视角。四个基础维度指数构成了对我国创新创业活动的分析维度,提供了以创业政策为引导,以市场环境为培育土壤,以创业文化为内在驱动力,以创业者活动及主观评价为具体考量的分析模型。

创业投资的发展与创新和创业有着紧密的联系。通过对以上创新创业指数的研究,可以进一步丰富我们对创新创业评价指标的了解,有助于我们完善创业投资中心发展指数评价体系。相比创新创业指数而言,创投中心发展指数更加注重创业投资的发展状况以及发展潜力,而不仅仅是创新创业,还从人才环境、政策支持等考虑各个因素对创业投资中心城市发展的影响。

1.2.5 金融中心指数的构建

当前,已有的金融中心指数主要包括以下三个:全球金融中心指数(GFCI)、新华·国际金融中心发展指数和 CDI 中国金融中心指数(CDICFCI)。

全球金融中心指数(GFCI)是全球最具权威的、拥有国际金融中心地位的指标指数。该指数着重关注各金融中心的市场灵活度、适应性以及发展潜力等方面。全球金融中心指数的评价体系涵盖了营商环境、金融体系、基础设施、人力资本、声誉及综合因素等五大指标。营商环境因素包括法治与政治稳定、体制和监管环境、宏观经济环境、税收和成本竞争力等指标;金融体系因素包括了资本可得性、可交易股票和债券的交易量与交易速度、金融业集群的深度与广度等指标;人力资本因素包括了人才可得性、教育与发展、灵活的劳动力市场和生活质量等指标;基础设施因素包括了建筑与办公基础设施、交通基础设施、信息通信技术基础设施、环境与可持续发展性等指标;声誉及综合因素则包括了城市品牌和吸引力、创新水平、文化吸引力和多样性等指标。

新华·国际金融中心发展指数(2016)以生态系统理论和区域竞争理论为基础,以创新金融中心生态系统理念为指导,构建了"圈核支点生态响应模型",即国际金融中心是以服务实体经济、实现产业支撑的成长发展为核心,以金融市场、服务水平、产业支撑为支点,以国家环境为圈层环境的生态循环系统。一级指标注重揭示金融中心生态系统内在发展规律,具体包括金融市场、成长发展、产业支撑、服务水平和国家环境五个维度。金融市场是对国际金融中心城市的发展核心优势的测度;成长发展是对国际金融中心城市发展持续动力的测度;产业支撑是对国际金融中心城市发展物质基础的测度;服务水平是对国际金融中心城市发展配套能力的测度;国家环境是对国际金融中心的发展外部环境的测度。

CDI 中国金融中心指数(CDICFCI)综合运用产业发展、金融发展和城市发展等方面理论,形成了一个目前适用于国内金融中心竞争力评价的动态评估指标体系。CDICFCI 一级指标包括金融产业绩效、金融机构实力、金融市场规模和金融生态环境,前三个为显示性指标,最后一个为解释性指标。金融产业绩效是金融产业发展的直接结果体现,也反映了一个城市进行金融中心建设给城市发展带来的利益;金融机构实力体现了一个金融中心金融市场主体发展概况及其金融业务开展的状况;金融市场规模体现了一个金融中心在国家或区域金融集中交易市场中的地位;金融生态环境则反映金融中心发展的基础和潜力。

金融中心指数是反映一个城市金融发展水平的指数,而本书设计的创业投资中心发展指数则是反映一个城市创业投资发展水平及发展潜力的指数。以上三个金融中心指数不仅在指标体系的设计上给予了我们很多宝贵的参考意见,使得我们的指标体系不断完善和丰富,同时还提供了多种多样的数据类型和指数计算方法的参考,对本书具有非常重要的意义。

1.3 研究内容与研究方法

本书在梳理国内外创业投资发展历程、总结创业投资发展优秀经验的基础上,设计了"中国创业投资中心发展指数",对我国各个创业投资中心进行全面系统的评价,并进一步进行区域分析和发展障碍分析,最后提出相应的政策建议。本书具体的研究内容和研究方法如下。

1.3.1 研究内容

全书分为绪论及四大篇,共十章。绪论;第 1 篇:背景篇(第 2~3 章);第 2 篇:指数篇(第 4~5 章);第 3 篇:评价篇(第 6~8 章);第 4 篇:政策篇(第 9~10 章)。

第 1 章:绪论。绪论分为研究背景、文献综述、研究内容与研究方法、创新之处共四个部分。本章首先阐明了本书的研究背景;并对已有创业投资的相关研究和相关指数的研究进行梳理,重点介绍了创业投资的意义和影响因素;最后介绍了本书的研究内容与研究方法,以及本书的创新之处。

第 2 章:国内外创业投资发展概况。首先阐述了发展创业投资的战略性意义;并进一步介绍了国内外创业投资的发展历程;最后对国内外创业投资的发展现状进行数据对比和趋势分析，充分了解创业投资的发展概况。

第 3 章：创业投资中心城市的发展与重要意义。阐述了创业投资中心城市的内涵、形成及特征，并以美国硅谷为例具体阐述了其发展历程、现状及启示；最后明确建设创业投资中心城市的重要意义。

第 4 章：创业投资中心发展指数构建。介绍创业投资中心发展指数的设计原则、构建目标、理论基础、框架模型、指标体系和样本选取。

第 5 章：创业投资中心发展指数计算结果。介绍指数的数据来源、数据处理、计算过程，并列示出各城市各年份的指数计算结果。

第 6 章：指数排名简析。根据指数计算结果，对各城市和各地区在 2018 年的得分情况进行排名，并对其在近七年的发展态势进行简析。重点针对粤港澳地区以及得分排名前五的北京、上海、深圳、杭州、广州等城市进行评价。

第 7 章：要素评价。针对五个一级指标，即创投绩效、创新能力、金融环境、人才环境和政策支持五大要素对各个创业投资中心城市进行全面的评价。

第 8 章：区域效应分析。对样本城市近年来创业投资发展的地理特征和空间聚集情况进行实证分析，探究各地区经济地理行为之间存在的空间相互作用，以及这种相互作用的强度及模式，揭示中国城市创业投资发展的一些规律特征，并为相关发展和政策提供实证依据，主要包括全局 Moran 分析和局部 Moran 分析。

第 9 章：发展障碍分析。本章利用障碍度分析和政策关联性分析两种互为补充的分析手段，使用障碍度分析方法，对部分重点城市创投发展指数的一、二级指标进行解构，找出宏观障碍因素。使用关联性分析，从更微观的层面对广州市政策文件反映出的政策障碍进行分析。最后提炼出城市创投发展的主要障碍因素，尤其是政策障碍因素。

第 10 章：政策建议。本章将结合前文分析，对比国内外其他城市推行创业投资政策的成功经验，结合现时广州市创业投资产业存在的问题，提出针对广州市且对其他城市亦有借鉴价值的政策建议。

1.3.2　研究方法

本书采用的研究方法包括：比较分析法、案例分析法、综合指数法、熵值法、Moran 分析、障碍度分析和政策关联性分析。具体如下：

（1）比较分析法。将国内创业投资的发展历程和现状与国外创业投资发达城市如美国硅谷等进行比较，评价我国创业投资发展的地位和阶段及各个城市的发展水平，总结我国创业投资发展取得的成效和面临的问题。

（2）案例分析法。通过大量的风投创投的案例，详细阐述深圳、北京和上海等国内风投创投发达地区及美国、以色列和韩国等风投创投发达国家的风投创投创新机制，以更好地分析说明风投创投创新发展的模式、路径和特点等，从中总结建设风投创投中心的经验做法，并借鉴改进。

（3）综合指数法。综合指数法是指在确定一套合理的经济效益指标体系的基础上，对各项经济效益指标个体指数加权平均，计算出经济效益综合值，用以综合评价经济效益的一种方法。"中国创业投资中心城市发展指数"是一个以创新发展理论、金融发展理论、生态系统理论和中心城市发展理论为基础，运用创业投资生态系统模型而构建出来的中国创业投资中心城市发展指数评价体系。

（4）熵值法。本文采用熵值法计算所有指标的权重。熵值法是一种客观赋权法，其根据各项指标观测值所提供的信息的大小来确定指标权重。某项指标的值的差距越大，则该指标在综合评价中所起的作用越大；如果某项指标的指标值全部相等，则该指标在综合评价中不起作用。在信息论中，熵值是对不确定性的一种度量。信息量越大，不确定性就越小，熵值也就越小；信息量越小，不确定性就越大，熵值也越大。根据熵值的特性，可以通过计算熵值来判断一个方案的随机性及无序程度，也可以用熵值来判断某个指标的离散程度，指标的离散程度越大，该指标对综合评价的影响越大。因此，可根据各项指标的变异程度，利用信息熵这个工具，计算出各个指标的权重，为多指标综合评价提供依据。

（5）Moran分析。本书运用Moran分析对样本城市近年来创业投资发展的空间分布特征和聚集情况进行实证分析。Moran分析包括全局Moran分析和局部Moran分析。全局Moran分析是对经济变量整体空间自相关性的概括，描述了中国创业投资的整体分布状况；而局部Moran分析则进一步确定了存在聚集效应的区域，揭示了各城市与相邻地区之间的空间关系。

（6）障碍度分析。本书对一级指标和二级指标反映出的障碍程度进行评估，总结阻碍各个创业投资中心的障碍因素。障碍度表示单项指标对总指数的影响值，该影响值由偏离度（单项指标与理想值的差距）和贡献度（单项指标对总指数的权重）决定，障碍度分析有助于挖掘对评价目标的主要障碍因子，以便有针对性地对评价目标进行障碍分析。

（7）政策关联性分析。关联性分析主要包含系统性分析、支撑性分析、冲突分析和主体利益分析。本书从规划纲要、配套政策和实施细则三个方面对创投政策的内容进行分析。从一项由较高机构发布的纲领性政策文件入手，根据政策目标找出与之相对应的中观层面指导性政策以及微观层面的实施性政策，将它们按照不同政策层面一一列出，分别研究政策体系的系统性、配套政策和实施细则对规划纲要的支撑性、政策间的冲突，以及政策主体或者政策受益主体间的利益关联性分析。

1.4　创新之处

中国创业投资中心发展指数是一套基于多指标衡量，全方位展示我国中心城市的创投真实情况的评价体系，是为建设创业投资中心城市提供理论支撑、决策依据和指导建议的践行者和引导者。包括指数体系在内，本书具备以下创新之处：

第一，构建了我国第一套科学完整的城市创业投资评价指数体系，这套指数体系主要包含三大特征：全面性、准确性与客观性。首先，中国创业投资中心发展指数基于创投绩效、创新能力、金融环境、人才环境、政策支持等 5 个维度，涵盖 15 个二级指标，53 个三级指标，选取共计 24 个城市作为样本，全面地勾勒出我国中心城市的创业投资发展的真实面貌。其次，指数选取了具有一定的典型代表性的评价指标，尽可能准确反映出中心城市的环境、经济、政策变化的综合特征，其中创投绩效是对当前该城市创业投资产业的发展状况的简单量化，展示了该城市的创投发展现状，而其他 4 个指标是对当前城市创业投资产业的发展基础的全面量化，准确总结了今后创投发展的动力。最后，指标的数据来源包括各地统计年鉴、知名创投数据库以及政府门户网站，做到客观真实，同时指标的选取和权重的设置是在征集相关专家和创业投资机构的意见，经过多次研讨后确认的，避免了个人主观看法的影响。

第二，本书对多个城市的创业投资政策做出了系统科学的评价，充分揭示了各地政策对创投产业的支撑情况。"中国创业投资中心发展指数"指标体系的构建基于创新发展理论、金融发展理论、生态系统理论和中心城市理论，充分考虑了一个城市的政府在推动创业投资发展中的主导作用，用政策支持这一指标来衡量一座城市在政策方面得到的支持力度，具备显著的政策指导意义。政策支持这一指标下设供给型、需求型、环境型三个二级指标，包含金融政策、财政政策、税收政策等九大不同性质的政策类型，多维度展示该城市的政策支持水平。同时本书还针对重点城市（北上广深杭武等）的创投政策进行了系统的对比分析，总结得出各城市建设创业投资中心的政策特点与不足之处，为政策制定者提供参考。

第1篇
背景篇

　　发展创业投资，是当今社会发展改革的热点，是推动创新型经济发展的必然要求。本篇分为两章，首先从宏观层面探讨国内外创业投资的发展历程与现状，揭示目前创业投资产业的发展趋势；再从微观层面界定创业投资中心城市，深入剖析美国创业投资中心的演变历程，总结当下建设创业投资中心城市的重要意义。

第 2 章
国内外创业投资发展概况

创业投资的发展对于促进我国经济转型具有重要意义，是当今社会改革发展的热点。与国外相比，我国的创业投资起步较晚，水平相对落后，并且国内城市的创业投资发展具有显著的马太效应，即创业投资集中出现在北上广深等一线城市，非一线城市创业投资发展缓慢。本章将立足发展创业投资的必要性，深入分析国内外创业投资的发展概况，探索推动创业投资发展的正确路径。

2.1 发展创业投资的战略性意义

习近平总书记在党的十九大报告中指出我国社会的主要矛盾已经转化为人民日益增长的美好生活需要和不平衡不充分的发展之间的矛盾。矛盾的变化一方面是我国综合实力提高的反映，另一方面又带来了我国建设社会主义现代化强国道路上的新挑战。对此，习近平总书记强调必须坚定不移贯彻创新、协调、绿色、开放、共享的发展理念，提出了深化供给侧结构性改革和加快建设创新型国家等具体任务。因此，如何优化供给侧资源配置、化解产能过剩以及促进创新创业是当前经济工作的重点。在此背景下，发展新兴产业极具经济意义。

新兴产业是利用先进科技成果发展起来的产业，是技术领先、代表未来发展方向的产业，对改善人民生活质量、帮助我国走出中等收入局面起着至关重要的作用。在促进新兴产业发展过程中，资金是不可或缺的要素。目前中国产业的传统融资方式是银行信贷，而银行信贷资金相对更偏好房地产和制造业等风险低的传统产业，而非新兴产业，这使得新兴产业很难从传统融资渠道取得资金。创业投资与银行信贷的不同之处在于创业投资的性质和目的能够较好地契合新兴产业的特征，其追求高风险、高回报的特征和当今创新创业的主题完美契合，能为新兴产业提供大量的资金支持，并提供企业结构管理等增值服务，对高新技术企业的成长有着积极的影响。发展创业投资，是促进新兴产业飞速发展的催化剂，新时代，我们必须抓住这个大有可为的历史机遇，才能又好又快地建设社会主义现代化强国。

2.2 国内外创业投资的发展历程

美国是世界上最早出现创业投资机构的国家,其创业投资行业已经非常成熟,健全的法律法规和完善的回报机制是美国创业投资持续兴盛的必备要素。以色列是中东地区的创业投资中心,高度国际化的资金运作和充分的政府支持是以色列创业投资产业得以成功的重要条件。接下来我们将美国和以色列作为国外创投的代表,介绍其创业投资的发展历程。

2.2.1 美国创业投资的发展历程

美国的创业投资产业最早兴起于20世纪50年代,此后美国的创业投资历经开拓期、紧缩期、复苏期、再度繁荣期和调整期五个阶段。

1. 开拓期(从20世纪40年代末到20世纪70年代初)

1946年在美国成立的美国研究与发展公司(ARD),是世界上第一家现代意义上的创业投资机构,其成立的目的是为了解决拥有技术的中小企业融资缺口问题,以将新兴技术商品化。美国研究与发展公司的诞生是创业投资发展的里程碑,推动了全球创业投资的萌芽发展。创业投资成为新兴的高科技企业发展壮大的重要推动力。

20世纪50年代美国从事创业投资的基本是富裕家庭及投资机构,1958年美国国会通过了《小企业投资公司法》,1958年建立了小企业投资公司(SBIC),小企业投资公司可以从美国小企业管理局获得低息贷款,并享受一定的税收优惠,在政府的直接参与下大大地推动了创业投资的发展,从1958年到1963年约有692个公司注册为小企业投资公司,募集私人股权资本达4.64亿美元,并形成了直到60年代末为止的美国第一次创业投资浪潮,直接刺激了美国创业投资产业的蓬勃发展,有力地推进了美国以半导体技术为代表的新型产业的发展,硅谷正是在这一时期得以快速发展。但小企业投资公司也渐渐出现了弊端,一些公司从政府得到低息贷款之后大量投入成熟的、风险相对较小的企业而不是投向高新技术企业,违背了政府的初衷。同时小企业投资公司吸引的多数为个人投资者,较少有机构投资者,具有对股价涨跌过于敏感、投资期限不愿太长、投资管理者经验不足、预期过高等弱点。

2. 紧缩期(20世纪70年代)

进入20世纪70年代后,美国的创业投资产业进入了紧缩期。美国早期的私募股权投资多数采取的组织形式是依据美国《1940年投资公司法案》成立的投资公司(公司型基金)的形式。但是按照这个法案的规定,上市创业投资公司的经理不能获得公司的股票期权以及其他形式的以绩效为基础的奖励,这些专业从业人员所能获得的只有工资,这些工资与在合伙制基金中作为普通合伙人所能赚取的收入相比微不足道。20世纪

70年代，有限合伙制应运而生，解决了小企业投资公司的很多内在弊端。在创业投资有限合伙中，创业投资是普通合伙人，负责基金的运营管理；而投资者是有限合伙人，无权直接参与基金的日常管理活动。有限合伙制是美国创业投资得以发展和获得成功的重要组织制度基础。从1969年至1975年美国大概有29家有限合伙制的私募股权基金建立并募集了3.76亿美元的资金。1971年全球第一家电子化证券自动报价市场——纳斯达克市场建立，风险型高科技企业科技可以进入证券市场，风险资本也有了退出的途径，大大推动了创投的发展。1973年全美创业投资协会成立，为美国创业投资产业的蓬勃发展注入了活力，美国创业投资产业发展也更为规范。但由于1969年股市低迷，美国国会将长期资本收益税率由28%增加到49%，创业投资受到影响，同时，美国国会在1974年为了控制养老金的滥用，通过雇员退休收入保障法（ERISA）缩减养老金的滥用金额，养老金的管理者因此停止了各种形式的高创业投资，在此双重打击下，美国创业投资规模由1969年的1.71亿美元减少到1975年的0.01亿美元。

3. 复苏期（从20世纪70年代末到20世纪80年代）

1978年美国国会把长期资本收益税率从49%降为28%，1981年经济复苏税收法案将个人的资本收益税率从28%降到20%，使美国的创业投资产业在80年代后得到了迅猛发展，从1979年到1997年创业投资额从25亿美元增长到6000亿美元，增长了239倍，仅仅硅谷在1997年就吸引了36.6亿美元的创业投资资本，这得益于创业投资产业对高新技术的推动。在此期间，许多由创业资本支持的公司表现了相当好的业绩，其中包括1978年的联邦特快公司和1976年乔布斯设立的苹果公司。美国在1924年成立的IBM公司就是创业投资协助企业发展的早期成功范例。

4. 再度繁荣期（从20世纪90年代到20世纪末）

进入20世纪90年代以来，美国创业投资在经历了资本金额连续4年的大幅度降低之后，随着通信和网络技术的发展和资本市场的复苏，又进入了一个新的快速发展时期。创业投资是美国高新技术企业和产业能够高速发展的最主要推动因素。例如：1975年成立、1981年正式登记注册为公司的微软公司就是借助创业投资起家和迅速发展的；1995年成立的亚马逊则得到了克劳菲德/拜尔斯投资公司（Kleiner Perkins Caulfield 和 Byers）的一次性1000万美元的创业投资；1998年佩奇和布林合伙创办的谷歌公司就从斯坦福校友、思科公司的现任副总裁贝托尔斯海姆那里顺利地拿到了第一笔创业投资10万美元；1999年年中，创业投资家Kleiner Perkins和Sequoia Capital向谷歌注入了2500万美元的资金，帮助谷歌进入了一个崭新的发展阶段。

1995年至2000年，美国创业投资无论在投资案例数上还是在投资披露总金额上都保持着较高的增长速度。投资项目年增长速度为20%以上，投资总金额的年增长速度在30%以上。2000年美国的创业投资发展达到巅峰，创业投资案例数达到8138起，投资总金额达到6903亿元人民币，占据全球创业投资的72%。

5. 近期的调整期（自 21 世纪初以来）

美国在 2000 年创业投资达到发展的黄金时期后，就进入了比较低迷的时期。这种低迷期与当时互联网泡沫和科技股泡沫破灭密不可分。纳斯达克市场的狂泻，极大地打击了某些新兴产业或高风险高增长行业的投资热情，而这些行业通常是创业投资者极其感兴趣的重点领域。所以，这些行业的创业投资项目的减少，最终导致创业投资行业进入调整时期。近年来美国的创业投资产业经过调整之后渐渐走向平稳增长之路。2003 年成立的特斯拉公司则在得到埃隆·马斯克（Elon Musk，已经成为特斯拉公司现任 CEO）等人的投资后不断发展壮大，并于 2010 年在纳斯达克市场挂牌交易，成为唯一一家在美国上市的纯电动汽车独立制造商。2008 年纳斯达克股指暴跌后，美国的创业投资产业开始将目光转向互联网以外的高科技产业，生物医药、共享经济等成为新的重点支持产业。

美国创业投资的发展过程虽然经历了较长一段时间的摸索，美国政府在创业投资发展中的作用还是比较显著的。政府并不直接参与进去，而是提供扶持和保障措施，设立引导基金，正确地引导私人投资介入创业投资产业，提供信贷担保和财政资助，营造了良好的金融环境。

2.2.2 以色列创业投资的发展历程

以色列创业投资的发展历程大致分为三个时期：萌芽期、发展期、成熟期。

1. 萌芽期（从 20 世纪 60 年代到 20 世纪 80 年代末）

20 世纪 60 年代，以色列开始出现创业投资活动。以色列贴现银行最早涉足创业投资领域，当时其主要投资对象是以电子产业为代表的新兴产业，第一笔电子行业创业资本投资金额为 8 亿美元。在随后的十多年里，海外几家创业投资公司开始在以色列寻找创业投资机会，被资助的几家以色列公司先后在纽约证券交易所和纳斯特克成功上市，获得了巨大的回报，有力地促进了以色列风险资本的发展。此外，以色列政府放松了包括外汇在内的一系列政策管制，这也在一定程度上提高了以色列对国际创业投资机构的吸引力。1985 年，以色列第一家创业投资基金 Athena 的组建标志着以色列创业投资业的正式诞生。该基金采用有限合伙的组织形式，是美国和以色列联合设立的创业投资基金，首期募集资本达到 3000 万美元。但是由于以色列国内的资本有限和投资者认识有限，缺少职业化的创业投资家和创业投资媒介，该时期以色列的创业投资发展缓慢，处于萌芽阶段。

2. 发展期（从 20 世纪 90 年代到 21 世纪初）

由于以色列国内的民营创业投资发展缓慢，仅靠国内市场的自我驱动难以驱动国内新兴产业的快速发展，以色列政府开始大力支持创业投资的发展。20 世纪 90 年代以后，以色列政府开始出手引导创业投资的发展,其中一项重要举措就是成立了 YOZMA 基金。1993 年 YOZMA 基金正式成立,标志着以色列创业投资迈入新的发展阶段。在该基金的成立当中,以色列政府出资 1 亿美元,后来选择了 10 个国外机构作为合作伙伴,以"共同投资,共担风险"的模式,共同建立了 10 个风险资本公司。

YOZMA 基金的运作包括两部分:其一是直接投资,即以 2000 万美元直接投资于起步阶段的创新型企业,从而引导民间资本投资于早期的创新企业;其二是成立子基金,即以 8000 万美元与国际知名的金融机构合作发起成立十个子基金。YOZMA 基金吸引国际天使投资等大型资本,尤其是来自美国的创业投资,其中不乏知名的国际公司,如 Advent 国际有限公司、华登集团、戴姆勒 – 奔驰公司等。以色列政府利用事先的权益承诺和税收优惠等激励政策解决国际资本投资决策的后顾之忧。到了 2000 年,政府兑现承诺主动退出市场,形成了私人资本领导以色列创业投资发展的新格局,YOZMA 首期的子基金也都实现了私有化,政府退出获得了巨大的收益。

3. 成熟期(自 21 世纪初以来)

经过 20 世纪 90 年代的产业调整,加上政府的积极引导和国际创业投资资金的流入,以色列创业投资产业发展迅速。据 D&B 以色列公司报告,2003 年以色列前 26 家风险基金创业投资金额达到 23 亿美元,较 2002 年的 17 亿美元增长约 35%。2016 年以色列高科技新兴企业获得投资 48.29 亿美元,较 2015 年的 43.06 亿美元增长约 12%。根据 2016 年 IMF(国际货币基金组织)公布的全球创业投资报告,以色列的创业投资规模仅次于美国、中国和印度,位列全球第四。而美国、中国和印度,人口都是全球前三,以色列仅有 850 万人口。据统计,2016 年以色列获得了 48 亿美元的创业投资,人均获得创业投资约 550 美元,遥遥领先全球其他国家,以色列早期风险投资规模甚至占到了欧洲的 50%,是当之无愧的欧洲创业投资中心。

2.2.3 我国创业投资的发展历程

我国的创业投资产业是在 20 世纪 80 年代才起步,此后中国的创业投资大致历经开拓期、快速发展期、规范发展期三个阶段。

1. 开拓期(从 20 世纪 80 年代中期到 1998 年)

1985 年 3 月,《中共中央关于科学技术体制改革的决定》第一次提出"对于变化迅速、风险较大的高技术开发工作,可以设立创业投资给以支持"。这是中国第一次提出以创业投资的方式支持高科技产业的开发工作,从而拉开了我国创业投资的序幕。但资金来源为政府出资,是传统的政府拨款式的投资机制。这一阶段,我国创业投资业在数量上有了初步发展,但创业投资产业受制于国家调控,发展缓慢。

经国务院批准,中国新技术创业投资公司(简称"中创公司")于 1986 年 9 月在北京成立,这是我国境内第一家创业投资公司,标志着我国创业投资业的起步。中创公司成立时资金只有约 1000 万美元，成立的初衷是为配合"火炬计划"即发展中国高新技术产业的指导性计划的实施。随后上海市在 1987 年成立了上海创业中心，打造以促进高新技术成果的商品化、产业化和国际化为目的的高新技术企业"孵化器"，初步开创了中国科技创业投资机构成功运作的良好局面。1993 年北京市成立了中国经济技术投资担保公司，开展对高新技术成果进行工业性试验、区域性试验的担保业务，鼓励更多的社会力量参与到创业投资领域中来。创业中心是中国科技投资业的先行者和实践者，为创业投资业在上海的兴起和发展开辟了道路。1993 年 6 月，上海市人民政府批准成立上海市科技投资股份有限公司，是境内较早专业从事科技创业投资的企业。深圳市创业投资产业在 1994 年开始起步，12 月由深圳市投资管理公司、市科技局、市计划局、市经济发展局共同筹资 1 亿元人民币注册成立深圳市高新技术产业投资服务有限公司。1998 年深圳市政府又决定，从 1998 年起由市财政每年对公司注资 1 亿元，使公司资本金在 2000 年达到 4 亿元人民币，进一步扩大深圳市高新技术产业投资服务有限公司的投资能力，加速深圳市新兴高科技产业的发展。总体来说，一线城市的创业投资开始走在全国前沿，占据先发优势。

2. 快速发展期（从 1998 年到 2004 年）

1998 年 3 月，全国人大常委会副委员长、"中国创业投资之父"成思危在全国政协九届一次全会上提出了《关于加快发展我国创业投资事业》的提案，被列为"一号提案"，这一提案在理论界、经济学界、各级政府引起了强烈的反响，创业投资成为热门话题，中国创业投资事业进入了稳步发展阶段。

1998 年北京"高新技术产业发展速效担保资金"正式启动，首期投入 5000 万元；此外，真正以创业投资命名的"北京市科技创业投资公司""北京高新技术产业投资股份有限公司"也随后成立。1999 年 6 月 14 日，上海市政府出资 6 亿元成立大型创业投资基金——上海科技创业投资中心，通过创业投资方式，优先支持经认定的高新技术成果转化项目。2001 年 1 月 1 日，北京市实施《中关村科技园区条例》，在条例第三章"促进与保障"的第一节中专门对创业投资机构在中关村园区内开展创业投资业务、组织形式、注册资本和回收方式四个方面做出了规定，旨在促进和规范中关村科技园区有限合伙制创业投资机构的发展。2001 年 3 月，深圳市政府颁布了《深圳经济特区高新技术产业园区条例》，允许和鼓励国内外创业资本以有限合伙制在高新技术产业园区设立创业投资机构，这是创业投资机构在组织形式上的重大突破。根据科技部《中国创业投资发展报告 2005》，从 2004 年创业投资的资本构成比例来看，政府、银行和国有独资公司占有 46%，外资为 21%，个人资金占 3%，其余为各类企业资金。相比 1998 年之前，风投资金来源更加多样化，非政府资金开始发挥更大的作用。

3. 规范发展期（从 2005 年开始至今）

《中华人民共和国公司法》《中华人民共和国证券法》和《中华人民共和合伙企业法》的修订颁布，基本解决了创业投资机构设立和投资运作的法律障碍。2005 年 11 月 15 日十部委发布《创业投资企业管理暂行办法》对创业投资企业实行备案管理，标志着创投企业进入了一个规范发展的新阶段。创投企业有备案并接受管理部门监督的，可享受政策扶持，包括引导基金扶持、税收优惠、完善退出体系等。2008 年 11 月首个国家层面的政府创业引导基金正式启动。2016 年 9 月 20 日，国务院发布《国务院关于促进创业投资持续健康发展的若干意见》，该条例从十个方面明确了全面推进创业投资体制建设的新要求，首次明确"积极鼓励包括天使投资人在内的个人从事创业投资活动"，鼓励长期投资和价值投资，从而加强对实体经济支持的力度。我国创业投资体制的基本框架得以形成。

在成熟的创业投资法律法规的引导下，北上深等创业投资中心开始与国际创业投资中心接轨，政府扮演"引导者"的角色，利用财政资金的杠杆效应强有力地推进创业投资产业的升级。2009 年 20 支全新的创业投资基金集体亮相，它们是由国家发改委、财政部与北京、上海、深圳等 7 省市联合设立，总规模预计超过 90 亿元人民币。其中，中央财政注资 10 亿元、地方财政出资 12 亿元、社会募集近 70 亿元。这是国内试点的第一批完全市场化运作的政府引导基金。与以往不同的是，政府将不再作为基金的决策方和运营主体，而仅仅作为股权投资方（LP）之一，所有基金委托给专业的投资团队（GP）管理。

虽然国内的创业投资中心与国际创业投资中心相比仍存在较大差距，但是从开拓、快速发展到现在的规范发展，我国的创业投资中心已经走向健康发展的道路，具有巨大的发展潜力。

2.3 国内外创业投资发展现状

由于不同国家的经济环境、政策环境和发展创业投资的时机不尽相同，其创业投资行业所呈现出来的现状也大不相同。了解并对比不同国家的创业投资现状，对探索适合我国创业投资发展的正确道路，具有重要意义。

1. 美国创业投资保持稳定发展态势，交易额创新高

根据硅谷全球数据研究机构 PitchBook（美国知名私募股权投资数据库）和美国风险投资协会（NVCA）联合发布的 2017 年创业投资行业观察报告显示，2017 年美国创业投资披露金额达到 842 亿美元，相比 2016 年上升 16.3% 左右，创下了互联网时代以来的新高。

图 2-1 2006—2017 年美国创业投资披露案例数量和总披露金额一览

注：数据来源于 PitchBook.

如图 2-1 所示，10 年来美国的创业投资行业发展势头良好，上升趋势明显。2015 年是美国创业投资发展的一个较好时期，披露的投资案例达到 10 463 起，相比 2009 年增长 136% 左右；交易金额约为 793 亿美元，相比 2009 年增长约 199%。2016 年行业活跃度回落，与 2015 年相比，投资案例数下降约 17.5%，交易金额下降 8.7% 左右，是自 2008 年金融危机以来美国风投产业发展的第一次明显下降趋势。2017 全年美国创投市场（VC/PE）共披露案例 8076 起，披露的总投资金额为 842 亿美元，尽管投资案例数相比 2016 年有所下降，但在投资金额上却创下了新高。近年来美国创业投资的主要目标企业从初创的小微企业逐渐转向了一些"独角兽"初创公司。这些企业往往拥有超过 10 亿美元的估值，如 We Work Lyft，Airbnb 和 Houzz 等，对资金的要求更大，使得 2017 年创业投资交易金额不降反升。根据 PitchBook 提供的数据，自 2007 年以来，交易金额在 5000 万美元以上的投资案例保持着每年 13% 的增速，几乎占据了 2017 年披露的投资案例数的一半。

2017 年，美国政府通过联邦税改法案，法案的主要内容之一是将股份有限公司的企业所得税税率从 35% 降低到 21%，税率的下降给美国的创业投资行业带来了美好的发展前景，进一步提升了投资者的获利空间。

2. 美国生物科技行业和人工智能行业迎来风口，投资者热情高涨

伴随着世界经济格局的重大变化，生物科技行业越来越受投资者的关注，有望成为未来社会的主导产业。在美国创业投资界，互联网产业在 2016 年达到顶峰，投资额达到了当年全美投资额的 47.2%，随后开始下落，2017 年下降为 36.5%。有远见的投资者开始将目光转向生物科技行业，基因检测、生物医药和生物质能等产业获得了更多的资金支持。虽然生物科技行业面临着技术壁垒等重大挑战，但投资者相信获得丰厚回报的可能性也相对较高，市场信心上升。如图 2-2 所示，2017 年美国流向生物科技行业的投资额达到 176 亿美元，相比 2016 年增长约 48%。与之相比，2017 年美国全行业创业投资金额才增长 16.3%，生物科技行业发展速度高于各行业平均水平。

图 2-2　2012—2017 年美国生物科技行业创投披露案例数量和总披露金额一览

注：数据来源于 PitchBook.

人工智能行业也不甘示弱。2017 年也是人工智能行业开始爆发的一年，每个季度行业融资额都在 10 亿美元以上。近五年来，人工智能行业的融资活动一直保持着上涨趋势，2017 年融资额相比 2016 年上涨约 28%，第一次达到 50 亿美元关口，投资案例同比上涨约 6%，达到 444 起，如图 2-3 所示。其中不乏几笔大型交易，如利用 AI（人工智能）技术提供各类保险的 P2P 保险平台 Lemonade 获得了日本软银集团注入的 1.2 亿美元 C 轮融资，基于大数据分析技术为工业企业提供成本优化服务的 Uptake 科技公司获得了 1.17 亿美元的 D 轮融资。另据披露，人工智能行业投融资活动发生最频繁的地区是加利福尼亚州，即硅谷的所在地，2017 年投资案例 42 起，金额达 5.24 亿美元，各方面数据遥遥领先于获投资额第二名的纽约地区（投资案例 13 起，金额 2 亿美元），是美国当之无愧的创业投资中心。

图 2-3　2012—2017 年美国人工智能行业创投披露案例数量和总披露金额一览

注：数据来源于 PitchBook.

3. 美国企业风险投资发展迅速，规模日益庞大

企业风险投资，即非金融类企业设立风险投资基金，通过附属机构直接进行投资。在美国，企业风险投资扮演着越来越重要的角色，2017年交易金额占据了总金额的44%。据统计，2017年企业风险投资共完成了1268起投资交易，金额达374亿美元，如图2-4所示。相比2016年，案例数量上升约3%，交易金额上升约15%。10年间美国企业风险投资的交易金额占总金额之比从25%增长到44%，比私募股权基金发展更加迅猛，主体地位日趋增强。除此之外，企业风险投资的平均投资规模逐年上升，如2017年超过2500万美元的投资案例中，有29%是企业风险投资完成的。据统计，2017年超过5000万美元的投资案例占企业风险投资全部投资案例的25%左右，这一数字在2008年仅为17%左右。对于投资偏好，企业风险投资的"口味"与行业保持相同，互联网行业仍是主体投资目标，生物科技行业和人工智能行业也逐渐受到重视，投资额上升较快。

图2-4　2008—2017年美国企业风险投资披露案例数量和总披露金额一览

注：数据来源于PitchBook。

4. 以色列创业投资持续兴盛，软件行业仍占据主体地位

根据以色列风险投资研究中心（IVC）披露的最新数据，以色列创业投资近年来都保持十分可观的活跃度。如图2-5所示，2017年以色列高科技公司共发生募资活动620次，共募集52.42亿美元，金额比2016年（募资活动673次，金额48.31亿美元）上涨约8.5%，保持着自2013年以来的上升趋势，其中12%的融资金额由4笔超过1亿美元的大型交易组成。以色列的创业投资每起平均融资规模也从2013年的360万美元上升到2017年的850万美元。在投资阶段上，以色列近两年的投融资活动也呈现了新的特点。2017年处于扩张期的创业企业更受青睐，募集资金达39亿美元，比2016年新增5亿美元。种子期和初创期企业共募集13.6亿美元，这一数字在2016年是14.3

亿美元。这一趋势使得尽管以色列2017年募资案例数相比2016年有所下滑，但总募资金额却相反上升。处于扩张期的企业对资金的要求更高，需求更大，导致相应的融资额大幅上升。

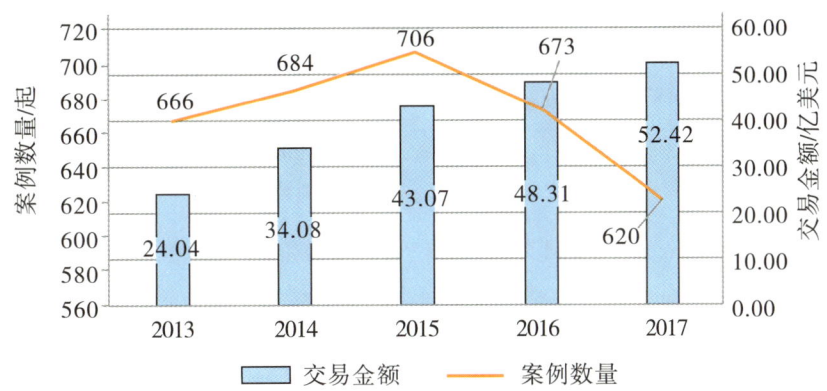

图2-5　2013—2017年以色列创业投资披露案例数量和总披露金额一览

注：数据来源于IVC-ZAGHigh-TechSurvey2017.

在行业选择上，以色列的软件行业仍是创业投资的主导产业，2017年募集资金19亿美元，发生208起融资案例。生物科技行业紧随其后，募集12亿美元，相比2016年（8.5亿美元）增长约41%。半导体行业成为新起之秀，2016年募集金额1.24亿美元，到2017年增长到3.48亿美元，增长约180%。流向通信行业的创业投资出现下滑，2017年募集5.69亿美元，发生72起融资案例，2016年则分别为8.72亿美元和106起。

5. 中国创业投资活动稳步发展，交易金额逐年上升

根据清科私募通披露的数据，如图2-6所示，2017年中国的创业投资共发生投资案例7091起，交易金额达到11 924.01亿美元。从近年的创投市场投融资变化趋势来看，2015年是中国创业投资市场发展的巅峰期，共有投资案例9107起，交易金额8081.86亿美元，同比2014年分别增长约91.8%、60.2%。2016年市场进入冷静时期，投资案例数同比下降约16.4%，但从最近几年的交易金额来看中国的创业投资仍然是不断向前发展、规模不断壮大的。据基金业协会公布的最新数据，截至2017年我国共有股权投资机构约15 000家，从业人员将近25万人。另据清科私募通数据显示，截至2017年11月，我国早期投资、创业投资和私募股权投资机构管理的资本量超过1.25万亿美元，从规模来看我国已经是全球第二大股权投资市场。

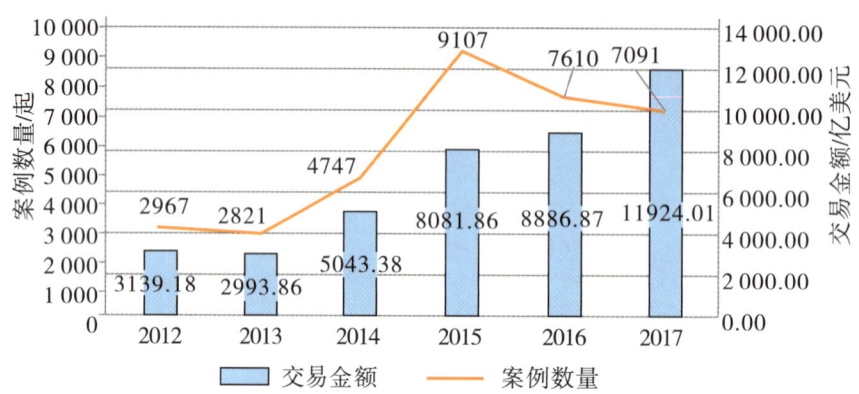

图 2-6　2012—2017 年中国创业投资（VC/PE）披露案例数量和总披露金额一览

注：数据来源于清科私募通 2018.02。

6. 中国互联网行业仍引领创投市场，生物科技紧随其后

跟美国、以色列等国家相似，中国的创业投资市场也主要由互联网行业主导。如图 2-7 所示，2017 年互联网及 IT 行业投资案例总和达到 2495 起，交易金额总和达到 2964 亿元，遥遥领先于其他行业。生物科技行业 2017 年披露投资案例 787 起，占据第三位，交易金额 809.74 亿元，未能突破千亿大关。目前我国生物科技行业正处于起步阶段，研发周期长，风险相对较高，未能形成一套高效的融资结构。但是，随着 2017 年国家发改委正式印发《"十三五"生物产业发展规划》，生物科技产业的发展上升到国家战略地位，产学研合作进一步加强，生物科技行业迎来更为广阔的发展空间。

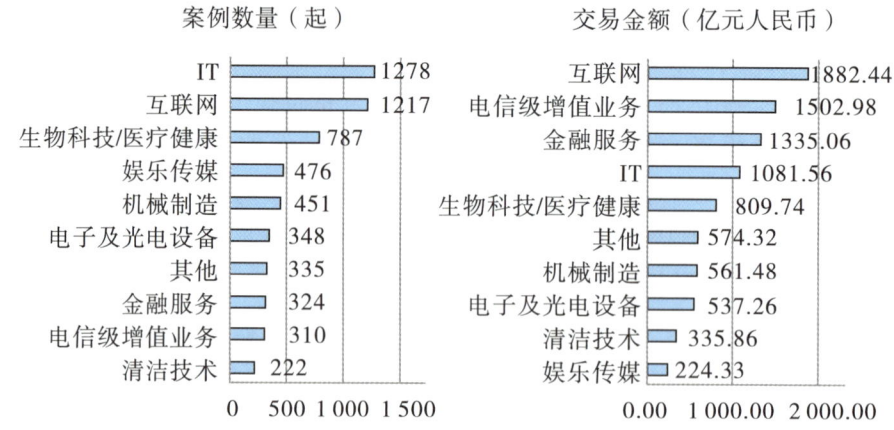

图 2-7　2017 年中国创业投资（VC/PE）披露案例数量和总披露金额一览（按行业）

注：数据来源于清科私募通 2018.02。

7. 中国一线城市占据创业投资主导地位，区域集聚现象显著

从地区分布的视角来看，"北上广深杭"地区是中国创业投资的产业聚集地，吸引着大量资本和众多创业企业入驻。区域集聚现象主要表现在三个方面：创业投资案例多、交易金额大以及创投机构总部数量多。如图2-8所示，2017年北京市披露的投资案例达1916起，占据了全国总数的30%左右，前四大区域（北京、广东、上海以及浙江）投资案例总和占据了全国总数的77%左右。从交易金额看，2017年北京市更是遥遥领先，以3416.23亿元人民币排在首位，占全国约33%，前四大区域占全国约79%。如图2-9所示，从机构数量看，截至2018年2月26日，注册地在上海的私募基金数量最多，达到20 437家，广东、北京、浙江分别有16 584家（深圳占了10 657家）、13 022家、7278家，前四大区域占全国约84%。产生创投的区域集聚现象原因可能是优越的地理位置，极具吸引力的政策优惠，完善的基础设施和中介服务。值得关注的是西藏地区，近年来推行了众多税收优惠政策，吸引了大量股权投资机构前来落户，以1107家基金排在天津（1545家）之后，超过了山东、四川等地区。

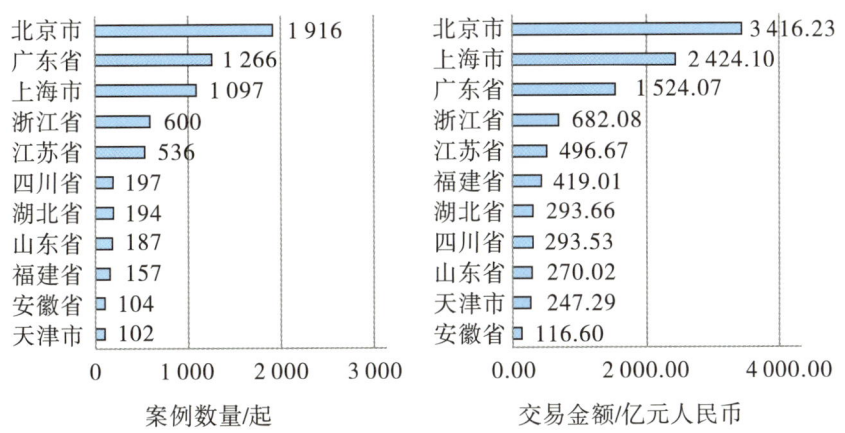

图2-8　2017年中国创业投资（VC/PE）披露案例数量和总披露金额一览（按地区）

注：数据来源于清科私募通2018.02.

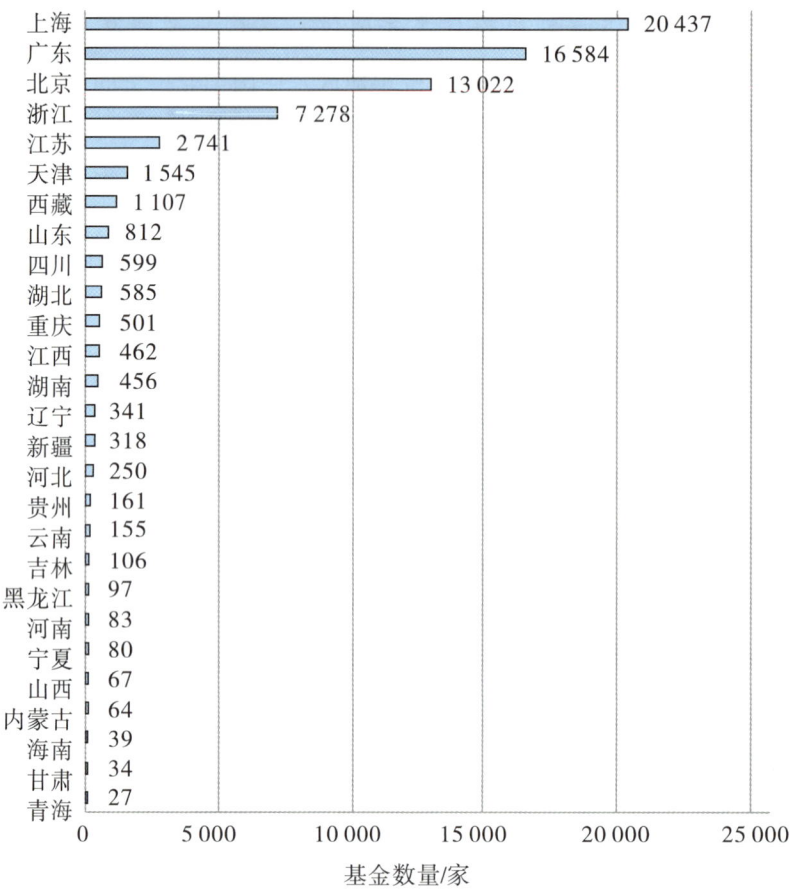

图 2-9　中国私募基金注册地分布（截至 2018.2.26）

注：数据来源于中国证券投资基金业协会 2018.02

总体而言，美国和以色列等发达国家的创业投资产业已趋于成熟，投资规模稳定，高新技术产业备受青睐。同时两者均存在集聚了创投资源的创业投资中心城市及地区，如美国的硅谷和以色列的特拉维夫，形成了以创投中心为核心，将创投资源辐射全国的发展局面。而我国目前创业投资产业发展领先的城市（北、上、深、广等）尚未出现较为显著的辐射能力，难以带动周围城市的创投发展。发展创业投资中心城市是我国创业投资产业走向成熟的必经之路。

第 3 章
创业投资中心城市的发展与重要意义

在本章，笔者从更微观的层面，对创业投资中心城市进行研究，先对中心城市的概念进行了阐述，再探究美国创业投资中心的发展历程，从中获得启示，并以硅谷为例，以投资规模、投资行业、投资阶段、发展趋势为角度分析硅谷作为创业投资中心的发展情况。此外，还提出硅谷建设创业投资中心的成功经验。最后对创业投资中心城市的发展意义进行总结。

3.1 创业投资中心的发展历程及启示

创投中心是一个新兴的概念，指的是创业投资机构集中、新兴产业聚集、资本市场发达、投融资活动频繁的创业投资枢纽。这一概念与当下发展创业投资，壮大新兴产业的目标紧密相关，受到各级政府的高度重视。2017 年 5 月，广东省政府在《广东省加快促进创业投资持续健康发展的实施方案》中明确提出，以打造华南风投创投中心为目标进行政策部署。创业投资中心城市是当前中国发展创业投资的必经之路，是培育新兴产业的必然要求。

类似于金融中心的形成，创业投资中心的本质是市场经济条件下创投资源配置的过程。在这个创业投资中心形成过程中，有两个重要条件影响着它，即内在与外在条件。内在条件，指的是与间接融资的传统方式不匹配的中小创新型企业聚集在空间同一区域，其融资需求增加，创业投资机构为其提供资金，使得创业投资的规模扩张，体系不断发展，促使风险投资机构在空间上进一步集中，进而形成创业投资中心。外在条件，则是在政府的引导下形成创业投资中心。政府通过建立完整的法律体系为创业投资保驾护航，规范市场的运行；促进资本市场的改革，丰富创业投资机构退出渠道；保护知识产权，推动创新产品市场化；设立政府引导基金，吸引专业的投资机构参与创业投资。这两个条件共同推进着创业投资中心的形成。

以硅谷为例，硅谷是世界上最先发展起来的、最为发达的创业投资中心之一。它的发展离不开内在、外在因素的有机统一。在早期，硅谷聚集较大规模的新兴产业——半导体产业，对创业投资的需求较高，且美国政府允许小企业投资公司获得低息贷款、税收优惠等，促进了创业投资的发展。得益于美国风险投资协会（NVCA）的建立及国会降低长期资本税率，创业投资迅速发展起来。从 20 世纪 80 年代开始，硅谷的创业投资随着互联网技术的兴起步入了高速发展的阶段。在这期间，位于硅谷的雅虎、谷歌等互联网公司得到了创业投资，促使它们进入迅速发展阶段，创业投资也因此获得巨额回报。随着互联网泡沫的破灭，硅谷的创业投资进入了平稳发展的时期。硅谷创业投资的兴起，既离不开高新技术产业的聚集，也离不开政府的积极引导，政府为创业投资提供必要的政策支持，为其营造良好的市场环境，创业投资得以平稳发展。

3.1.1 美国创业投资中心的发展历程

美国是国际上创业投资活动最为活跃，市场最为成熟的国家。在美国发展创业投资的历程中，创业投资中心城市也在崛起，在美国创业投资发展中起到关键性的作用。因此，接下来首先探讨美国创业投资中心城市的发展历程。

1. 128号公路崭露头角（20世纪50年代到20世纪70年代初）

自20世纪50年代开始，美国政府就设立小公司企业法，规定投资了小企业的投资公司获得低息贷款及税收优惠，大大促进了刚兴起的创业投资的发展，此时美国创业投资仅仅在摸索之中，各地区创业投资的情况有所不同。1960年美国东北部地区聚集着全美47%创业投资机构，1970年上升到48%，以马萨诸塞州和纽约州为首发展较快。创业投资的发展不同于传统的金融业，而是具有其独特的特点，其发展离不开当地的新兴产业。美国128号公路（位于马萨诸塞州）是美国最早的高科技产业区，是美国重要的新技术创造发明地，因此也是最早的创业投资聚集程度较高的地区。当时，受美国政府数十亿美元的资助，加上顶尖研究型大学（哈佛大学、麻省理工学院等）聚集，工业实力雄厚（国防、军工产业聚集），高科技公司落户于此，促成了美国128号公路科技中心的形成，也促进创业投资家们纷纷来到128号公路发展创业投资，因此它成为全美第一个创业投资中心。相比之下，硅谷崛起于20世纪50年代，是当时美国生产半导体的主要地区，但并没有占据统治地位。尽管硅谷也是美国西海岸重要的科技中心，但崛起时间较晚，因此规模不及128号公路。1960年整个西部（硅谷所在地区）创业投资机构仅占全美的13%，到了1970年也仅占19%。

2. 创业投资逐渐向硅谷集聚（20世纪70年代到20世纪90年代）

进入20世纪70年代后，美国的创业投资产业粗具规模。其间，美国长期资本收益税率从49%降为28%与养老金的准入两大事件成为创业投资增长的关键，创业投资额由20世纪70年代的1亿~2亿美元，到20世纪90年代初总规模超过40亿美元。然而，128号公路创业投资却陷入了发展瓶颈。128号公路的科技发展主要仰赖政府的资助及采购，而在20世纪70年代初，由于美国政府的战略调整，不再大力发展军备竞赛，因此对128号公路的资助大幅下降，整个128号公路陷入经济不景气的泥沼中，创业投资发展也陷入了停滞。此时，创业投资资源也逐渐转向另一个科技中心——硅谷。在20世纪80年代以前，128号公路始终领先于硅谷，但此后，128号公路由于产业结构落后，地区文化墨守成规，管理方式不合理，开始走下坡路。反观硅谷，自20世纪70年代起，微处理器、数据通信、PC机的崛起使得硅谷逐渐成为新的高新技术中心，而且当地充满了冒险、创新文化氛围，人力资本密集，产学研之间有着较好的融合，因而一路高歌猛进，创业投资迅速发展。此时硅谷创业投资额占全美30%，大量创业投资机构向硅谷迁移，硅谷有成为全美新的创业投资中心的趋势。

3. 硅谷成为美国创业投资中心（从20世纪90年代到21世纪初）

从20世纪90年代开始，美国创业投资随着互联网技术的发展和资本市场的不断完善，步入了一个新的高速发展时期。同纽约州及马萨诸塞州对比，加利福尼亚州（硅谷所在地）创业投资的发展已经与其拉开了明显的差距。1995—2000年，根据Money Tree Report披露的数据，加州创投投资总额达到973亿美元，而纽约州及马萨诸塞州则分别为151亿美元与229亿美元。加州创投的发展离不开其高科技中心及创业投资中心硅谷的存在。硅谷聚集了超过10 000家的高科技企业，年销售额达到2500亿美元，这极大地激发了投资者们对硅谷的热情。硅谷由于有着良好的高科技基础，其互联网技术的发展成为其科技发展的新增长点，其创业投资也因为互联网业的爆发实现井喷。在20世纪90年代，硅谷聚集了159家创业投资机构，占全美的三分之一，相比之下，整个马萨诸塞州的创业投资机构仅有85家。硅谷创业投资额也迎来爆炸式的增长，1995—2000年年均增长率超过60%，并在2000年达到了顶峰，达到211亿美元。从半导体时代，到互联网兴起，硅谷始终聚集着美国的高新技术产业，这吸引了风险投资大量涌入，使其成为美国创业投资中心。

4. 逐渐形成多极化格局（21世纪互联网泡沫破灭以来）

经历了2000年创业投资发展的繁荣时期后，美国的高新技术产业由于互联网泡沫的破灭大受打击，创业投资也遭受重创，进入调整当中。在这期间，仍有许多学者认为硅谷创业投资占全美的40%，甚至是50%。但实际上，PwC（普华永道）在统计硅谷创业投资的数据时，其统计口径涵盖了加州的其他地区（包括旧金山等其他创业投资发达的地区），使"硅谷"的统计数值因此偏高。近年来，经PwC的调整，硅谷实际创业投资仅占20%~30%，尽管仍为全美创业投资最为发达的地区，但其占比逐渐下降，到了2017年仅占全美的不到20%，创业投资正逐渐投向硅谷以外的区域，如图3-1所示。就全美而言，当前整个加州（包括硅谷、旧金山、洛杉矶）的创业投资最为活跃，占全美40%~50%，而马萨诸塞州和纽约州则各占比10%左右。现在美国创业投资已向多极化趋势发展，科技实力较强的州，如加利福尼亚州、马萨诸塞州、德克萨斯州及经济实力发达的纽约州，创业投资活动都十分活跃，其中几个较大的创业投资中心为：硅谷、旧金山、波士顿、纽约和奥斯汀等。旧金山和洛杉矶毗邻硅谷，受到硅谷的辐射作用，创业投资迅速发展，旧金山创业投资发展一度赶上甚至超越了硅谷；波士顿、奥斯汀依靠其较强劲的创新能力发展创业投资；纽约，作为国际性的金融中心，利用金融服务上的优势提高了创业投资的发展水平。

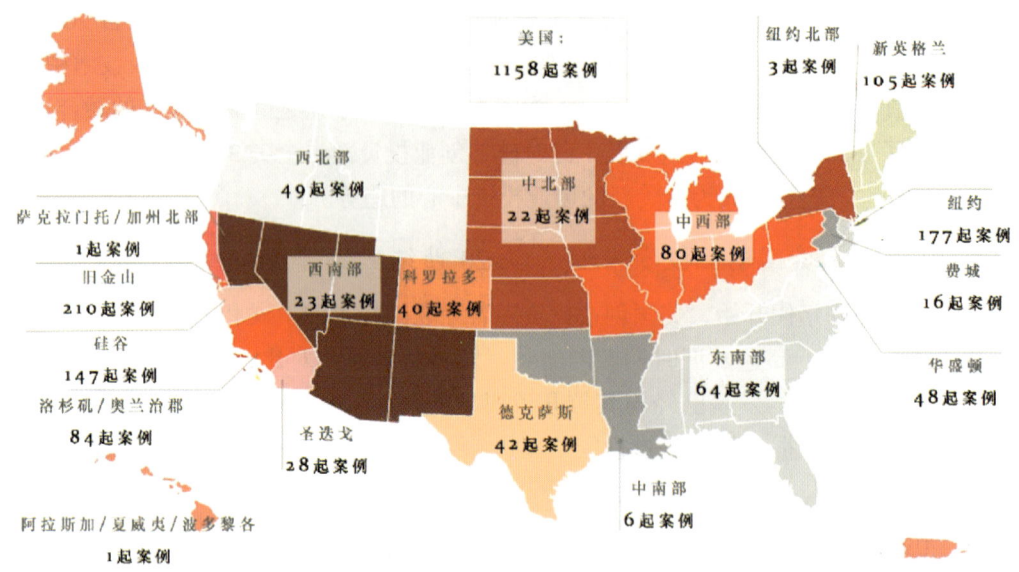

图 3-1　美国创业投资各地区投资情况

注：图来自 PwC/CBInsightsMoneyTreeReportQ42017.

从美国创业投资的发展历程中，可以发现美国已逐渐涌现出一个又一个新的创业投资中心，从其创投中心的演变可以发现其形成主要是依赖其新兴产业。高科技产业集中，人力资本密集的地区创投产业将先行聚集，形成创业投资中心，如美国最早128号公路的形成，到现今的硅谷，便是最好的例子。当然，硅谷的创新文化，冒险氛围是其形成全美最为发达创业投资中心的重要因素之一，因此文化氛围对于创业投资中心的形成亦不能忽视。此外，金融市场资源丰富的地区更容易吸引创业投资，金融实力较强的地区有利于资金的募集及项目的退出。纽约也是创业投资机构聚集程度较高的区域，除了因为它具有一定规模的新兴产业以外，还得益于其发达的金融业，尽管现今发展程度不如硅谷，但在美国创业投资中仍占比近10%。最后，创业投资产业的聚集有利于辐射到周边其他地区，有着由单极形成多极的可能。硅谷辐射到加州的其他城市，如旧金山、洛杉矶等，形成加州内的多极创业投资中心。根据美国的经验来看，创业投资中心尽管刚开始会"吸收"其他地区的创业投资资源，但随着创业投资中心的成熟，会逐渐发挥其辐射作用的功能，并朝着多极化不断发展。

3.1.2　硅谷创业投资中心的发展现状

在上节提到，硅谷是美国最为成熟的创业投资中心之一。了解硅谷的创业投资的发展情况，对于探索我国创业投资中心城市的建设之路具有重要意义，因此笔者从投资规模、投资行业、投资阶段、发展趋势四个维度出发介绍硅谷的创业投资的发展现状。

1. 投资规模

如图 3-2 所示，2017 年硅谷总创业投资额达到 131.01 亿美元，同比 2016 年（投资额达到 77.85 亿美元）增长了 57.04%。硅谷的创业投资变化起伏较大。自 2000 年开始，互联网兴起，使当时的创业投资达到了顶峰，2000 年投资额达到了 211.63 亿美元，随着互联网泡沫的破裂，创业投资亦受到较大程度的打击，但也逐渐进入了相对成熟发展的阶段。之后很长一段时间，硅谷创业投资一直处于震荡变化的阶段，2017 年创业投资额达到了互联网泡沫时期以来的最高峰。

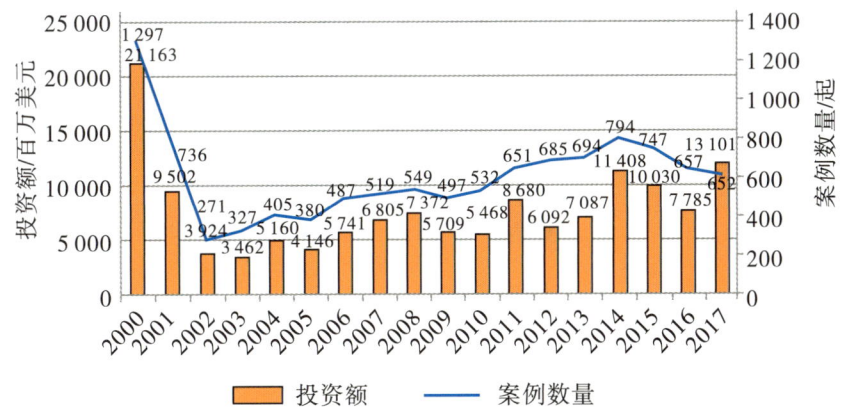

图 3-2　硅谷创业投资 2000—2017 年投资额及披露案例数变化情况

注：数据来源自 PwCMoneyTree.

2. 投资行业

由图 3-3 和图 3-4 所示，按披露的投资金额来看，截至 2017 年第三季度，硅谷创业投资市场主要集中在互联网产业、生物技术/医疗产业、软件产业、通信设备及消费性产品和服务，分别占到 37.1%、28.7%、7.5%、7.4%、5.0%，且这五大行业占总披露金额的 85.7%。硅谷近几年创业投资额排名前三的有互联网产业、生物技术/医疗产业及软件产业。相比于全美创业投资整体上偏向于软件产业，硅谷则更加偏爱互联网产业。不过近年来，投资者将目光逐渐转向了生物技术产业，尽管生物技术行业面临较大的挑战，但也对应着较高的回报额，因而逐渐受到投资者的青睐。

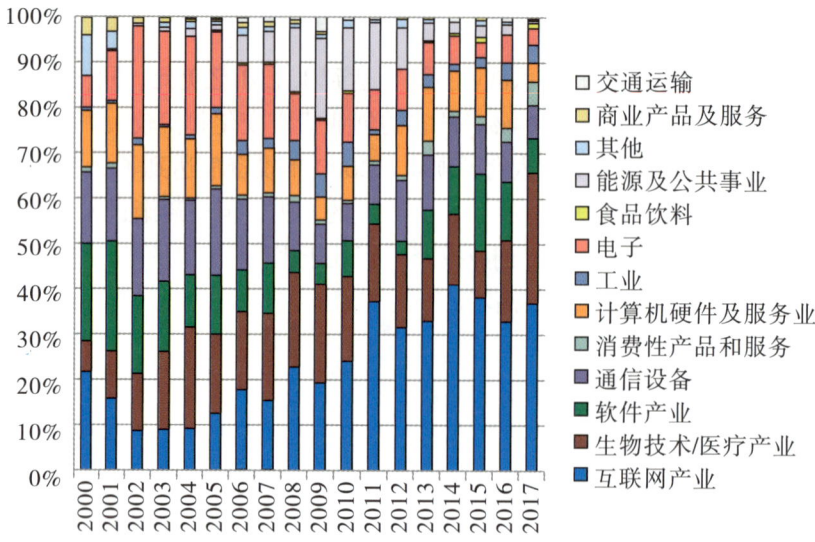

图 3-3 硅谷创业投资 2000—2017 年投资行业分布情况

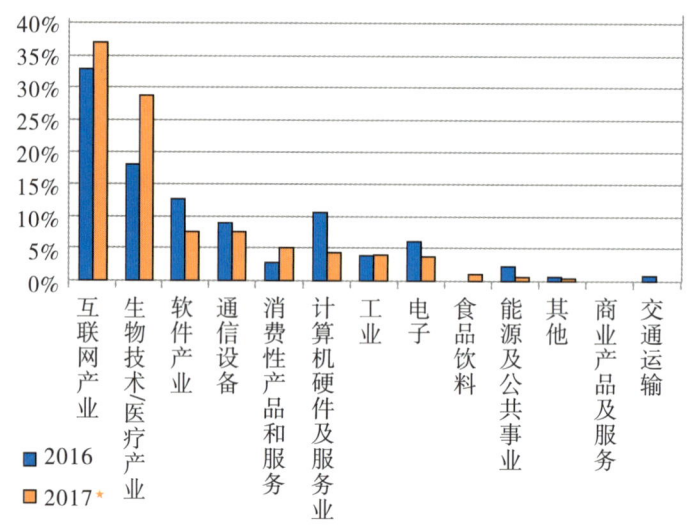

图 3-4 硅谷创业投资 2016—2017 年投资行业分布情况

注：①数据来源自 SiliconValleyInstituteforRegionalStudies，2018.03.
②2017*即数据截至 2017 年第三季度．

3. 投资阶段

硅谷创业投资案例主要集中在早期阶段，以支持中小企业发展。如图 3-5 所示，自 2009 年后，硅谷早期阶段的创业投资案例数迅速增长，2011 年，种子期、初创期的创业投资总披露案例已超过总案例的 50%，并延续至今，而扩张期、成熟期的投资案例趋势有所下降，表明硅谷对早期创业投资的支持力度不断加大。从投资金额来说，硅谷创业投资金额则以成熟期、扩张期为主，近年来所占的比重总量变化不大。如图 3-6 所示，在 2014 年以前，成熟期投资金额所占比重有所加大，而扩张期的投资趋势有所下降，近三年来两者变化无明显趋势。种子期、扩张期总投资金额比重未有明显的增长；但是扩张期投资金额占比近年来略有下降，而种子期则有较明显的上升趋势。在硅谷，天使投资发展迅速，根据 Angel Resource Institute 的报告，2016 年全美 30% 的天使投资案例都发生在加州，居全美第一，远高于纽约（9.4%）及马萨诸塞州（7.8%），而硅谷天使投资总投资额达到了全美第一，是全美平均水平的五倍以上。

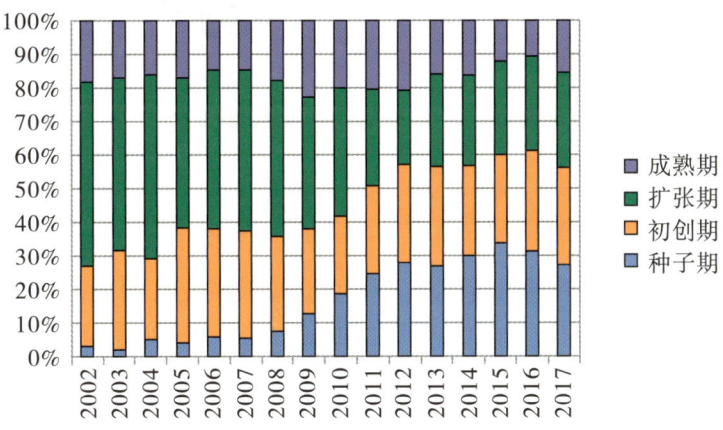

图 3-5　硅谷创业投资 2002—2017 年投资阶段分布（按披露案例数）

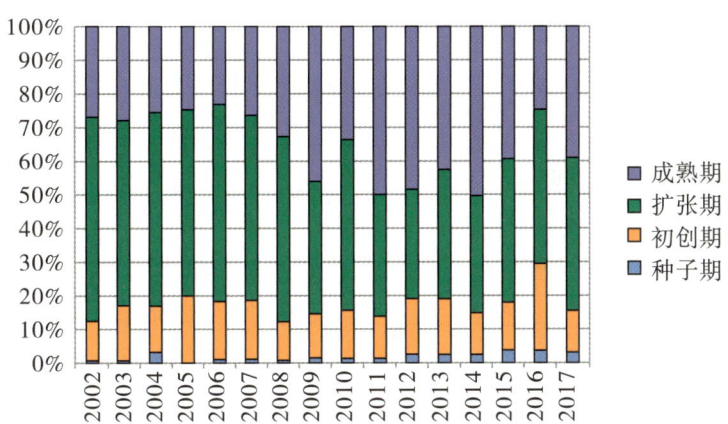

图 3-6　硅谷创业投资 2002—2017 年投资阶段分布（按投资金额数）

注：数据来源自 PwCMoneyTree.

如图 3-7 所示，2017 年硅谷创业投资案例数主要集中在早期阶段。其中种子期投资案例占比达 27.20%，初创期投资案例占比达 28.86%。另外，扩张期的案例占比也较高，达到 28.31%。从总披露金额来看，主要集中在扩张期及成熟期，其中扩张期占比达到 45.37%，成熟期占比达到 39.34%。种子期、初创期的风险相对较高，且由于企业规模相对较小，融资需求较低，因而投资金额较少。而种子期、初创期投资案例比例较高，表明硅谷对创业投资早期阶段的青睐。扩张期、成熟期则风险相对较低，但是所需的融资额也较大。

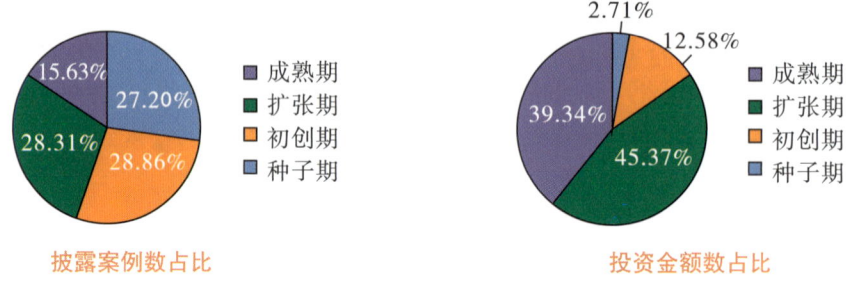

图 3-7　硅谷创业投资 2017 年投资阶段分布

注：数据来源自 PwCMoneyTree.

4. 发展趋势

投资范围向外扩张：美国 10 家最有价值的风险投资支持的公司中有 9 家位于加利福尼亚州（加州），另一家位于纽约。而在加州，硅谷是创业投资最发达的中心。近年来，由于投入成本的上升，风险投资家更愿意将钱投至加州以外的地方。PitchBook 在其 2018 年的 VC 展望中指出，硅谷以外的资金交易数量一直在增加，2018 年这一数字可能进一步会上升。而随着其他州投资数量的增长，过去两年加州的交易数量缩减了 16%。除加州以外的地区，包括纽约州、马萨诸塞州、华盛顿特区、德克萨斯州和伊利诺伊州等拥有较好科技前景的地区，以及如科罗拉多州、宾夕法尼亚州和佛罗里达州等新兴产业逐渐兴起的地区将可能因此受益。不过从目前来看，硅谷在风险投资方面仍然远远领先于上述区域。

新兴科技迎来风口：伴随着世界科技的巨大变化，人工智能、生物科技、数字加密货币等行业在硅谷逐渐大放异彩。在人工智能方面，各大公司，如丰田、谷歌、微软等也开始组建专门投资 AI（人工智能）的风险投资基金，日本丰田在硅谷斥资 1 亿美元建立风投基金，并在 2016 年领投 Nauto 公司（是硅谷一家为自动驾驶汽车开发软件的公司）A 轮融资。尽管硅谷当前在人工智能方面披露的投资金额及案例相比其他行业较低，但 2017 年的投资金额已达 5.24 亿美元，远超第二名纽约。在生物科技方面，2017 年投资金额占总投资额的 28.7%，同比增速达 76.4%，超过了硅谷总投资金额的增速，表明硅谷投资者对生物科技发展前景看好。数字加密货币在硅谷也备受关注，2017 年比特币的暴涨，再次掀起了硅谷风投对数字加密货币的追捧。2013 年以来，硅谷的两家顶级风险投资公司 Andreessen Horowitz 及 Union Square Ventures 开始布局加密货币的投资。其间，其投资的 Coinbase 已成为全球最大的加密货币经纪商，截至 2017 年，拥有超过 1000 万的用户，估值达到 16 亿美元。

"独角兽"公司受到投资者青睐：2017 年，硅谷投资金额较 2016 年有较大幅度的增加，但是投资案例数却是进一步下降的，这反映了一个新的情况：在硅谷，创业投资更倾向于有巨大发展潜力的"独角兽"公司。PitchBook 也指出 2017 年 23% 的投资额流向所谓的"独角兽"公司，而它们仅占整个交易数量的 0.9%。2017 年，获风投支持估值超过十亿美元的全球 33 家新晋独角兽公司中，来自硅谷的就高达 12 家。这 12 家独角兽公司所在的行业并非传统高新技术行业，而是涵盖医疗、数字加密货币、社交娱乐等多个方面。

3.1.3 硅谷创业投资发展的启示

硅谷发展成美国最发达的创业投资中心，离不开良好的环境支撑。下面将从硅谷发展的历程出发，总结出硅谷创投发展的启示。

1. 新兴产业聚集

创业投资应当以新兴产业为载体，只有与产业资本融合，才能发挥资本的功能。新兴产业由于其具有高风险特性，传统的间接融资难以满足其需求，且需要大量资金，因而吸引了大量的风投创投机构聚集，促进了资金的募集与投资，推动着创投的发展。

硅谷不像纽约，不是美国的金融中心，相反，它是美国的科技中心，这为其创业投资的发展奠定了基础。从早期的半导体产业，到互联网、人工智能等高新技术产业，硅谷聚集了全美乃至全世界最新的科技企业，其创业投资的兴起离不开当地高新技术企业的需求。至今，硅谷不仅拥有如谷歌、Facebook、苹果等顶尖公司，还驻扎着不计其数的为其服务的创业投资机构。

2. 创业投资资源聚集，为企业提供一站式的服务

创业投资资源包括：创业投资机构、创业投资孵化器、众创空间及相关中介机构等。一方面，大量创业投资资源的聚集，提供了融资及投资便利，降低了成本，提高了资本的流动性；另一方面，促成了竞争与创新。如众创空间，从提供办公场所及资金，到产业资源的共享，再到汇聚投资者，为创业者提供集约化、一站式的服务，改善了创业者的环境，促进了创业投资的发展。

硅谷聚集了全世界最好的创业投资公司，如 Accelp Partner、August Capital 等，同时拥有优秀的孵化器，如著名的 Y Combinator、500 Startups 等，不仅为初创企业引入数十万美元的启动资金，同时为其制订独特的指导计划。创业投资资源齐聚于硅谷，高科技公司、中介公司、创业投资机构相互配合，营造了硅谷独特的创业投资生态系统，为创业投资的持续健康发展打下坚实的基础。

3. 相对宽松的政策法规

发达的创业投资中心城市离不开政府相关政策的支持，包括政府对创投的财政支持、贷款优惠、税后补贴、设立引导基金、保护政策以及协调政策等。在相对宽松的政策下，创业投资资金渠道有所拓宽，且创业投资优惠力度大，促进创业投资的发展。同时，政府还要进行相应的监管，制定政策规范市场，确保引导基金的使用到位，保护知

识产权，维护良好的市场环境，一个没有安全环境的创投中心是没有生命力的。

降低资本利得税（从49%降低至28%），允许养老金进行风险投资，这是硅谷创业投资中心能发展起来的两个主要原因。在硅谷形成创业投资中心的过程中，加州并未制定对硅谷影响深远的政策，但加州的相对宽松的法律环境保障了硅谷创业投资的发展。为保护知识产权，其他州的法律限制了员工离开原公司。而在加州，员工得以离开并创办新的企业，这提高了员工的流动性，促进了创新，有助于硅谷高新技术的发展。

4. 具有冒险及创新的文化氛围

冒险精神和不畏失败的文化氛围对一个城市的创新创业有着重要影响。一个城市的文化氛围若是充满着创新创业的气息，就会诞生大量的具有活力的年轻企业，而这些正是创业投资发展的基础。除此之外，鼓励创新将有助于新兴产业的发展，不断研制出新的技术与新的产品，使依靠新兴经济体存活的创业投资能因此受益。

硅谷与128号公路同为美国发展较早的创业投资区，且两地都拥有高科技产业，但最终只有硅谷脱颖而出，这主要由两地的文化差异导致。128号公路聚集着较多传统公司，管理组织官僚化、等级森严，加之区域文化的束缚和约束，当地的文化较为僵化、保守。相反，硅谷的人才来自世界各地，没有繁文缛节的束缚，充满着冒险精神和创新精神。当地人愿意与身边人交流，碰撞出了一个个新的创意；而对失败，则是抱以宽容的态度，并不以为耻。这种文化氛围不仅促进了硅谷的创新创业发展，也为创业投资发展带来新的活力。

5. 产学研的融合

不论是新兴产业，还是创业投资的发展，都离不开专业性的人才，这也意味着有顶尖大学的地区将因此受益。然而这并不够，要真正提升二者的发展，其核心在于如何将产业与学术研究相结合。

硅谷不仅依托着附近的顶尖大学为其不断输送人才，还将产学研的结合做到了较高的水平。最初是斯坦福大学出租土地给高科技公司，与高科技公司建立了良好的合作关系。之后，还允许惠普的人才参加惠普与斯坦福大学的合作教学项目，授予硕士、博士的学位，培养了大量高级人才。此外，斯坦福大学允许教授在2年内脱离学校，保留其职称，支持他们去硅谷创办公司或进行科技研究，而对于教授或者学生取得的专利产品不加限制，使他们的研究成果能在硅谷迅速转化为产品。有了产学研的融合，促进了专业人才的培养，从而直接在根源上提升硅谷创业投资的发展水平。

3.2 创业投资中心城市发展的意义

创业投资中心城市对于我国推动创新驱动发展战略，壮大新兴产业具有重要意义。主要体现在以下两个方面。

3.2.1　集聚作用

创业投资资源的集聚，简单来说，是创业投资机构在特定地域内聚集，并与新兴产业产生密切联系的过程。这种集聚效应提高了创业投资资源的配置效率，提高了交易的效率。同时，创业投资中心将创业投资资源聚集在一起，提供了交流与沟通的便利，使机构调研更加方便，有利于创新企业向机构更好地表明自己的诉求，从而寻求更进一步的合作。监管层与机构、企业间加强联系，可以更好地观察到市场的变化，制定出更加合理的法律法规。创业投资集聚还提高了市场的流动性，降低了成本及投资、融资风险。除此之外，创投中心还可以促进创新。集中化带来了交流与竞争，为了提高效率，不论是机构，还是新兴企业，都会提高创新能力以维持其竞争力。

硅谷是创业投资集聚作用发挥效果最好的例子之一。2017 年，硅谷创业投资金额占全美创业投资金额的 14.34%，是美国创业投资最集中的区域之一。创业投资家集聚在硅谷地区，减少了信息不对称，可以及时了解最新的科技创新，捕捉到最有发展前景的项目，同时有利于他们对新兴企业进行投后管理。此外，还可以利用硅谷的网络效应，连接起一个又一个优秀的中间商，并通过其优质服务提高交易效率，降低成本。另外，还可以为企业联系战略合作伙伴，提高初创企业的成功概率。例如，硅谷著名孵化器 500 Startups 与数字货币交易所火币旗下孵化器部门 Huobi Lab 达成合作协议，为初创公司制订业务计划等，并利用其强大的网络优势帮助初创企业融资及寻求合作伙伴。

3.2.2　辐射作用

创业投资中心的辐射作用是指创投中心利用创投资源形成辐射源，向中心以外地区输送能量，促进区域整体创业投资发展的过程。创投中心由于聚集了大量的创投资源，通过辐射效应为其边缘或者邻近创投发展相对不好的地区提供了寻求机构、企业、孵化器等方面的便利，从而降低成本，也有助于创投中心分散风险。而随着落后地区的发展，会发生"涓流效应"，创投中心的资本、人力资源、创新企业等向落后地区转移，进一步提高了整体地区的发展。每一个创业投资中心，在这两个作用的影响下，能促进地区整体的创业投资源源不断地发展下去，并且引导着新兴产业向好向前发展。

硅谷在壮大自身创业投资的同时，还带动了旧金山创业投资的发展。早在 2008 年金融危机以前，旧金山创业投资额仅占硅谷的 50% 左右，其主要充当着美国西海岸的金融中心的角色。然而，创业投资家们利用硅谷的创业氛围、科技实力等不断影响辐射着旧金山，而当地政府也出台了相应的政策，颁布了一系列对于高科技公司的利好政策，包括税收优惠、房屋补贴，吸引硅谷科技公司的入驻，如领英、谷歌、Facebook 等，这些创业公司、科技公司纷纷来到旧金山，使创业投资迅速发展。到了 2014 年，两地创业投资的投资额已相差无几。2017 年，旧金山的创业投资额已经达到了 171 亿美元，超越了硅谷，成为全美创业投资额最高的区域。

可以看到硅谷作为创业投资中心，其集聚作用和辐射作用是十分显著的，促进了创业投资的区域整体发展。随着我国创业投资建设步伐不断加快，未来将先形成以北京、深圳、上海为中心的中国创业投资中心城市，并充分发挥其集聚效应。而随着三个城市创业投资发展趋于成熟，也会产生辐射效应，从而提升创业投资的区域发展水平，促进中国创业投资发展到一个新的高度。

第 2 篇
指数篇

构建"中国创业投资中心发展指数",首要任务便是构建指数体系,然后通过计算得到指数结果。本篇的内容以定量为主、定性为辅。第四章"创业投资中心发展指数构建"为定性部分,主要建立了指数体系构建的原则与目标,然后在创新发展理论、金融发展理论、中心城市理论及生态系统理论四大理论的基础上,选取共三级指标,构建了"中国创业投资中心发展指数"框架模型。第五章"创业投资中心发展指数计算结果"为定量部分,首先介绍了数据的收集与处理过程,分别为归一化处理与标准化处理,然后则是应用熵值法计算,具体包括逐级计算各指标的熵值、效用值、权重值,并由此得到指数结果。后文将在本篇指数结果的基础上,展开对各城市与各区域的评价。

第 4 章
创业投资中心发展指数构建

在了解国内外创业投资的发展概况后,本章在已有研究成果与理论的基础上,遵从操作性、客观性、系统性、科学性、启示性五项原则,综合创新发展理论、金融发展理论、中心城市理论及生态系统理论四大理论,构建"中国创业投资中心发展指数"框架模型,依据此框架模型选取创投绩效、创新能力、金融环境、人才环境、政策支持 5 个一级指标,以及 15 个二级指标、53 个三级指标。最后依据目前我国各城市的创业投资发展情况,综合选取 24 座样本城市作为本指数的研究对象,构建一套科学、完整的"中国创业投资中心发展指数"指标体系。

4.1 设计原则

设计科学合理的指标体系是开展创投中心发展水平评价的基础,指标体系的设计应符合我国创业投资的发展状况以及我国统计体系的实际情况。中国创业投资中心发展指数指标体系设计具体原则如下:

1. 操作性原则

选择的指标要能够获取具体数据并进行分析,并且数据来源应该做到准确、规范与口径统一,避免选取过分理想化但是数据难获得与难处理的指标。

2. 客观性原则

指标的数据来源与处理应该做到不偏不倚,指标的选取和权重的设置需征集相关专家和创投机构的意见,经过多次研讨后确认,尽量避免个人主观看法的影响。

3. 系统性原则

由于影响创投中心发展水平的构成因素较为复杂且多样,指标体系的设计应尽可能从各个角度全面反映创投中心的发展水平。同时,指标体系的设置要具有一定的延展性,以保证指数研究可以在未来得到进一步完善。

4. 科学性原则

为了能够更好地发现和分析各中心城市创业投资行业发展的优势和差距,在设计指标体系时应选取具有理论支撑的指标，并且对选取后的指标进行合理归类，建立起分层次的指标体系，再对其进行科学分析。

5. 启示性原则

编制"中国创业投资中心发展指数"，不仅为了能够科学全面地对我国各创投中心的发展水平进行评价，还应该为更好地建设我国创投中心和发展创业投资行业提供一定的启示。

4.2 构建目标

中国创业投资中心发展指数的目标有以下四点：

1. 建立评价我国各城市创业投资产业发展水平的指标体系

综合各方因素，本书选取创投绩效、创新能力、金融环境、人才环境、政策支持5个一级指标，来评价我国各城市创业投资产业发展水平。由此5个指标构成的指标体系是进行创业投资发展水平评价与分析的基础，为了能准确反映我国各城市创业投资产业发展水平，该指标体系遵从上述的五项原则。

2. 描述各城市创业投资产业发展现状

在五项原则的基础上，通过收集24个样本城市各个年份的具体数据，再对数据进行汇总与处理，分别计算样本城市各个年份的各级指标权重、各级指标得分，最后可以得到各样本城市的创业投资中心发展指数。计算过程将收集到的大量数据转化成一个直观的得分，某指标的得分高，则说明该指标的发展状况好。各级指标根据对应权重所得到的总指数则直观、清晰地描述了各个城市创业投资产业的发展现状，并为各城市进一步比较分析提供了基础。

3. 发现各城市创业投资产业存在的问题

各级指标的得分便是对该项指标发展情况的直观展示，通过将指标得分进行各种对比分析，可以发现存在各种问题。在城市之间做横向对比，若一座城市某年的某指标得分高于另一座城市，则说明该城市该年在该指标方面比另一城市发展得更好一些；在同一城市不同年份之间做纵向对比，若一座城市某一指标的得分排名连年下降，则说明该城市在该指标方面的发展状况越来越差，在该指标方面存在问题。

4. 对存在的问题提出政策建议

在经历了数据收集、得分计算、现状分析、问题勘测后，现在可以针对此前发现的问题，提出合理的政策建议。24个城市横向比较，可以得到同一年份各城市的发展差异，相互比较得出发展较差城市与发展较好城市的差异，针对此差异进行政策建议。同一城市各年份纵向比较，可以得到一座城市某一指标历年来的发展状况，发展状况越来越好的指标是该城市做得比较好的方面，发展越来越差的指标则是该城市做得较差的方面，也是需要进行政策建议的地方。

4.3 理论基础

构建"中国创业投资中心发展指数"指标体系的过程，基于以下几个理论：创新发展理论、金融发展理论、中心城市理论和生态系统理论。

4.3.1 创新发展理论

党的十八大正式提出实施创新驱动发展战略。2015年3月，中共中央、国务院正式发布《关于深化体制机制改革加快实施创新驱动发展战略的若干意见》，进一步明确了实施创新驱动发展战略的总体思路和主要目标。实施创新驱动发展战略，就是要统筹推动科技、产业、企业、市场、产品、业态和管理创新，形成以创新为主要引领和支撑的经济体系和发展模式，把创新驱动发展战略落实到"五位一体"建设的整个进程与各个方面。

迈克尔·波特提出国家经济发展的四个阶段：生产要素驱动（factor-driven）阶段、投资驱动（investment-driven）阶段、创新驱动（innovation-driven）阶段和财富驱动（wealth-driven）阶段。创新驱动的实质是科技创新，科技创新具有乘数效应，不仅可以直接转化为现实生产力，而且可以通过科技的渗透作用放大各生产要素的生产力，提高社会整体生产力水平。而科技创新的源头，一是来自大学和科研院所的科学新发现所产生的原创性创新成果；二是引进先进技术，通过消化吸收后进行创新。创新驱动内容围绕科技创新和国家创新的制度展开，通过科教兴国和人才强国战略，为创新型经济提供创新人才。

约瑟夫·熊彼特提出的技术创新理论，在证明创新驱动经济增长的进程中做出了重大贡献。熊彼特认为，所谓创新就是要建立一种新的生产函数，或者说生产要素的重新组合，然后把这种新组合引进到生产体系中，以实现对生产要素和生产条件的更优化配置。他认为创新是企业家的职能，资本主义社会的经济发展正是基于企业家对新组合的不断实现，但是资本主义将随着企业家创新能力的减弱，投资机会的减少而消亡，并且社会将自动地、和平地步入社会主义，他所理解的社会主义与马克思恩格斯所理解的社会主义具有本质性的区别，即在资本主义一步步深化发展的同时也意味着资本主义的毁灭。熊彼特认为创新是生产过程中内生的，即创新与发展并不是从外部加强而是从内部自行发生的。同时创新是一种革命性的变化，熊彼特解释说："你不管有多少驿路马车或邮车，将其加在一起，也绝对得不到一条铁路。"

熊彼特把经济区分为增长与发展两种情况,并且只有发展这种情况才能够促进经济的长期发展。增长对应量的增长,即在人口增加或资本增加的情况下发生的经济总量的增长;发展对应质的增长,即在科学技术发展引发劳动生产率提高的情况下发生的经济质的增长。熊彼特的创新理论中所说的创新可总结为以下五种情况,简称为"五创",如图4-1所示。

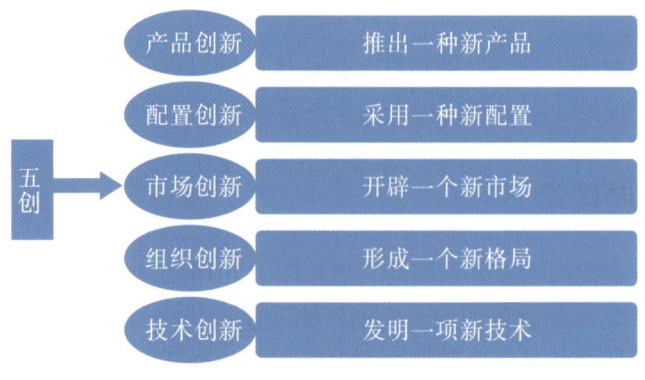

图4-1 "五创"框架图

其中,推出一种新产品是指推出消费者还不熟悉的产品,或是赋予产品一种新的品质。采用一种新配置,也就是有关制造部门在实践中尚未知悉的生产方法。开辟一个新市场,也就是国家的相关制造部门以前不曾进入的市场,这个市场以前可能存在也可能不存在。形成一个新格局,比如造成一种垄断地位(例如通过"托拉斯化"),或打破一种垄断地位。发明一项新技术则是指技术上的创新,从而提升生产能力,推动创新发展驱动。

4.3.2 金融发展理论

金融发展理论,主要研究的是金融发展与经济增长的关系,即研究金融体系(包括金融中介和金融市场)在经济发展中所发挥的作用,包括如何建立有效的金融体系和金融政策组合以最大限度地促进经济增长,以及如何合理利用金融资源以实现金融的可持续发展并最终实现经济的可持续发展。

1973年,罗纳德·麦金农和E.S.肖分别提出了"金融抑制"(Financial Repression)和"金融深化"(Financial Deepening)理论。金融抑制论认为,由于发展中国家对金融活动有着种种限制,对利率和汇率进行严格管制,致使利率和汇率发生扭曲,不能真实准确地反映资金供求关系和外汇供求。这种金融抑制束缚了发展中国家的内部储蓄,加强了对国外资本的依赖。金融深化论认为,金融体制与经济发展之间存在相互推动和相互制约的关系。一方面,健全的金融体制能够将储蓄资金有效地动员起来并引导到生产性投资上,从而促进经济发展;另一方面,发展良好的经济同样也可通过国民收入的提高和经济活动主体对金融服务需求的增长来刺激金融业的发展,由此形成金融与经济发展相互促进的良性循环。实行金融改革,解除金融压制,是实现金融深化与经济发展良性循环的关键。

创业投资的金融支持体系是指在创业投资过程中起支持作用的金融机构、金融工具、金融市场等手段和环境的总称。与创业投资相关的金融机构主要有银行、保险公司、投资银行和各种形式的基金。一些与创业投资关系密切的金融机构为创业投资提供大量的风险资本,如养老基金等。银行等传统渠道的融资手段则会在创业企业发展壮大之后,通过贷款或者投贷结合的方式支持企业的发展。涉及创业投资的金融工具主要是优先股、可转债等形式,运用金融工具也是金融创新的结果,使得创业投资不仅能够减少、分散创新创业企业的创业风险,还能从企业成长的过程中获得高额回报。这样的机制既能激励创业企业实现既定的经营目标,又能促进风险投资家尽力提供增值服务,对融投资双方都起到了激励和约束的作用。金融市场是指以货币或者金融工具为交易对象,通过各种信用工具来融通资金的市场。金融市场的交易内容包括货币的借贷、票据承兑与贴现、有价证券的买卖等。由此可见创业投资是金融创新、金融发展的产物,是将创新转化为实际生产力的重要途径。

4.3.3　中心城市理论

法国经济学家佩鲁于 1950 年提出的增长极理论认为:一个国家要实现平衡发展在现实中是不可能的,只是一种理想状态,经济增长通常是从一个或多个增长中心逐渐向其他部门或地区传导。增长极理论的观点与邓小平同志对于共同富裕的看法相似。邓小平同志指出:我们既不能离开共同富裕讲发展生产力,离开了就会导致两极分化;也不能离开发展生产力讲共同富裕,离开了就会导致共同贫困。他提出允许一部分地区和一部分人先富起来,先富带动后富,最终达到共同富裕。

无论是佩鲁所说的增长中心还是邓小平同志所说的先富地区,都对经济的发展起着龙头的作用,也就是一个区域内的中心城市。中心城市便是区域发展中的增长极,正如美国的硅谷、英国的伦敦、日本的东京。中心城市通过与区域的互动作用,实现各种要素与资源的最优配置,以带动整个中心城市所在区域实现共同的发展。中心城市必须是在一定区域内具有重要地位、综合实力强大并起着枢纽作用的大城市或特大城市。中心城市的评定有以下七个指标:综合经济能力、科技创新能力、国际竞争能力、辐射带动能力、交通通达能力、信息交流能力、持续发展能力。

广州作为珠江三角洲的中心,华南地区经济、科技、教育和文化中心,中国最重要的交通枢纽之一,广州在带动区域发展方面发挥着至关重要的作用,粤港澳大湾区的建设离不开广州的龙头作用。在创投产业方面,广州的发展相对落后,与国内一线中心城市地位并不相符。广州建设创投中心城市,不仅可以推动华南地区创投产业的整体进步,也可以促进华南地区金融业的繁荣兴盛,并最终带动整个粤港澳大湾区的经济腾飞。

4.3.4 生态系统理论

布朗芬·布伦纳的生态系统理论指出，发展个体嵌套于相互影响的一系列环境系统之中，在这些系统中，系统与个体相互作用并影响着个体发展。布朗芬·布伦纳认为，自然环境是人类发展的主要影响源，这一点往往被人为设计的实验室里的研究发展的学者所忽视。他认为，环境（或自然生态）是一组嵌套结构，每一个嵌套在下一个中，就像俄罗斯套娃一样。换句话说，发展的个体处在从直接环境到间接环境的几个环境系统的中间或嵌套于其中。每一系统都与其他系统以及个体交互作用，影响着发展的许多重要方面。

在这些环境系统中，最里层是微观系统，指个体活动和交往的直接环境，这个环境是不断变化和发展的。第二个层次是中间系统，中间系统是指各微观系统之间的联系或相互关系。布朗芬·布伦纳认为，如果微观系统之间有较强的积极的联系，发展可能实现最优化。相反，微观系统间的非积极的联系会产生消极的后果。第三个层次是外层系统，是指那些并未直接参与但却对个体的发展产生影响的系统。第四个层次是宏观系统，指的是存在于以上3个系统中的文化、亚文化和社会环境，宏观系统实际上是一个广阔的意识形态。布朗芬·布伦纳的模型还包括了时间纬度，又称历时系统，把时间作为研究个体成长中心理变化的参照体系。引起环境变化的可能是外部因素，也可能是人自己的因素。因为人有主观能动性，可以自由地选择环境。而对环境的选择是随着时间不断推移，个体知识经验不断积累的结果。布朗芬·布伦纳将这种环境的变化称为生态转变，每次转变都是个体发展的一个阶段。

基于布朗芬·布伦纳的生态系统理论，已经发展出了产业生态系统理论、商业生态系统理论、知识生态系统理论等等。在"中国创业投资中心发展指数"的编制过程中，基于生态系统理论，建立了创业投资生态系统，其中创投绩效是发展个体，创新能力、金融环境、人才环境、政策支持共同构成微观系统，构成微观系统的四个要素相互影响、共同发展，并直接作用于发展个体创投绩效，促进创投绩效不断提高，创投产业不断发展。

4.4 框架模型

在"中国创业投资中心发展指数"的编制过程中，基于上述生态系统理论，本书构建了创业投资生态系统理论。在布朗芬·布伦纳提出的生态系统理论中，他指出发展个体嵌套于一系列相互影响的环境系统中，这些系统与个体相互作用并影响着个体的发展。在建立"中国创业投资中心发展指数"的过程中，笔者将一级指标创投绩效作为发展个体，其余4个一级指标作为环境系统，4个一级指标相互影响，并且共同作用于发展个体，设计框架模型示意图如图4-2所示。

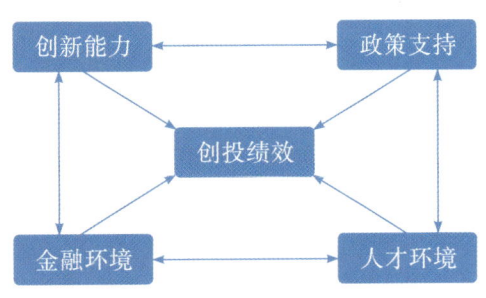

图 4-2 框架模型示意图

创投绩效是创业投资发展状况的核心，该指标的情况是创业投资发展状况的一个局部展示。创投绩效是创业投资发展水平的直接体现，该指标的提升也昭示着创业投资的蓬勃发展。一个城市的创投绩效越佳，一定程度上也表明了该城市创业投资的发展情况越好。

创新能力、金融环境、人才环境与政策支持则是创业投资发展的支撑与动力。四个方面相互影响、相互促进，共同作用于创投绩效，推动城市创业投资的发展。其中创新能力是创业投资的前提，如果一座城市缺乏创新，创业投资便没有投资对象，也就没有创业投资。我国作为发展中国家，在建设现代化强国的进程中要形成我国特色的知识创新体系，并且大力发展创业投资事业，不断改善创业投资机制，推动我国创新创业的发展。金融环境是创投产业发展的关键。创业投资的整个过程都离不开金融环境体系的支撑，具体包括了在创业投资中起支持作用的金融机构、金融工具、金融服务等多方面环境。人才环境是创业投资发展的保障，在创业投资的过程中，需要各方面的人才，归结起来分为两类：一类是风险投资家，一类则是风险企业家。这两类人才构成了创业投资赖以存在与发展的基础与保证。风险投资家与风险企业家都不是天生的，往往需要一种环境来造就这样的人才。政策支持是创业投资发展的催化剂，在创业投资成长发展的过程中，政府起着不可替代的推动作用。政府充当着重要的外部动力，对创业投资形成了强有力的激励。

4.5 指标体系

"中国创业投资中心发展指数"指标体系共选取三级指标，指数直接对应 5 个一级指标，在理论基础的支撑下，5 个一级指标协同构成了中国创业投资中心发展指数。每个一级指标又分别包括 3 个二级指标，总共 15 个二级指标进一步细分不同领域展现了指数的全貌。为了得到可测可比的指数，还设置了可量化的三级指标共 53 个，以便进行下一步可操作的定量分析。

4.5.1　一级指标

中国创业投资中心发展指数是一座城市创投产业发展状况的体现，为了涵盖各方面因素，本指数的构建共设置了创投绩效、创新能力、金融环境、人才环境、政策支持5个一级指标，如图4-3所示。其中创投绩效不同于其他4个指标的是，创投绩效是对当前该城市创投产业的发展状况做了简单的量化，是对已有发展的概括；而其他4个指标是对当前城市创投产业的发展基础做了全面的量化，是对今后发展的动力的总结。

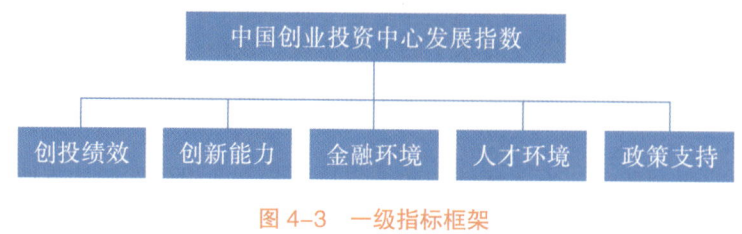

图4-3　一级指标框架

1. 创投绩效

创投绩效是创业投资发展水平的直接体现，该指标的提升也昭示着创业投资的蓬勃发展。创投绩效衡量了该城市创业投资的募资、投资、退出及引导基金的情况，一个城市的创投绩效越佳，一定程度上也表明了该城市创业投资的发展情况越好。

创业投资的运行过程可分为四个阶段，分别是募资、投资、管理、退出。在募资阶段，创业投资机构向投资者筹集资金，并与投资者签订契约，成立创业投资基金。在投资阶段，创投机构把风险资本投向目标企业，在创投机构投资前一般会对项目的市场价值、成功可能性与所需资金状况进行评估，在审核通过后，创投机构以资金入股，创新企业则以技术入股共同经营该企业。之后便是管理阶段，因为除了资金之外，创业投资与其他投资方式的最大不同便是管理这一步的增值服务，创投机构往往会在财务、经营管理、市场开拓方面给创新企业建议与支持。在最后的退出阶段，是投资者最重视的一个环节，吸引投资者进行创业投资的最重要原因便是其带来的高回报。为了实现创业投资的高收益，创业投资需要一个可靠的退出机制为其提供安全保障。风险资本能否成功退出，对于创业投资能否顺利地循环有着极其重要的意义。

2. 创新能力

创新能力这一指标衡量了一座城市的科技创新的能力，具体包含了教育水平、产业支撑与科技研发等情况。创新能力是创业投资的前提，如果一座城市缺乏创新，创业投资便没有投资对象，也就没有创业投资。

约瑟夫·熊彼特提出的创新理论，在证明创新驱动经济增长的进程中做出了重大贡献。熊彼特认为，技术创新是经济发展中不可或缺的引擎，因此创新可以促进创业投资的发展。创业投资又能够进一步推动创新的发展。目前我国技术创新存在科技总体水平低于发达国家、科技成果转化率低、高新技术经费投入不足、高新技术企业规模小等问题。而造成这些问题的原因总结起来就是支持科技成果转化的资本严重不足，一方面是对银行等传统融资渠道扶持力度不够，另一方面则是创业投资仍需进一步发展。我国作为发展中国家，在建设现代化强国的进程中要形成我国特色的知识创新体系，并且大力发展创业投资事业，不断改善创业投资机制，推动我国创新创业的发展。

3. 金融环境

金融环境是创投产业发展的关键。金融环境指标是指一座城市的各项金融指标，具体包括金融机构、金融绩效、进出口与利用外资等情况。

希克斯（英国经济学家）认为，在没有强大的金融市场的支持下，技术进步也只是固定资本的一个转换器。即创新能力的提高，如果得不到资本的支撑，难以转化为实际的经济增长与社会进步。创业投资的整个过程都离不开金融环境体系的支撑，具体包括了在创业投资中起支持作用的金融机构、金融工具、金融服务等多方面环境。金融机构为创业投资提供大量的风险资本，银行在创业投资扶持创业企业发展壮大后也会跟入投资，通过贷款等方式支持企业的发展。金融环境在创业投资中的作用主要体现在以下两个方面：一是通过银行贷款、发行股票或债券、私募股权等方式筹资，从而为创业投资提供资金；二是金融市场可以充当创业投资的"晴雨表"。金融市场的繁荣，表现出了资本充裕，流向创业投资的资本也会增加，从而促进创业投资的发展。除此之外，金融市场的繁荣也会促使股市上涨，创业投资退出时的回报也就会增多，因此大大激励了风险投资家投资的信心与热情。

4. 人才环境

人才环境这一指标衡量了一座城市对人才的吸引力大小，如该城市的基础设施、社会保障与居住环境等情况。风险投资家与风险企业家都不是天生的，往往需要一种环境来造就这样的人才。一座城市可以有两种方式来"造就"创业投资行业的人才，一种是培养，一种是吸引。培养的方式是指通过教育、学习等手段培育人才；吸引则是指依靠本城市的居住环境、社会保障、交通运输等优势，进行人才引进。

在创业投资的过程中，需要精通各方面知识的各类人才，归结起来分为两类：一类是风险投资家，一类则是风险企业家。这两类人才构成了创业投资赖以存在与发展的基础与保证。风险投资家是指管理和运用风险资本的管理者，这些人往往是懂技术、善管理，同时又精通金融知识的复合型人才，他们能够在项目选择、项目评估、帮助创业企业成长等创业投资过程中发挥重要作用。风险企业家指风险企业的创始人，风险企业往往是高新技术企业，这些企业的共同特征是起始规模较小、科技含量较高、资金需求较大。风险企业家最重要的职能便是企业家精神，一种勇于冒险并敢于创新的精神，再加上善于管理与精于协调的领导力。只有顶尖的风险企业家，才能创立顶尖的创新企业，才能有不断发展的创业投资。风险企业家是资金赤字的创业者，风险投资家则是资金盈余的投资者，两者一个创新，一个转化创新，在推动我国创新驱动发展战略中相辅相成，缺一不可。

5. 政策支持

政策支持这一指标衡量了一座城市在政策方面得到的支持力度，具体有金融政策、财政政策、税收政策、产业政策、技术政策、引导基金、保护政策、协调政策、简政政策九类政策。

在创业投资成长发展的过程中，政府起着不可替代的推动作用。政府充当着重要的外部动力，对创业投资形成了强有力的激励。一般来说，政府对创业投资的促进主要采用直接干预与间接扶持两种手段。直接干预是指政府通过实施某些政策，直接将资金引入创业投资或对创业投资主体产生直接的经济影响，如政府引导基金，或提供税收优惠、贷款担保和政府补贴等；间接扶持是指政府针对创业投资的一系列制度以及投资环境建设，如完善与创业投资有关的人才环境、金融市场、法律制度等。创业投资的发展通常要经过起步与成熟两个阶段。当一国的创业投资尚处于起步阶段的时候，政府通常以直接干预的手段为主；而当创业投资发展至成熟阶段，政府便会以间接扶持为主，并着重于制定正确的引导政策，充分依靠市场的作用，尊重市场经济规律，创造有利于创业投资发展的外部条件。

4.5.2 二级指标

一级指标共有 5 个，在每个一级指标下，又分别设置了 3 个二级指标，总共 15 个二级指标进一步展现了指数的全貌，如图 4-4 所示。

在创投绩效一级指标下设创投规模、引导力度、退出绩效 3 个二级指标。创投规模体现了创投的产业规模大小；引导力度则是指政府在我国市场经济中的巨大影响力；退出绩效则注重于创业投资者最关心的退出这一环节。

在创新能力一级指标下设教育水平、产业支撑、科技研发 3 个二级指标。人才是创新的来源，教育水平注重于一座城市的教育事业，即培养人才的能力；产业支撑包含了传统工业与高新技术产业，两者相互促进缺一不可，并同时推动了创新的进程；科技研发则体现了一座城市科研的能力，这是创新能力最直观的体现。

在金融环境一级指标下设机构规模、金融绩效、经济实力 3 个二级指标。机构规模体现了银行、保险与证券三个行业的规模大小；金融绩效则从金融业从业人员与金融业增加

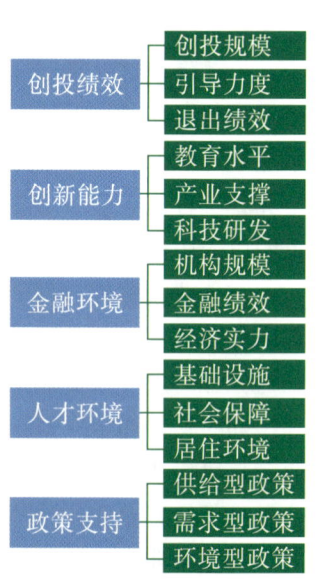

图 4-4 二级指标框架

值两个层面衡量了金融业的发展状况；经济实力体现了一座城市整体的经济水平，并在一定程度上说明了该城市居民的幸福程度。

在人才环境一级指标下设基础设施、社会保障、居住环境3个二级指标。基础设施主要从交通出行方面衡量了一座城市出行的便捷程度；社会保障则注重于各类保险与医疗设施，衡量了该城市对于居民的基本保障情况；居住环境从环境方面体现了一座城市的宜居程度。

在政策支持一级指标下设供给型、需求型、环境型政策3个二级指标。供给和需求两类政策对创业投资发展起到直接作用，供给型政策侧重于推动、激励创新创业活动；而需求型政策则侧重于将创新创业行为拉动、引导到与政府的倡导相一致；环境型政策则是为创新创业提供良好的外部环境，间接促进创业投资发展。

4.5.3 三级指标

为了进行定量分析，在每个二级指标下设置了多个对应的三级指标，15个二级指标下总共有53个三级指标，如表4-1所示。

表4-1 具体三级指标

一级指标	二级指标	三级指标
创投绩效	创投规模	年度基金募集金额
		年度基金募集数量
		年度投资事件数量
		年度投资金额
		创投机构数
		年度新增创投机构数
	引导力度	引导基金总金额
		年度新增引导基金总金额
		引导基金数量
		年度新增引导基金数量
	退出绩效	累计退出案例总数
		年度新增退出案例数
		年度回报倍数

续上表

一级指标	二级指标	三级指标
创新能力	教育水平	年度财政教育支出占 GDP 的比重
		普通高等学校数
		普通高等学校在校学生数
		普通高等学校教职工数
	产业支撑	规模以上工业企业单位数
		规模以上工业企业工业总产值
		规模以上高新技术企业数
		规模以上高新技术企业平均用工人数
		规模以上高新技术企业总产值
	科技研发	年度研发支出
		规模以上工业企业研发人员数
		年度新增专利数
金融环境	机构规模	金融机构本外币存款余额
		金融机构本外币贷款余额
		年度保险保费收入
		证券公司本地法人机构数
	金融绩效	金融业生产总值
		金融业从业人员占在岗职工比例
		金融业从业人员数
	经济实力	地区生产总值
		人均生产总值
		年度进出口总值
		年度实际利用外资金额

续上表

一级指标	二级指标	三级指标
人才环境	基础设施	人均道路面积
		城市单位人口拥有公共汽车数
		客运总量
		货运总量
	社会保障	养老保险覆盖率
		医疗保险覆盖率
		每万人拥有医疗机构床位数
	居住环境	人均绿地面积
政策支持	供给型政策	金融政策
		财政政策
		税收政策
	需求型政策	产业政策
		技术政策
		引导政策
	环境型政策	保护政策
		协调政策
		简政政策

1. 创投规模下的三级指标

创投规模从募资、投资和创投机构数三个层面衡量了创业投资发展的规模大小。目前我国创业投资事业正如火如荼地发展。一座城市的创投机构越多，在一定程度上说明了该城市创业投资发展越好、规模越大。募资与投资更像是创业投资的准备工作，如果在准备这一过程中做得好，也就为整个创业投资打好了基础。

2. 引导力度下的三级指标

引导力度则从引导基金层面衡量了政府对创业投资的扶持力度。引导基金是由政府设立并按市场化方式运作的政策性基金，主要通过参股扶持创业投资企业发展，引导社会资金进入创业投资领域。目前我国存在科技成果转化能力严重不足的问题，而通过引导基金，可以充分发挥政府资金的杠杆放大效应，增加创业投资的资本供给，可以克服单纯通过市场配置创业投资资本的市场失灵问题，从而推动整个创业投资产业的发展。

3. 退出绩效下的三级指标

退出绩效从退出案例数与年度回报倍数两个层面衡量了创业投资的行业发展情况。退出是创业投资的最后一个环节，也是投资者最重视的一个环节，为了实现创业投资的高收益，创业投资需要一个可靠的退出机制为其提供安全保障。风险资本能否成功退出，对于创业投资顺利地循环有着极其重要的意义。

4. 教育水平下的三级指标

教育质量通过教育支出与学校基本情况两个层面，衡量了在人才教育方面的水平。创新的竞争最终体现在人才的竞争上，没有创新性人才就不可能有创新竞争力，人才培养的根本在于教育。学校可以与企业密切合作，不仅为创新企业提供先进的科技成果、高科技人才，或者帮助其培养人才，学校还可以与人才、风险投资家直接投资办企业。教育情况的好坏，将在短期内影响创新能力的强弱，并长期决定创新能力的强弱。

5. 产业支撑下的三级指标

产业水平是创业投资发展的保障。产业水平的提升，能够为投资的盈利提供保障，有利于资本的流入，有助于我国创业投资产业的发展。产业支撑指标涵盖了一座城市传统产业与高新技术产业的发展水平。传统产业的发展为高新技术产业的发展提供了基础，高新技术产业的发展既是创新驱动的必然，又推动了创新能力的进一步发展。

6. 科技研发下的三级指标

如果说前两个指标——教育水平与产业支撑是提高创新能力的前提的话，科技研发便直接形成创新能力。一个地区高科技发展水平的提高和大批高科技成果的出现，以及社会对于高科技产品的高需求，形成了高技术市场供需两旺的场面，这不仅为创业投资提供了大量优质项目，更促进了高科技企业的生存发展。科技研发指标通过综合研发支出以及发明专利情况，衡量了一座城市现有的创新能力。综合研发支出为创新活动提供了资金，而发明专利与技术进步和自主创新能力关系最为密切。

7. 机构规模下的三级指标

机构规模指标下设贷款余额与存款余额、保费收入、证券公司本地法人机构数 4 个三级指标，存款余额与贷款余额衡量了一座城市金融机构的存贷情况，可以初步反映该城市银行业的发展情况；保费收入是保险公司为履行保险合同规定的义务而向投保人收取的对价收入，保费收入所带来的经济效果是现金资产的流入，通过资金运用以及对保险风险的集中与分散的管理形成损益，保费收入的大小表明了该城市保险业的发展情况；证券公司本地法人机构数则表现了该城市的证券机构的规模。

8. 金融绩效下的三级指标

金融绩效下有金融业生产总值与从业人员两个方面，金融业生产总值是指按市场价格计算的一个国家或地区所有常住单位在一定时期内从事金融业生产活动的最终成果，由此衡量该城市的金融绩效；金融从业人员的多少可以体现该城市金融业发展的规模，也是金融绩效的一个体现。

9. 经济实力下的三级指标

经济实力则从 GDP、人均 GDP、进出口总额以及外商直接投资等方面表明了一座城市的总体经济硬实力。地区生产总值与地区人均生产总值共同体现了该城市的总体经济状况；进出口总额是指实际进出我国国境的货物总金额，可用以观察一个国家在对外贸易方面的规模大小；实际利用外资金额是指与外商签订合同后，实际到达的外资款项，只有实际利用外资才能真正体现该城市外资利用水平。外资是加快我国经济发展的催化剂，合理引进外资是我国经济工作的一个重点。

10. 基础设施下的三级指标

基础设施指标主要从人均道路面积、单位人口拥有公共汽车数、客运总量与货运总量四个方面，衡量了一座城市的出行便捷程度。客运总量与货运总量是指运输企业在一定的时期内实际运送的旅客或货物数量，是反映运输生产成果的指标，体现着运输业为经济服务的数量。创业投资就是全国各地实地考察项目，一座城市交通的便捷程度虽然不能决定创业投资的进程，但是影响力也是不小的。

11. 社会保障下的三级指标

社会保障从养老保险、医疗保险和医疗机构床位数三个方面考核了一座城市对于居民最基本的保障。养老保险是根据一定的法律和法规，为解决劳动者在达到国家规定的解除劳动义务的劳动年龄界限，或因年老丧失劳动能力退出劳动岗位后的基本生活而建立的一种社会保险制度；医疗保险是为了补偿劳动者因疾病风险造成的经济损失而建立的一项社会保险制度。在如今健康问题越来越被重视的背景下，社会保障无疑是各类人才定居时要考虑的一项重要指标。

12. 居住环境下的三级指标

居住环境仅含人均绿地面积一个三级指标，人均绿地面积指标可以表明一座城市环保的程度，优良的环境自然会吸引人才定居。

13. 供给型政策下的三级指标

供给型政策包括了金融政策、财政政策、税收政策 3 个三级指标。其中金融政策是指政府利用基金、贴息、担保等金融手段，引导各类金融机构支持创新创业活动，支持专业性的金融机构开展创业投资业务，具体如小微企业、科技企业优惠贷款政策、"银政担"贷款风险补偿机制等。财政政策是指政府利用财政资金对创业投资进行扶持，主要包括财政投资、财政补贴和政府采购三种形式。其中财政投资是指政府直接提供风险资本，向创新企业提供资金支持或者向创业投资机构投入风险资本。财政补贴主要是通过向创业投资机构或创新企业提供各种无偿经济补助，相对提高创业投资机构或创新企业的收益率。政府采购是指政府以财政资金通过法定的形式或方法，从市场上为政府部门采购所需商品、工程或服务的行为。税收政策是指对符合一定条件的创业投资机构、高新技术企业给予税费优惠的税收激励政策，具体如所得税、投资收益税减免、技术引进减免进口关税、允许研发支出费用从计税基础中扣除等。

14. 需求型政策下的三级指标

需求型政策包括了产业政策、技术政策、引导政策 3 个三级指标。其中产业政策是指对本地产业结构升级、产业重点发展方向进行引导和推动的政策，具体如设立高新技术开发区、扶持高技术产业和现代新兴产业等。技术政策是指对技术创新目标、技术选择、创新创业的途径等做出规范的政策，具体如技术信息交流、人才引进、技术引进、知识产权保护等。引导政策是指涉及政府资金作为投资主体之一直接进行创业投资活动的有关政策，具体如有关政府引导基金，产业基金，国有资本创业投资进入、退出，利润分配的政策。

15. 环境型政策下的三级指标

环境型政策包括了保护政策、协调政策、简政政策 3 个三级指标。其中保护政策是指在本国、本地技术企业处于发展初期时给予的保护性政策，具体如自主定价、公共部门采购、外资监管、创业孵化、关税保护等。协调政策是指协调创新创业与其他有关方面的关系的政策，具体如促进产学研合作、加强企业间技术合作、加速科技成果转化等。简政政策是指政府部门减少或消除因官僚程序对创新创业过程造成的障碍。具体如减少手续、优化制度、放松行政干预管制、清理乱收费等。

4.6 样本选取

在样本筛选前期初步选取我国直辖市、省会城市、计划单列市以及粤港澳大湾区内的珠海、佛山、东莞、中山等城市，由于我国城市群效应较明显，所以在环渤海地区、长三角地区以及粤港澳大湾区三个地域初选的城市较多，集中性较高。

综合各城市 2015 至 2016 年对创业投资募资与投资的情况进行初排名，在充分考虑个别特殊情况后，共选取 24 个城市作为最终样本，具体见表 4-2。

表 4-2 样本城市

直辖市、省	城市
直辖市	北京、上海、天津、重庆
辽宁省	沈阳、大连
福建省	福州、厦门
广东省	广州、深圳、珠海、佛山、东莞
湖北省	武汉
陕西省	西安
山东省	青岛、济南
浙江省	杭州、宁波
江苏省	南京、苏州
河南省	郑州
湖南省	长沙
四川省	成都

第 5 章
创业投资中心发展指数计算结果

在构建得到一套科学、完整的"中国创业投资中心发展指数"指标体系后，基于该指标体系，先搜集 24 个样本城市历年的各项三级指标数据，再对异常数据或缺失数据进行处理，然后通过计算各指标熵值、效用值、权重值，得到各城市指数得分，为了得到更直观的分数，对初始得分进行百分制标准化，即得到最终的"中国创业投资中心发展指数"。

5.1 指数计算

本节为指数的计算过程，具体阐释了数据的来源、对缺失数据与异常数据的处理方法以及具体的计算方法。

5.1.1 数据来源

为了保证选取数据的可靠性与可检验性，均采用公开出版统计年鉴、政府工作报告以及公开权威的数据库。主要来源包括《中国统计年鉴》、《城市统计年鉴》、《地区经济普查年鉴》、国家统计局、各市统计局、中国证券业协会、中国基金业协会、中国经济网以及清科私募通。其中政策文本来源为各地区的经济和信息化委员会或工业和信息化委员会、发改委、财政局、科技局、国税局、商务局、国资委及金融办的官方网站。

在使用统计年鉴的过程中，按照本课题的指标体系下的三级指标来检索对应数据。在使用清科私募通的过程中，募资事件的条件设置为："注册地区——北京市，基金类型——早期基金、创业基金、成长基金，成立时间——年初至年末"；投资事件的条件设置为："投资时间——年初至年末，总部地区——北京市，机构类型——早期机构、VC（风险投资）、PE（私募股权）、战略投资者"；引导基金的条件设置为："基金信息——政府引导基金，总部地区——北京市，成立时间——年初至年末"；退出事件的条件设置为："退出时间——年初至年末，退出方（机构）总部地区——北京市"。

5.1.2 数据处理

针对单个城市数据缺失的情况，具体有两种情景。一种是某城市某指标 2010—2015

年的所有数据都缺失，只能采用所有城市该指标的平均值作为其预测值；但如果仅是某城市某指标2010—2015年个别年份缺失，本文采用了等增长率插值法，如表5-1所示。

表5-1　杭州市的规模以上工业企业研发人员数量指标

三级指标	2015	2014	2013	2012	2011	2010
规模以上工业企业研发人员数量	80 100	74 100	68 800	61 200	缺失	缺失

如表5-1所示，杭州市的规模以上工业企业研发人员数量指标，由于2010年与2011年的数据缺失，我们利用2012—2015年的数据计算出年均增长率，然后据此给出2010年与2011年的预测值。具体步骤如下：

（1）计算出2012至2013、2013至2014、2014至2015年的增长率如表5-2所示：

表5-2　杭州市的规模以上工业企业研发人员数量年增长率

三级指标	2015	2014	2013
规模以上工业企业研发人员数量	80 100	74 100	68 800
年增长率	8.10%	7.70%	12.42%

（2）利用已有的年增长率，计算平均年增长率：

$$(8.10\% + 7.70\% + 12.42\%) \div 3 = 9.41\%$$

（3）根据计算得到的平均年增长率，给出缺失年份的预测值如表5-3所示：

表5-3　杭州市的规模以上工业企业研发人员数量缺失年份预测值

三级指标	2015	2014	2013	2012	2011	2010
规模以上工业企业研发人员数量	80 100	74 100	68 800	61 200	55 936	51 125
年增长率	8.10%	7.70%	12.42%	9.41%	9.41%	9.41%

5.1.3　计算过程

1. 计算指标权重

本书采用熵值法计算所有指标的权重，熵值法利用数据的离散程度来计算指标权重，离散程度越大，指标权重越大。具体步骤如下：

（1）对所有三级指标进行归一化处理，归一化方法有很多，本书统一使用以下所示方法：

正向指标：

$$x'_{ij}=\frac{x_{ij}-\min\{x_{ij},\cdots,x_{nj}\}}{\max\{x_{ij},\cdots,x_{nj}\}-\min\{x_{ij},\cdots,x_{nj}\}} \tag{5-1}$$

负向指标：

$$x'_{ij}=\frac{\max\{x_{ij},\cdots,x_{nj}\}-x_{ij}}{\max\{x_{ij},\cdots,x_{nj}\}-\min\{x_{ij},\cdots,x_{nj}\}} \tag{5-2}$$

其中，x_{ij} 为第 i 个城市的第 j 个三级指标的数值，共 n 个城市。

（2）对三级指标进行标准化处理：

$$p_{ij}=\frac{x_{ij}}{\sum_{i=1}^{n}x_{ij}} \tag{5-3}$$

p_{ij} 为第 i 个城市第 j 项三级指标的标准化值，此公式里的 x_{ij} 指的是归一化后的 x'_{ij}。标准化处理后的值若为 0，本文统一采用赋值 0.000 01 的方式来代替 0，以避免在计算熵值时出现 $\ln(0)$ 的情况。

（3）计算第 j 项三级指标的熵值：

$$e_j=-k\sum_{i=1}^{n}p_{ij}\ln(p_{ij}) \tag{5-4}$$

其中，$k = 1/\ln(n)$，在本文中 $n=24$。

（4）计算各项三级指标熵的效用值：

$$d_j=1-e_j \tag{5-5}$$

（5）计算各项三级指标的权重值：

$$w_j=\frac{d_j}{\sum_{j=1}^{m}d_j} \tag{5-6}$$

其中，m 为全部三级指标总数量。

（6）计算各项二级指标的权重值：

根据熵值可加性，对归属于第 k 个二级指标下的三级指标的权重进行加总即可得到相应的二级指标的权重值。所以：

$$w_k=\sum_{j=1}^{M}w_j \tag{5-7}$$

其中，M 为第 k 个二级指标下的三级指标数量。

（7）计算各项一级指标的权重值：

同二级指标一样，根据熵值可加性，对归属于第 z 个一级指标下的二级指标的权重进行加总即可得到相应的一级指标的权重值。

2. 计算指标得分

在得到各级指标的权重后，结合通过标准化处理后的数据，计算出各指标的得分。具体步骤如下：

（1）按所得权重可以计算出第 i 个城市各级指标（最低为二级指标）的具体得分，以二级指标为例，第 i 个城市的第 k 个二级指标综合得分为：

$$S_k^i = \sum_{j=1}^{M} w_j \times p_{ij} \qquad (5-8)$$

（2）相应地，一级指标则为下属二级指标权重与标准化处理后的二级指标得分乘积之和。

5.1.4 标准化得分

在得到各级指标的得分后，出于让得分更加直观与方便比较的目的，将各级指标的得分进行百分制标准化处理。

标准化得分指的是以某一指标的最高分数为基准进行调整的得分，反映不同城市在某一指标上的相对差异。

标准化得分的流程如下：首先将该指标排名第一的原始得分设置为 100，然后根据原始得分的占比情况，将其他各城市原始得分分别标准化，以此分别反映其得分与最高得分的差距，体现城市之间发展水平的差异。

例如 2017 年的发展指数中，北京与深圳的原始得分与标准化得分如表 5-4 所示：

表 5-4 北京与深圳的原始得分与标准化得分

城市	原始得分	标准化得分
北京	0.1916	100.00
深圳	0.1413	73.75

北京的原始得分为 0.1916，排名第一，因此将其标准化得分设置为 100，然后根据原始得分的占比情况，将其他各城市分别标准化。举例说明深圳的标准化过程：

$$73.75 = (0.1413 \div 0.1916) \times 100$$

其他城市也按照此标准进行百分制标准化处理。

5.2 历年中国创业投资中心发展情况

本节将首先给出北京、上海、杭州与粤港澳大湾区内各城市的历年排名走势，再按年份依次列出各城市的综合得分排名。

5.2.1 2018年中国创业投资中心发展情况

根据 2018 年的中国创业投资中心发展指数结果，各城市排名如图 5-1 所示，其中北京、上海、深圳分别占据前三席位，厦门、福州、济南则位列最后三名。一线创业投资城市为北京、上海与深圳，二线创业投资城市依次为广州、杭州、天津与成都，三线创业投资城市依次为苏州、武汉、郑州、西安、长沙和南京，四线创业投资城市依次为珠海、东莞、宁波、重庆、大连、青岛、佛山、沈阳、厦门、福州、济南。

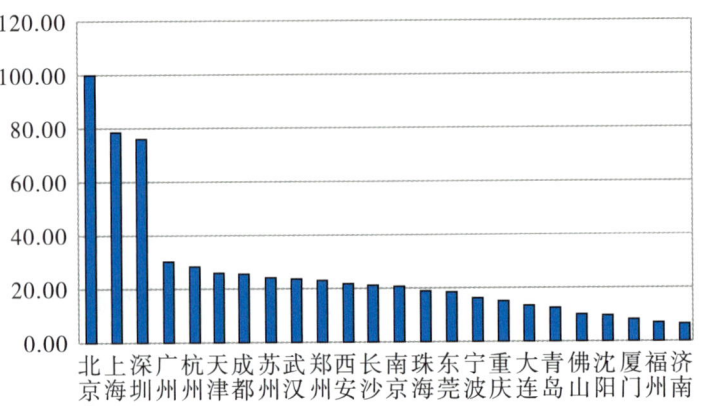

图 5-1　指数结果 2018

5.2.2 2017年中国创业投资中心发展情况

根据 2017 年的中国创业投资中心发展指数结果，各城市排名如图 5-2 所示，其中北京、深圳、上海分别占据前三席位，珠海、大连、厦门则位列最后三名。一线创业投资城市为北京、深圳与上海，二线创业投资城市依次为杭州、广州、苏州、南京、天津与重庆，三线创业投资城市依次为武汉、西安、宁波、东莞与成都，四线创业投资城市依次为青岛、长沙、郑州、佛山、济南、沈阳、福州、珠海、大连、厦门。

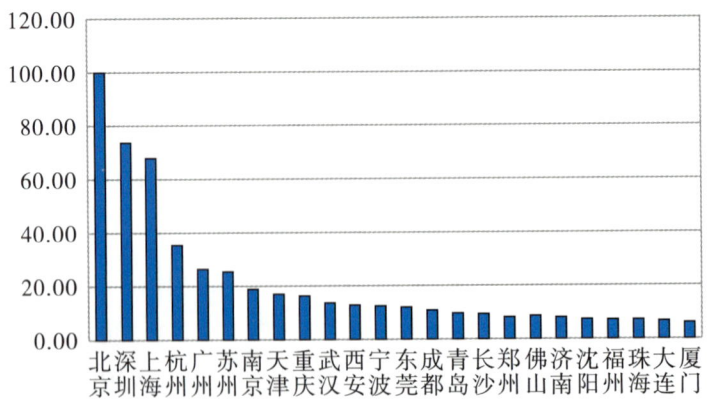

图 5-2　指数结果 2017

5.2.3 2016 年中国创业投资中心发展情况

根据 2016 年的中国创业投资中心发展指数结果,各城市排名如图 5-3 所示,其中北京、上海、深圳分别占据前三席位,大连、珠海、厦门则位列最后三名。一线创业投资城市为北京、上海与深圳,二线创业投资城市依次为广州、杭州、苏州、天津、重庆与武汉,三线创业投资城市依次为南京、东莞、宁波、成都、沈阳、佛山、济南、青岛、福州与长沙,四线创业投资城市依次为郑州、西安、大连、珠海、厦门。

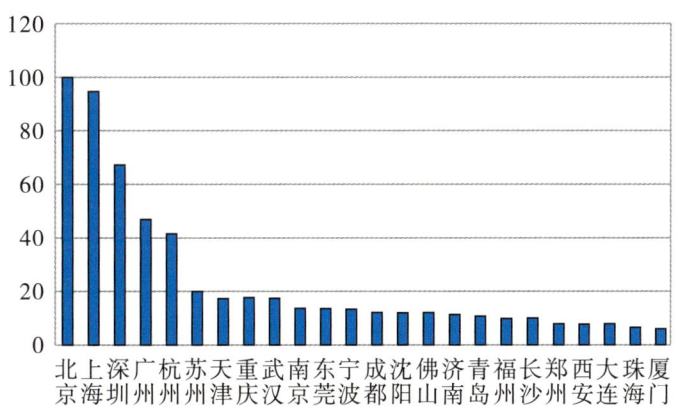

图 5-3 指数结果 2016

5.2.4 2015 年中国创业投资中心发展情况

根据 2015 年的中国创业投资中心发展指数结果,各城市排名如图 5-4 所示,其中北京、深圳、上海分别占据前三席位,大连、厦门、福州则位列最后三名。一线创业投资城市只有北京,二线创业投资城市依次为深圳、上海、杭州、广州与宁波,三线创业投资城市依次为东莞、天津、苏州、成都、重庆与济南,四线创业投资城市依次为南京、长沙、沈阳、珠海、佛山、武汉、西安、青岛、郑州、大连、厦门、福州。

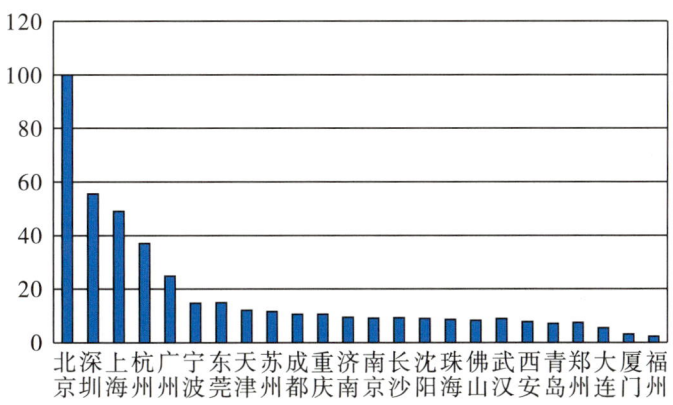

图 5-4 指数结果 2015

5.2.5 2014年中国创业投资中心发展情况

根据2014年的中国创业投资中心发展指数结果，各城市排名如图5-5所示，其中北京、深圳、上海分别占据前三席位，济南、大连、郑州则位列最后三名。一线创业投资城市为北京、深圳与上海，二线创业投资城市依次为武汉、广州、珠海、杭州、南京、苏州、宁波、重庆、长沙、天津与东莞，三线创业投资城市依次为青岛、成都、佛山、西安、沈阳、厦门、福州与济南，四线创业投资城市只有大连与郑州。

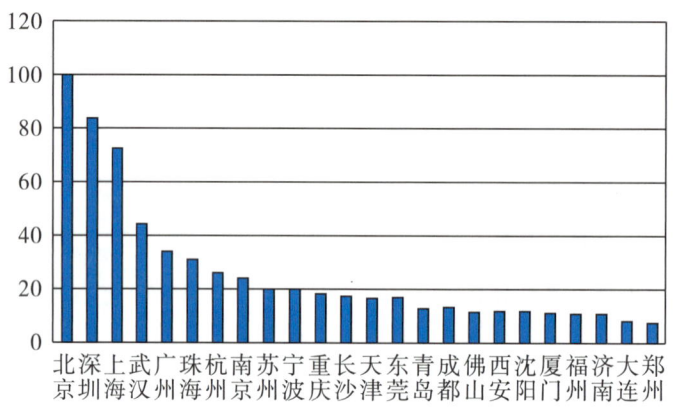

图5-5 指数结果2014

5.2.6 2013年中国创业投资中心发展情况

根据2013年的中国创业投资中心发展指数结果，各城市排名如图5-6所示，其中北京、上海、深圳分别占据前三席位，珠海、厦门、福州则位列最后三名。一线创业投资城市为北京、上海与深圳，二线创业投资城市依次为广州、武汉、南京、杭州、苏州、天津、宁波与沈阳，三线创业投资城市依次为青岛、长沙、成都、东莞、重庆与济南，四线创业投资城市依次为郑州、佛山、大连、西安、珠海、厦门、福州。

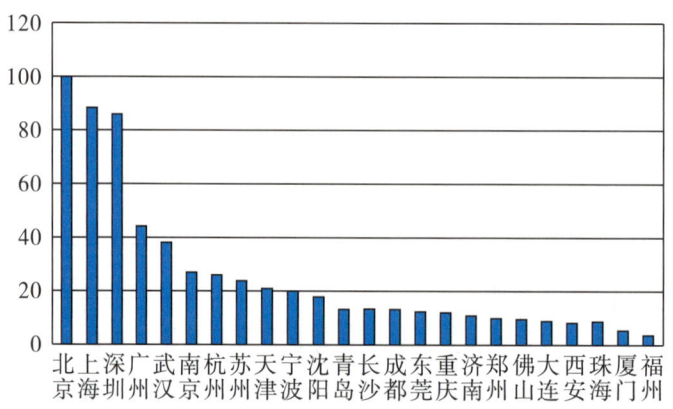

图5-6 指数结果2013

5.2.7 2012年中国创业投资中心发展情况

根据2012年的中国创业投资中心发展指数结果,各城市排名如图5-7所示,其中北京、上海、深圳分别占据前三席位,西安、郑州、厦门则位列最后三名。一线创业投资城市为北京、上海与深圳,二线创业投资城市依次为南京、宁波、广州、苏州、杭州、天津、珠海与佛山,三线创业投资城市依次为成都、重庆、福州、东莞、大连、济南与武汉,四线创业投资城市依次为青岛、沈阳、长沙、西安、郑州、厦门。

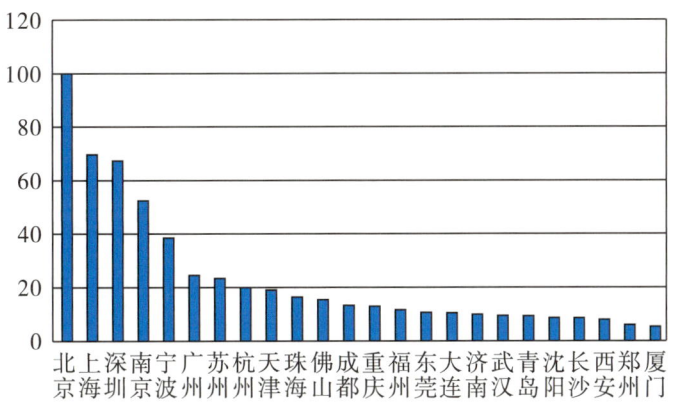

图 5-7 指数结果 2012

5.2.8 2011年中国创业投资中心发展情况

根据2011年的中国创业投资中心发展指数结果,各城市排名如图5-8所示,其中上海、北京、深圳分别占据前三席位,郑州、厦门、福州则位列最后三名。一线创业投资城市为上海与北京,二线创业投资城市依次为深圳、宁波与天津,三线创业投资城市依次为广州、南京与苏州,其余城市全部为四线创业投资城市。

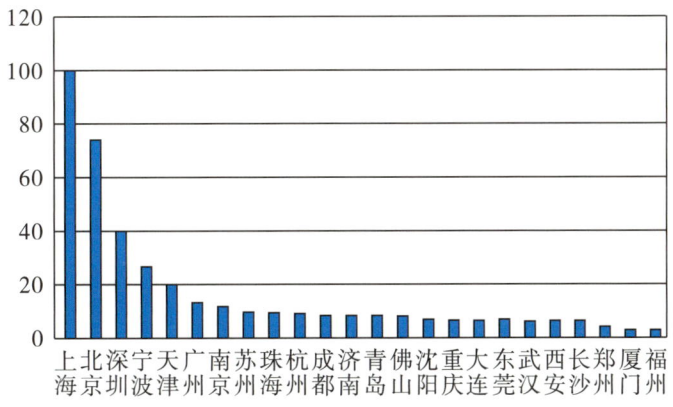

图 5-8 指数结果 2011

5.2.9 重点城市排名变化

在此部分，给出北京、上海、杭州以及粤港澳大湾区内的深圳、广州、东莞、佛山、珠海共八个城市的历年排名走势。

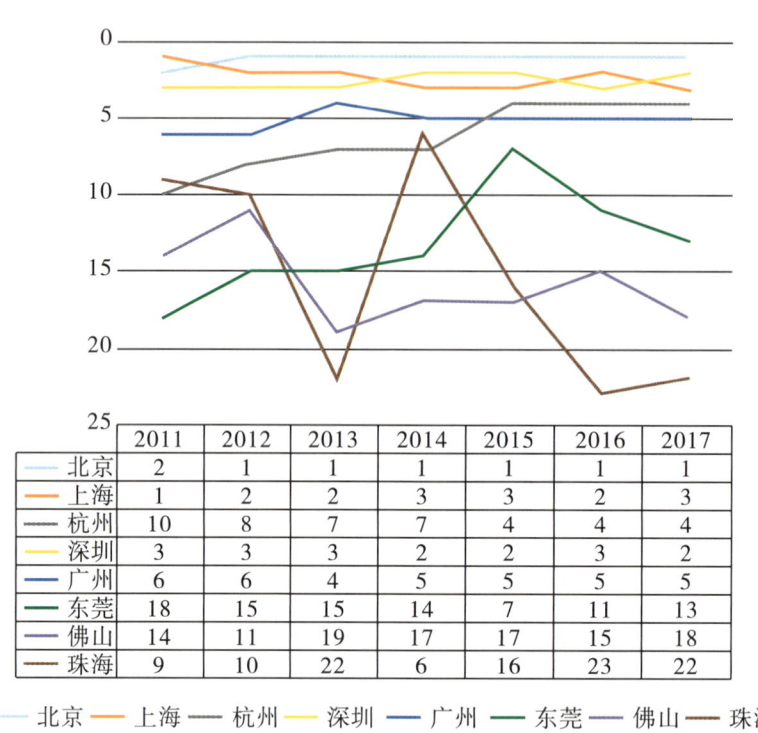

图 5-9 重点城市历年排名走势

由图 5-9 可以看出，北京、上海、深圳每年都占据了前三席位，其中北京实力最强，2012—2017 年均是第一名。杭州的走势非常强劲，从 2011 年的第 10 名上升至近年的第 4 名，也超越了稳步发展的广州。粤港澳大湾区内的其他城市东莞、佛山与珠海当中，东莞的发展较好，但是佛山与珠海的发展却较差。

第 3 篇
评价篇

　　深入了解我国各城市创业投资行业发展状况与趋势,有助于找到各个创业投资中心的优势与不足,从而更好地建设创业投资中心,为发展创业投资提供借鉴。本篇将在"中国创业投资中心发展指数"基础上,根据指数计算结果对我国各个创业投资中心发展水平进行全面系统的评价。首先对我国创业投资中心整体发展格局进行评价,并结合各个要素进行深入分析,最后对我国创业投资行业进行区域效应分析,从而全面分析我国创业投资中心的发展状况和发展前景。

第 6 章
指数排名简析

根据第 5 章计算得到的指数结果,本章将对指数结果进行排名简析。首先将 24 座城市的创投发展情况分为四个梯队,探讨我国创业投资中心整体发展格局,随后将 24 座样本城市按区域分类得到区域的均分,并对区域排名做出评价,并重点对粤港澳大湾区各城市的情况做详细的分析评价。接着汇总历年的指数前十名,对历年趋势做出评价,然后对各城市做 2017 与 2018 发展指数的位差简析,结合一级指标分析排名变化较大的城市,最后详细分析我国目前的重点创业投资中心,包括北京、上海、深圳、广州与杭州 5 座城市。

6.1 创投中心梯队分析

在"中国创业投资中心发展指数 2018"中,24 座城市的得分如图 6-1 所示。

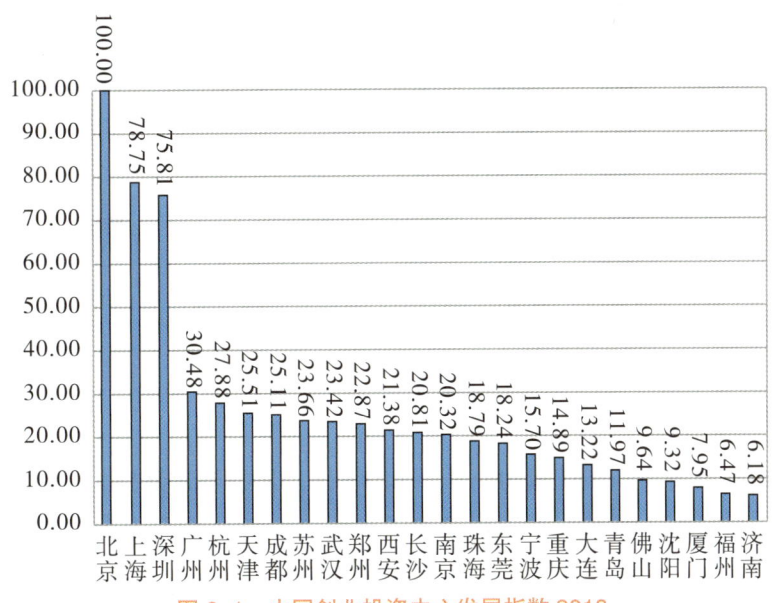

图 6-1 中国创业投资中心发展指数 2018

根据指数得分,将 24 座城市分为四个梯队:
(1)一线创业投资城市
一线创业投资城市才能叫作全国性创业投资中心,这类城市是具有全国性影响力和辐射力的创业投资中心。得分在 60 分以上，仅有 3 个城市，分别为北京、上海和深圳。

（2）二线创业投资城市

这类城市是在一定区域内具有影响力和辐射力的创业投资中心。得分在 25 分以上 60 分以下，共有 4 个城市，分别为广州、杭州、天津与成都。

（3）三线创业投资城市

此类城市已经形成一定发展规模，并有潜力辐射周边区域，得分在 15 分以上，25 分以下，共有 9 个城市，分别为苏州、武汉、郑州、西安、长沙、南京、珠海、东莞、宁波。

（4）四线创业投资城市

此类城市创业投资发展仍不具规模，处于发展初期阶段，需要周边区域来带动。得分在 15 分以下，共有 8 个城市，分别为重庆、大连、青岛、佛山、沈阳、厦门、福州、济南。

6.2 地区创业投资评价

2018 年各区域得分如下：长三角地区排名第一，粤港澳大湾区排名第二，第三为环渤海地区，接下来分别是西部地区、中部地区与海峡西岸。具体得分情况见图 6-2。

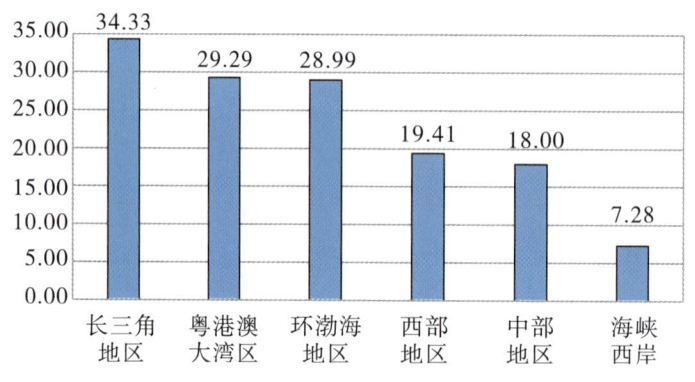

图 6-2 区域得分

（1）长三角地区

长三角地区排名第一，区域均分* 为 34.33 分，其中上海得分 78.75 分，杭州得分 27.88 分，苏州得分 23.66 分，南京得分 20.32 分，宁波得分 15.70 分。上海作为区域第一，位列全国第二，是长三角地区的增长极，但杭州最近几年的增长态势非常明显，得分排名为区域第二，区域内最差的宁波在全国排名第十六。可以发现，长三角地区的创

---

* 均分的计算以中国创业投资中心发展指数 2018 的得分为基础，对各地区的城市进行划分，比如对归属于长三角地区的几个城市得分取均值，代表该区域的均分。

业投资发展情况较为均衡，排名均靠前，所以整个长三角地区是我国创业投资发展情况最好的地区。

（2）粤港澳大湾区

粤港澳大湾区排名第二，区域均分为 29.29 分。其中深圳得分 75.81 分，广州得分 30.48 分，东莞得分 18.24 分，佛山得分 9.64 分，珠海得分 18.79 分。可以看出粤港澳大湾区内深圳是增长极，广州是区域内第二，东莞、佛山与珠海的排名则不甚理想，所以也在一定程度上拉低了粤港澳大湾区的总体排名。总的来说，粤港澳大湾区还需大力发展较为落后的地区，珠海作为经济特区之一，需要学习和借鉴深圳先进的改革政策与措施。

（3）环渤海地区

环渤海地区排名第三，区域均分为 28.99 分。其中北京得分 100 分，天津得分 25.51 分，大连得分 13.22 分，青岛得分 11.97 分，济南得分 6.18 分，沈阳得分 9.32 分。可以看出，环渤海地区发展极度不均衡，北京的绝对优势太大，所以带动了整个环渤海地区至第三名。除北京外，天津的得分位列全国第六名，但是济南的排名则为倒数第一，所以环渤海地区还需龙头北京带动整个区域均衡发展。

（4）西部地区

西部地区排名第四，区域均分为 19.41 分。其中成都得分 25.11 分，全国排名第七，西安得分 21.38 分，全国排名第十一，重庆得分 14.89 分，全国排名第十七。可以看出三座城市的发展较为均衡，都位于中等水平，整个区域的发展现状与发展前景都是好的。

（5）中部地区

中部地区排名第五，区域均分为 18.00 分。其中武汉得分 23.42 分，长沙得分 20.81 分，郑州得分 22.87 分。除武汉全国排名第九、郑州排名第十外，整体排名较为一般，所以整个中部地区的排名处于第五位。

（6）海峡西岸

海峡西岸经济区排名第六，区域均分为 7.28 分。其中厦门得分 7.95 分，福州得分 6.47 分。福建两座城市的发展都处于全国倒数位置，福州全国排名是第二十三位，厦门则是第二十二位。厦门作为经济特区之一，与另一个经济特区珠海的发展都远远比不上经济特区深圳的发展，如果能够在接下来多学习深圳好的改革措施，创造性地应用到自身的创业投资发展上，也会逐渐缩小与排名靠前城市的差距。同时应该充分利用与台湾地区在商品贸易与创新发展上的深度合作，为两岸人民做出更大的贡献。

6.3 粤港澳大湾区评价

粤港澳大湾区整体表现位于全国第二，仅次于长三角地区。大湾区内五座城市发展并不均衡，深圳与广州发展较好，而珠海的表现较差。在 2018 发展指数中，五座城市的具体表现如图 6-3 所示。

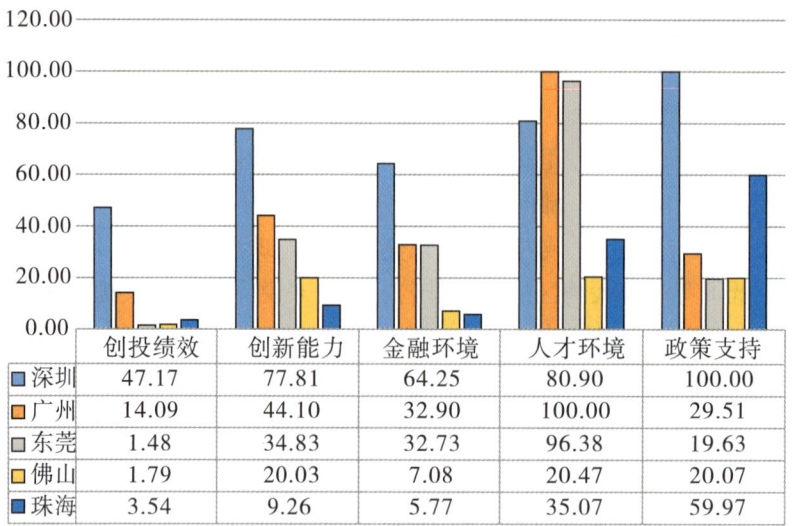

图 6-3 粤港澳大湾区一级指标得分

在创投绩效方面,从大湾区内部来看,深圳具有绝对优势,是第二名广州的三倍多,而东莞、佛山、珠海与深圳、广州的差距非常大,说明在创投绩效方面,大湾区内发展极不均衡,在融资、投资与退出方面,都存在发展不平衡的状况。从全国范围来看,深圳、广州排名靠前,珠海居中,佛山、东莞排名接近垫底,而大湾区整体创投绩效排名居全国第三,虽不及长三角及环渤海地区,但仍远远超过中、西部地区及海峡西岸。要提升大湾区创投绩效,不能仅仅依靠深圳及广州。深圳应该发挥湾区内增长极的作用,带动大湾区其他城市共同发展创业投资,整个大湾区共同发展将会对深圳形成正反馈,达到共赢的目的。

在创新能力方面,深圳仍然处于第一位,但是可以看出大湾区内城市在此方面的差距不及创投绩效,整体呈现你追我赶的态势。广州较东莞而言没有明显的优势,而佛山、珠海创新能力则与东莞、广州有一定的差距。而从全国范围来看,除珠海外的大湾区内城市创新能力都较强,居于全国中上的水平。大湾区整体创新能力居全国第三,而距第一名的长三角地区和第二名环渤海地区仍有较为明显的差距。创新能力的发展与教育、科研、高新科技产业等息息相关,粤港澳大湾区创新能力的提升除了加强对教育、科研方面的投入,也需要通过调整产业结构、发展新兴产业来实现。

金融环境方面,与创投绩效相似,仍然是深圳第一、广州第二,东莞、佛山与珠海较差,出现发展不均衡的局面。在全国范围来看,深圳位居第三,广州第五,但佛山、珠海在样本城市中处于末尾。在未考虑香港、澳门的情况下,大湾区整体金融环境得分居全国第三,与长三角、环渤海地区差距并不如创投绩效那般大。相比于它们,大湾区内金融环境的主要问题是存在较为极端的金融环境不平衡的问题。在未来建设粤港澳大湾区的过程中,大陆城市要加强与港澳的联系,通过香港国际性金融中心的优势建设粤港澳金融中心,发展落后地区金融业,实现大湾区金融环境的全面提升。

人才环境则是大湾区的一个亮点,得分非常高,广州、东莞、深圳三者的差距并不大,而且占据了全国的前三席位。但珠海、佛山与这三座城市仍有较大的差距,珠海处于样本城市的中间,而佛山则近乎垫底。从得分来看,粤港澳大湾区的得分居全国第一。大湾区的人才环境在全国具有较强的优势,但对于一些发展不尽如人意的城市需要加强城市基础设施的建设,发展公共交通,完善社会保障,辅以政府政策,从而吸引更多优质人才。

政策支持方面,大湾区内深圳遥遥领先,其余四座城市则差强人意,与深圳有一定的差距,但其间差距并不如创投绩效差距这么大。按各城市排名来看,深圳居全国第一,广州居全国第十一,珠海稍靠前,佛山、东莞居样本城市中后部。从得分来看,粤港澳大湾区居全国第一。在我国,创业投资产业仍未成熟,发展创业投资与新兴产业离不开必要的政策引导。大湾区政策倾向于金融支持,但是缺乏对税收优惠、产业结构调整等方面的足够重视。此外,大湾区在各方面都存在或多或少的不平衡性,落后城市发展创业投资本就缺乏先发性,因此其中政府扮演的角色将更加重要。因此,政府对不足的方面要有适当的资源倾斜,如加强税收优惠,发展天使投资,同时加强对弱势地区的扶持,才能促进大湾区创业投资产业与新兴产业的整体发展。

6.4 创投中心历年趋势

基于本报告的评价体系,经过全面分析及计算,得到发展指数 2017 排名前十位的中国创业投资中心城市为:北京、深圳、上海、杭州、广州、苏州、南京、天津、重庆、武汉。

表 6-1 中国创业投资中心发展指数 2011—2018 排名情况

名次	2018	2017	2016	2015	2014	2013	2012	2011
1	北京	北京	北京	北京	北京	北京	北京	上海
2	上海	深圳	上海	深圳	深圳	上海	上海	北京
3	深圳	上海	深圳	上海	上海	深圳	深圳	深圳
4	广州	杭州	杭州	杭州	武汉	广州	南京	宁波
5	杭州	广州	广州	广州	广州	武汉	宁波	天津
6	天津	苏州	苏州	宁波	珠海	南京	广州	广州
7	成都	南京	天津	东莞	杭州	杭州	苏州	南京
8	苏州	天津	重庆	天津	南京	苏州	杭州	苏州
9	武汉	重庆	武汉	苏州	苏州	天津	天津	珠海
10	郑州	武汉	南京	成都	宁波	宁波	珠海	杭州

如表 6-1 所示，2011—2018 年综合排名前十的创业投资中心城市发展有以下特征：

第一，排名前十的创业投资中心城市整体结构稳定。八年来，北京、上海、深圳始终在创业投资中心城市第一梯队中，占据了前三的位置。北京常年蝉联第一，上海、深圳则不断在第二、第三名之间变动。4～10 名尽管每年有排名变动，但其中大部分城市保持在前十的位置，仅有少数城市，如郑州、东莞等偶尔进入前十榜单。

第二，部分城市排名变动较大。杭州进步速度较快，上升趋势明显。从第十名，上升至第七名，再稳定至第四名或第五名，其间离不开政府的大力支持及创新实力的提升，为中国创业投资其他新兴城市提供了发展路径。

6.5 创投中心位差简析

比较 24 座城市 2017 年与 2018 年两年间的位差变化，可以看出珠海的上升幅度最大，上升了 8 名，成都与郑州则分别上升了 7 名，大连上升了 5 名，长沙上升了 4 名，厦门和天津各上升了 2 名，广州、上海与武汉各自小幅上升了 1 名。北京和西安两座城市则保持 2017 年的排名，未出现上升或下滑。杭州、深圳与沈阳各自小幅下滑了 1 名，东莞、佛山、福州与苏州则各自下降了 2 名，宁波和青岛各自下降了 4 名，济南下降了 5 名，南京下降了 6 名，重庆则下降了 8 名。具体位差变化情况见图 6-4。

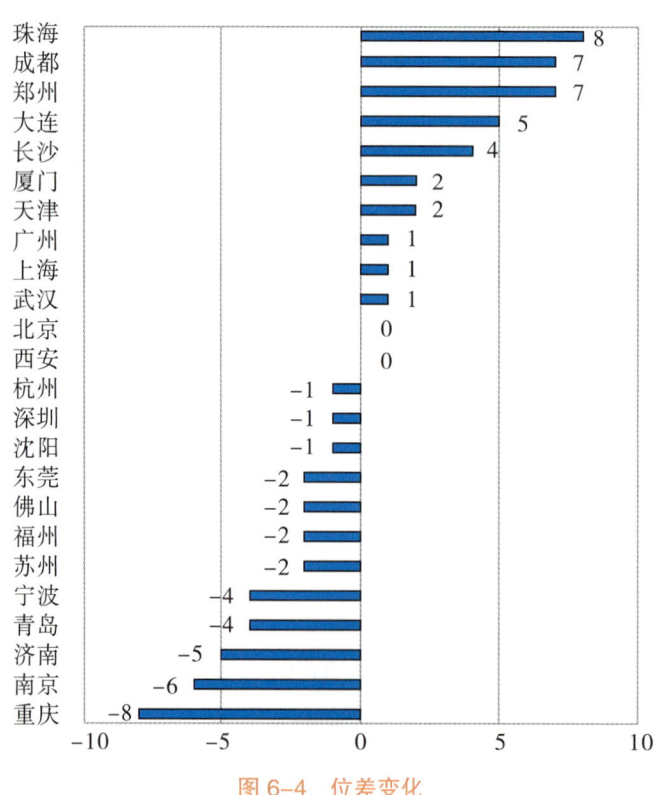

图 6-4　位差变化

(1) 珠海

珠海上升了 8 名，上升幅度最大。如图 6-5 所示，从五个一级指标来分析这一变化，可以看出除了创投绩效这一指标下降 1 名外，人才环境、金融环境、创新能力保持不变，政策支持更是上升 14 名，表明珠海当地政府对创业投资越来越重视，这也是导致总指数上升 11 名的最主要原因，表明珠海市的创业投资正快速发展。

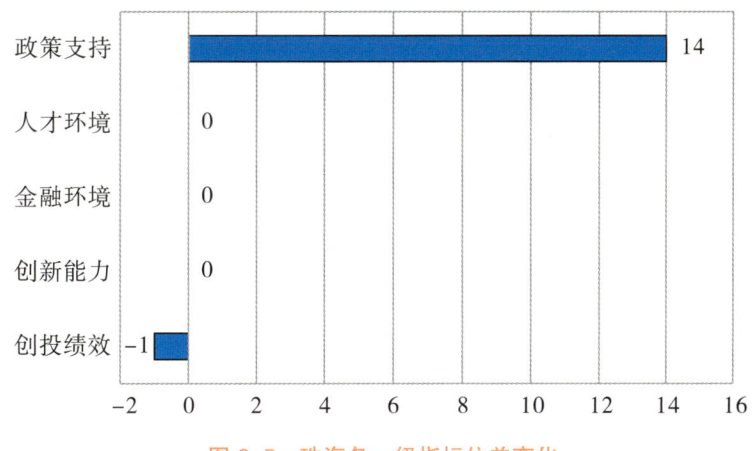

图 6-5　珠海各一级指标位差变化

(2) 南京

南京下降了 6 名，主要是因为政策支持在两年间下降了 5 名，一定程度上导致了创投绩效指标的小幅下滑。此外，如图 6-6 所示，金融环境下降了 3 名，创新能力保持不变，表明南京市需要改善的地方主要在政策支持方面，政策方面的改善会正反馈于创投绩效，创投绩效则直接作用于创业投资发展。

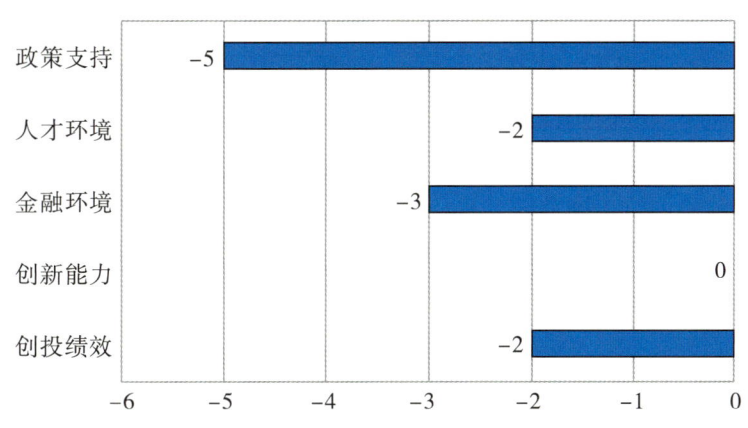

图 6-6　南京各一级指标位差变化

(3) 重庆

重庆下降了 8 名，下降幅度最大。从图 6-7 同样可以看出，重庆的创投绩效和政策支持两个指标均下降较大幅度。从原始数据看，重庆在 2017 年几乎没有颁发针对促进创业投资发展的政策，所有得分较低，排名也比较靠后，同时由于政策的支持力度不够，也导致创投绩效的下降。

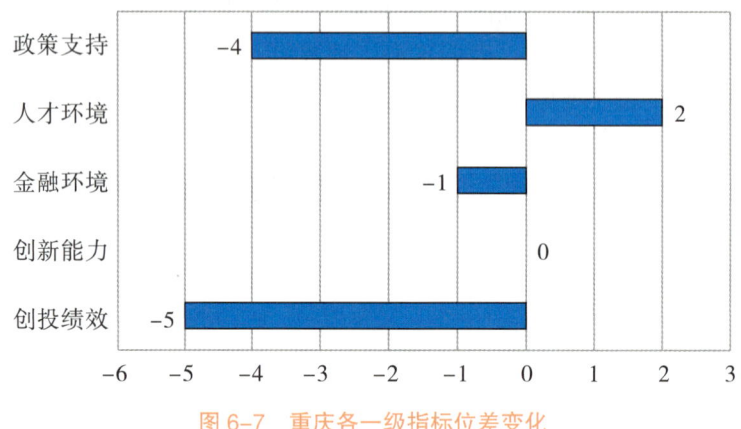

图 6-7　重庆各一级指标位差变化

6.6　重点创投中心简析

本小节将具体分析三个一线创业投资城市（即全国性创业投资中心——北京、深圳和上海）与两个二线创业投资城市（广州与杭州）。

（1）北京

北京是中国政治、经济的中心，在发展创业投资上具有得天独厚的优势。北京成为中国创业投资中心城市排名首位的主要原因，是其具有雄厚的金融实力、富有活力的创新机制、活跃的创业投资、丰富的人才储备及政府的大力支持，这些为北京成为国际性创业投资中心城市奠定了良好的基础。

截至 2018 年，北京在创业投资募集金额、投资金额等方面均排在全国第一，创业投资发展十分活跃。北京 2017 年金融业生产总值达 4655.4 亿元，仅次于上海，且存贷款余额、金融业从业人员均在国内名列前茅，金融实力强。在人才储备及创新机制上，北京拥有全国最顶尖的高校及研究机构，高等学校数远超其他城市，拥有大量专业人才，为创新创业及发展创业投资打下良好基础。而中关村国家自主创新示范区坐落于北京，不同规模高新技术产业聚集于此，因此与高新技术中小企业相匹配的融资需求将支撑北京创业投资持续发展。长期来看，北京创业投资中心城市的霸主地位将继续保持。

（2）深圳

深圳作为我国第一批对外开放的经济特区之一，毗邻香港、澳门，在资本开放度、贸易、金融自由度，市场运作机制等方面具有明显优势。尽管较北京、上海起步较晚，但深圳在金融环境完善等方面发展速度极快，2017 年深圳金融业生产总值达 2989.39 亿元，排名在全国第三。除了拥有优越的金融环境，深圳还拥有较强的创新实力，早在 20

世纪 90 年代，深圳市政府便开始探索自主创新之路，重点发展高新技术产业，起步较国内其他城市早，并重点培育本土自主创新企业，扶持了华为、中兴、腾讯等一批高新技术企业，促使深圳科技创新迅速发展。另外，尽管缺乏顶尖高校、科研机构等创新资源，但深圳构建了一个良好的创新氛围，如鼓励创新、保护知识产权、提高创新能力，并制定政策引进优秀人才。

在鼓励创新创业的氛围下，深圳的中小型创新企业较多，创业投资的需求亦较大，深圳也聚集了中国最好的创业投资机构，如深创投、同创伟业、基石资本等。另外深圳在发展创业投资孵化基地的情况也较好，截至 2017 年 10 月，深圳创业投资孵化基地达到 34 家，深圳亦是国内众创空间最聚集的区域。众创空间、孵化基地等的设立，为创新创业从提供办公场所，到解决融资需求、寻求战略合作等提供了良好的平台。从长远来看，深圳创业投资的发展会越来越好。

（3）上海

近年来，随着中国对外开放力度的加大，上海创投发展趋势不断稳中向好，上海国际性的金融中心地位也为其创业投资发展提供融资的便利。上海发展创业投资的优势在于：除了凭借着强劲的金融实力，还沿袭着海外资源的优势，立足于上海自贸区，建设创业投资平台，从而引进外资 PE（私募股权）投资，同时帮助国内优秀项目走出去。此外，上海在创新实力上亦不可小觑，在知识创造、知识获取、企业创新等方面在国内亦是名列前茅。上海的创业投资发展亦离不开政府的支持，2017 年上海市政府发布《上海市创业投资引导基金管理办法》，设立引导基金，为创业投资提供了具体可行的政策。

截至 2017 年第三季度，根据鸵鸟创投发布的《2017 年前三季度上海互联网及移动互联网创业投资数据研究报告》显示，上海 2017 年前三季度共发生融资事件 619 起，融资金额达 925.27 亿元，获得融资最高的企业为在港交所上市的众安在线，融资额达到 109.48 亿元。在上海的创业投资活动中，外来创投机构表现更加活跃，但本土创投机构相对较弱，因此应当增强本土创投机构实力，从而促进本地创业投资发展。随着上海在创业投资方面的不断完善，未来上海创业投资的发展会持续向好。

（4）广州

从梯队分布情况可以看出，广州为二线创业投资城市，并非全国性创业投资中心，广州市具有一定区域影响力和辐射力，但是相比北京、深圳、上海这三座全国性创业投资中心，差距非常大，而近年杭州更是超越了广州成为全国第四名，广州退居第五名。

广州是我国华南地区政治、经济中心，是我国首批沿海开放城市。作为中国最早发展起来的城市之一，在经济、工业等方面具有传统优势，其经济总量始终保持在全国前五，2017 年广州市 GDP 达到 21 503 亿元，居全国第四。同时广州有着较强的科技创新能力，拥有众多高校及科技研发基地，创新能力在我国名列前茅，但就创新创业氛围而言不及深圳、杭州浓厚。

在创业投资方面,广州持续发力,并加快打造"创业投资之都"。广州是我国探索创业投资发展较早的城市,2010年设立市政府引导基金,并逐渐在广州各区设立引导基金,实现市区两级政府引导基金体系,推动广州创业投资发展。就投资机构实力而言,截至2017年6月,广州拥有超过3000家股权投资机构,管理资金规模超过6000亿元,年复合增速超过100%,体现出广州投资机构实力强劲,具有较大创业投资发展潜力。另外,广州对中小高新企业的支持力度不断加大,高新企业增量、增速为全国前三,这将为广州创业投资的持续发展提供原动力。

(5)杭州

杭州为浙江省省会,近年来在创业投资方面发展迅猛。在发展创业投资的过程中,尽管相比北京、上海、深圳、广州四个城市,杭州在金融环境、创新能力等并没有明显优势,但杭州利用其创新创业平台,实现创业投资增长。杭州拥有中国跨境电子商务综合试验区、国家自主创新示范区、4个国家级开发区及一批国家级创新创业平台,涌现出了阿里巴巴、海康威视等龙头创新型企业,并依托阿里产业链,吸引大量中小创新型企业的聚集,这意味着有大量创业投资融资需求,从而实现创业投资的进步。

杭州的政策支持较其他城市而言,具有一定先发的优势。早在2008年,杭州市政府发布《杭州市创业投资引导基金管理办法(试行)》,设立政府引导基金。此外,杭州在发展创业投资上,有符合自身特色的设计,自下而上营造了一个完整的创业投资生态系统:规划建设了梦想小镇等一批特色小镇,推进众创空间发展,并创立市级、国家级孵化基地,同时还注重引进国际资源和理念,如英特尔创客空间落户杭州云栖小镇,硅谷知名孵化和投资机构Plug&Play落户海创园等。相信杭州创业投资在不断完善的创业投资生态系统下会发展得越来越好。

第 7 章 要素评价

在构建了完整科学的指标体系，并对各个创业投资中心城市的排名进行简要分析之后，本章将针对 5 个一级指标，即创投绩效、创新能力、金融环境、人才环境和政策支持对各个创业投资中心城市进行全面的评价，分析各城市在 2018 年的排名和最近八年的发展势态，进一步探究各个要素对各城市创业投资发展的影响；同时对每个一级指标下的 3 个二级指标得分进行评价。

7.1 创投绩效

创投绩效是创业投资发展水平的直接体现，该指标的提升也昭示着创业投资的蓬勃发展。一个城市的创投绩效越佳，一定程度上也表明了该城市创业投资的发展情况越好。创业投资的运行过程可分为四个阶段，分别是募资、投资、管理、退出。

在创投绩效一级指标下有创投规模、引导力度、退出绩效 3 个二级指标。创投规模体现了风投创投的产业规模大小，引导力度是政府在我国市场经济中的巨大影响力，退出绩效则注重于创业投资者最关心的退出这一环节。通过对创投绩效这一指标及其二级指标的评价，可以全面地了解我国各创业投资中心城市创业投资的发展水平和未来趋势。

7.1.1 全国概况

如图 7-1 所示，在 2018 年，对于创投绩效这一指标，北京属于第一梯队，并遥遥领先于其他城市，这表明北京在创业投资发展上领先全国。上海、深圳得分在 50 分以下 45 分以上，属于第二梯队。杭州、成都、广州等城市则同属第三梯队，得分均低于 20 分高于 10 分。可以看出，在创投绩效即创业投资发展这一方面，全国的发展非常不均衡，分级明显，发展较好的城市之间差距也较大。第三梯队城市之间的差距都不大，表明发展较弱的地方在我国仍较为广泛，创业投资仍然有巨大的发展空间。

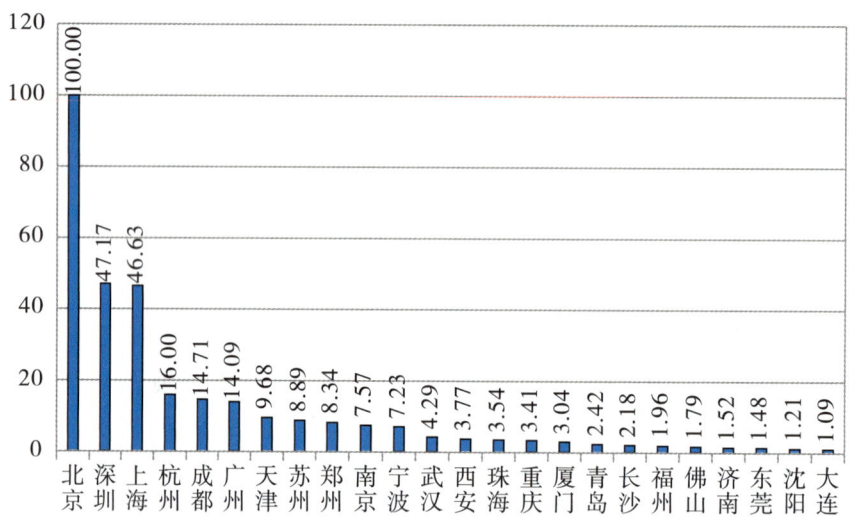

图 7-1 2018 年重点城市创投绩效得分

7.1.2 重点城市分析

从排名上看，2018 年，在全国各大创投城市中，北京创投绩效排名第一，接着为深圳、上海、杭州、成都，它们占据了全国前五的位置。由表 7-1 可看出，北京明显在创投绩效上具有优势。上海则波动较大，由 2011 年全国第一开始逐渐下降，并一度被深圳超越。深圳则在稳定发展，每年得分不断增加。广州发展较为迅速，从 2014 年的第十一名提升到 2018 年的第六名，并一度超越杭州。

2018 年，广州在创投绩效上的得分为 14.09 分，与北京、上海和深圳的差距很大。从二级指标上看，广州在创投规模和退出绩效上都远远不及北上深。广州要想进一步提高创投绩效，必须从创投规模和退出绩效两个方面齐下工夫。2018 年，上海在创投绩效上的得分为 46.63 分，紧随在深圳之后排名第三。从二级指标上看，上海在创投规模排名处于全国第三的地位，但是与排名第一的北京仍存在较大差距。

表 7-1 近八年重点城市创投绩效排名对比

	2011	2012	2013	2014	2015	2016	2017	2018
北京	2	1	1	1	1	1	1	1
上海	1	2	2	2	3	2	2	3
深圳	3	3	3	3	2	3	3	2
杭州	5	5	5	5	4	5	4	4
广州	8	10	9	11	5	4	5	6

如图 7-2 所示，从近四年得分变化趋势上看，北京稳定在 100 分；上海和深圳则稳定在第二、三名的位置，且差距不大，呈现出你追我赶的趋势，2016 年得分较 2015 年均有所上涨，但在 2017 年与 2018 年得分较 2016 年均有所回落；广州和杭州得分则差距较小，且相对较低，近四年均不超过 20 分。可以看出，在创投绩效上，广州与北京、上海和深圳仍存在较大差距，且这个差距在短时间内很难缩小；与同梯队的杭州相比，广州在创投绩效上的表现略微逊色。

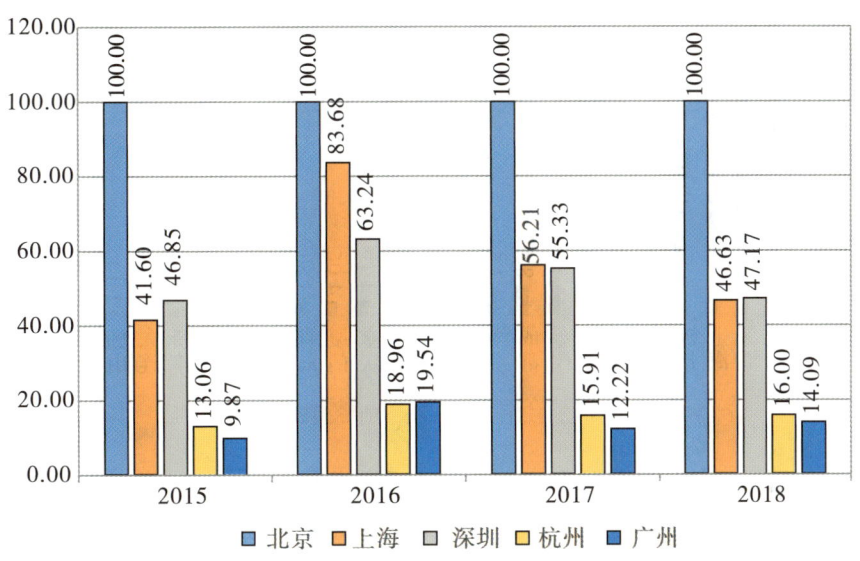

图 7-2　近四年重点城市创投绩效得分变化对比

7.1.3　二级指标评价

在对创投绩效这个一级指标进行评价之后，我们进一步针对创投规模、引导力度和退出绩效这 3 个二级指标，对全国概况、大湾区各城市 2018 年发展现状和各重点城市近三年发展情况进行评价。

（1）创投规模

如图 7-3 所示，在 2018 年，对于创投规模这一指标，北京遥遥领先于其他城市，属于第一梯队，这表明北京创投规模明显领先全国。第二梯队为上海和深圳，得分均在 60 分以上 70 分以下；其余城市则同属第三梯队，得分均在 31 分以下。这表明了我国创投规模分布极不均衡，北上深杭占据领先地位，同时这四个城市的创投规模差距也较大。

2018 年，广州在创投规模上得分为 19.72 分，排名第五。从年度投资事件数量、年度投资金额和创投机构数上来看，广州都远远不及北京、深圳、上海和杭州，这导致了广州创业投资目前的规模较小。2018 年，深圳在创投规模上得分为 67.68 分，排名第二，小幅领先上海。在年度基金募集金额上，深圳遥遥领先全国，但在年度投资事件数量和年度投资金额上与北京和上海仍存在较大差距。大湾区的另外三座城市：珠海得分为6.99分，排名第十一，且近几年上升趋势较快；佛山和东莞得分仅为1.14分和0.56分，且近四年都处在倒数的位置，发展较为落后。总体来看，这三座城市与领先城市之间的差距巨大。

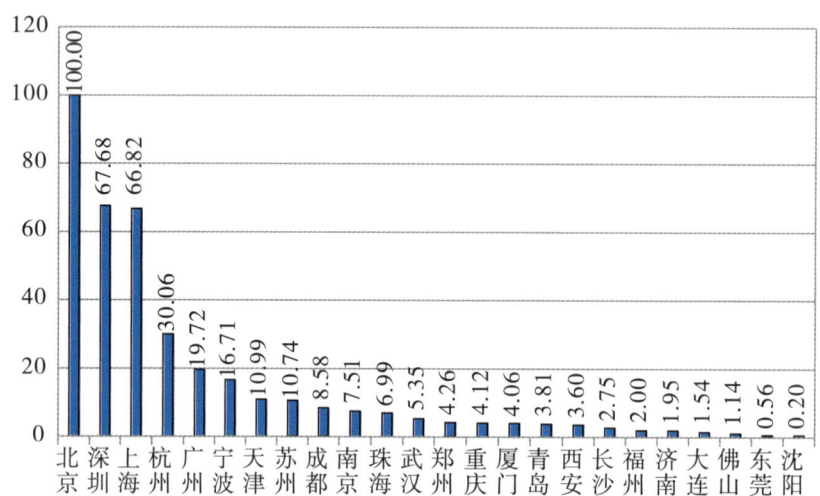

图7-3 2018年各城市创投规模得分

如图7-4所示，从近四年得分变化趋势上看，北京稳定在100分；上海和深圳则稳定在第二和第三名的位置，且差距不大，其中深圳得分呈现出逐年下降的趋势，在2018年才逆转颓势；广州在2016年与2018年得分有了较大的上涨，但是在2017年下降了较大幅度，不够稳定。可以看出，在创投规模上，广州与北京、上海和深圳仍存在较大差距，且这个差距在短时间内很难缩小；2016年广州缩小了与杭州在创投规模上的差距，但是2017年与2018年差距又进一步拉大。

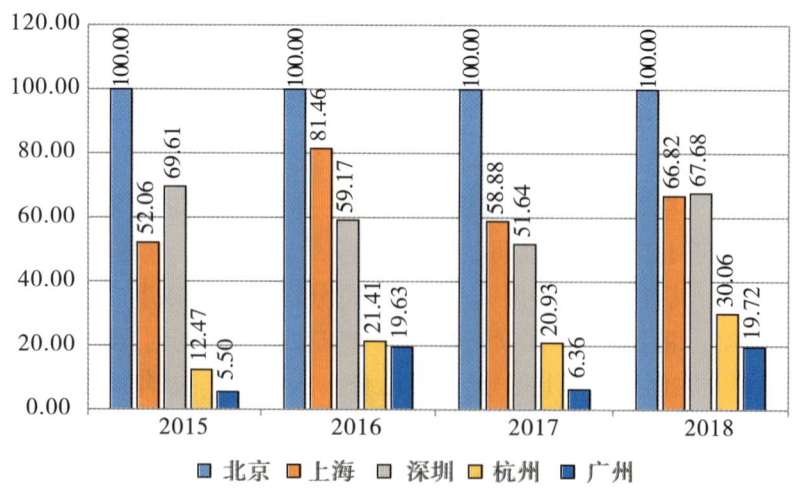

图7-4 近四年重点城市创投规模得分变化对比

（2）引导力度

如图 7-5 所示，在 2018 年，对于引导力度这一指标，北京在全国遥遥领先，属于第一梯队；成都、深圳、郑州、上海与广州属于第二梯队，得分在 10 分以上 25 分以下；其他城市为第三梯队，得分均在 10 分以下。可以看出，北京在引导创业投资发展方面力度较大，这有利于促进创业投资的发展，其他城市则应该加强引导力度，从而促进创业投资的发展。

2018 年，广州在引导力度上得分为 11.34 分，排名第六。在引导基金数量和引导基金总金额上，相对北京、深圳和杭州来说还是有所不足，但是年度新增引导基金总金额不断提升，引导力度逐年提升。2018 年，深圳在引导力度上得分为 16.59 分，排名第三。成都排名第二，但是与北京仍有较大差距。大湾区的另外三座城市：珠海、佛山、东莞在引导力度上的表现均较差，且近四年得分都较低，排名靠后，可以看出，这三个城市对创业投资的引导力度不足。

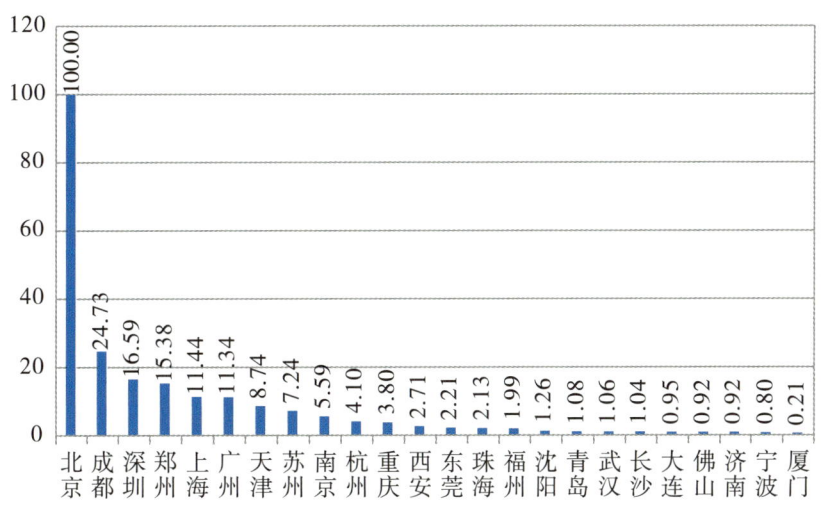

图 7-5　2018 年各城市引导力度得分

如图 7-6 所示，从近四年引导力度得分变化趋势上看，北京稳定在 100 分；在 2016 年，除了北京、杭州之外，其他几个城市在该项的得分均有所上涨，且涨幅都超过了 100%，上海更是从 2015 年的 15.85 分涨到 2016 年的 98.00 分，可见上海在 2016 年大大加强了引导力度。自 2017 年开始，上海、深圳、杭州和广州的得分均有所回落，都不超过 50 分，上海更是回落到了 2018 年的 11.44 分。近四年广州在该项的得分先大幅上涨后略微下降，增长不够稳定，与北京、上海、深圳的差距依旧较大。可以看出，广州对于创业投资的引导力度较北京、上海、深圳远远不足，需要加大对创业投资的引导力度；与杭州相比，近三年广州在引导力度上表现更好，2016 年至 2018 年得分更是杭州的 3 倍左右。

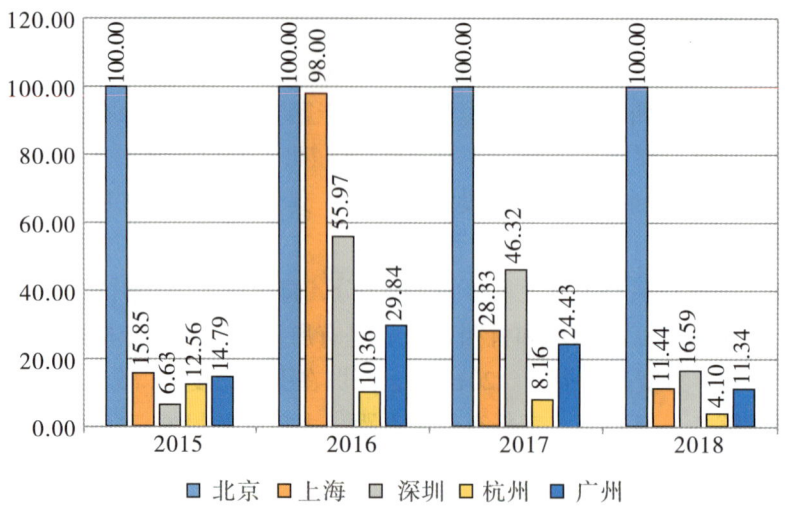

图 7-6　近四年重点城市引导力度得分变化对比

（3）退出绩效

如图 7-7 所示，在 2018 年，对于退出绩效这一指标，北京、上海和深圳属于第一梯队，得分均在 70 分以上，遥遥领先于其他城市；杭州、南京、广州属于第二梯队，得分在 10 分以上 17 分以下；其他城市均为第三梯队，得分均在 10 分以下。在退出绩效上，存在两极分化的特点，北京、上海和深圳退出绩效方面表现较好，这表明创业投资发展取得了较好的成效；而其他城市退出绩效的得分都较低，应当意识到退出绩效环节是整个创业投资中风险资本循环流动的重要一环，引导风险资本有效退出，有利于促进创业投资良性循环发展。

2018 年，广州在退出绩效上得分仅为 10.66 分，排名第六。在年度新增退出绩效案例数上，广州远远落后于北京、深圳和上海。广州应该积极引导创业资本有效退出，促进创

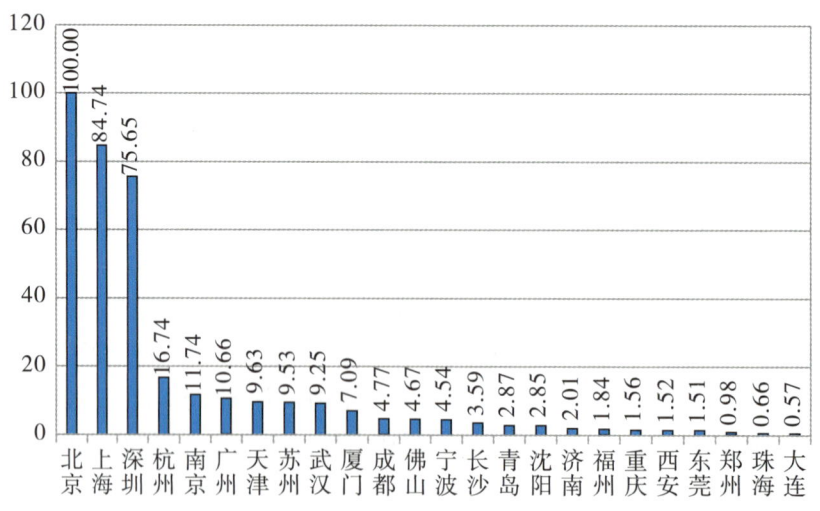

图 7-7　2018 年各城市退出绩效得分

业投资资本流通。2018 年，深圳在退出绩效上得分为 75.65 分，排名第三。在年度新增退出绩效案例数上，深圳处于全国领先地位，稍稍落后于北京和上海。大湾区的另外三座城市：佛山在退出绩效上的得分为 4.67 分，且近几年发展较为稳定；而东莞和珠海得分仅为 1.51 分和 0.66 分，非常落后，且近三年的排名均较后，在创投的退出绩效上表现不佳。

如图 7-8 所示，从近四年得分变化趋势上看，北京稳定在 100 分，上海和深圳则稳定在 70 分以上，差距较小，杭州和广州得分较低。2016 年广州在该项上的得分有所下滑，2017 与 2018 年有所回升，变化幅度较小。可以看出，广州在退出绩效上较北京、上海和深圳仍存在很大的差距，且并未呈现出快速上涨的趋势；与杭州相比，广州在退出绩效上表现有所落后。

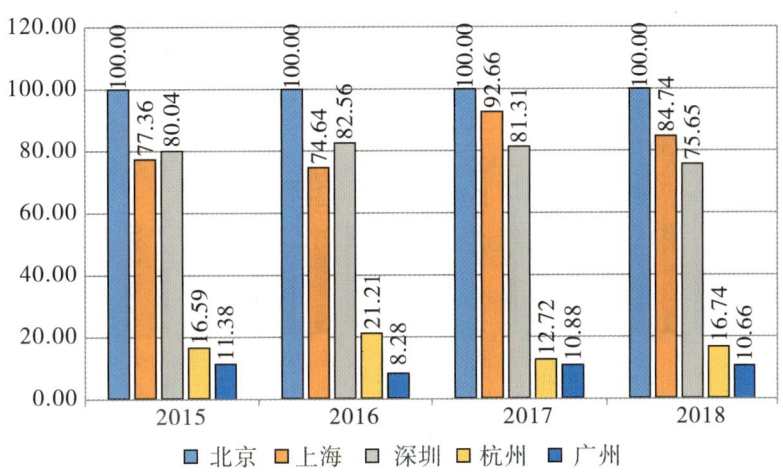

图 7-8 近四年重点城市退出绩效得分变化对比

7.2 创新能力

创新能力是创业投资的前提，如果一座城市缺乏创新，创业投资便会举步维艰，难以持续发展。约瑟夫·熊彼特提出的创新理论，在证明创新驱动经济增长的进程中做出了重大贡献。目前我国技术创新普遍存在科技总体水平低于发达国家、科技成果转化率低、高新技术 R&D 经费投入不足、高新技术企业规模小等问题，而造成这些问题的原因总结起来就是支持科技成果转化的资本严重不足，一方面是银行等传统融资渠道扶持力度不够，另一方面则是创业投资仍需进一步发展。

在创新能力一级指标下设教育水平、产业支撑、科技研发 3 个二级指标。人才是创新的来源，教育水平的高低决定一座城市培养（创新）人才的数量和质量；产业支撑包含了传统工业与高新技术产业，两者相互促进、缺一不可，并同时推动了创新的进程；科技研发则体现了一座城市科研的能力，这是创新能力最直观的体现。通过对创新能力这一指标及其二级指标的评价，可以全面地了解我国各创业投资中心城市的科技创新的能力。

7.2.1 全国概况

如图7-9所示，在2018年，对于创新能力这一指标，北京、上海、深圳和苏州属于第一梯队，得分均超过70分；重庆、天津和广州属于第二梯队，得分在40分以上51分以下；其他城市属于第三梯队，得分均在40分以下。可以看出，第一梯队的北京、上海、深圳、苏州差距较小，而第二、三梯队与第一梯队的差距较大，第三梯队的得分均较低，这表明创新能力在我国具有区域差异较大且大部分城市发展不足的特点。

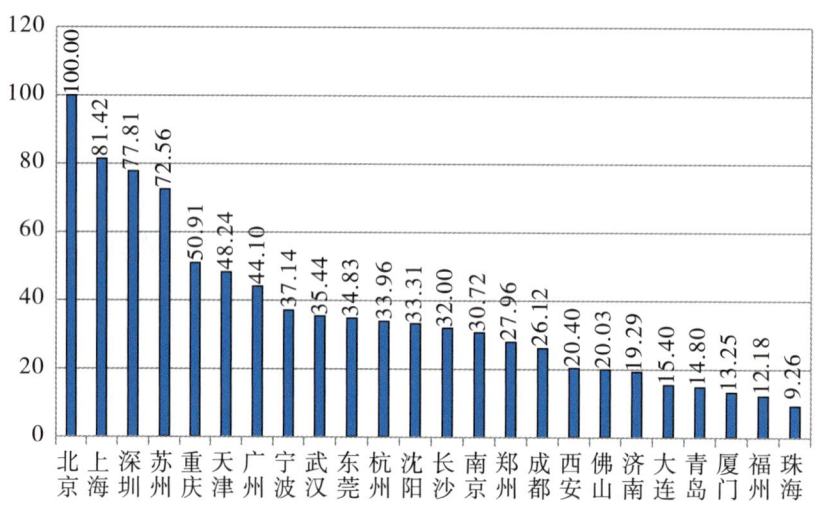

图7-9　2018年各城市创新能力得分

7.2.2 重点城市分析

2018年，在全国五大创投城市中，上海、北京的创新能力得分占据全国前两位，深圳位居第三位，广州和杭州得分排名相对较后。由表7-2可看出，上海和深圳近八年来创新能力的排名稳居全国前列，北京后来居上，从2013年的第五位逐步上升到2016年的第一位，科技创新能力稳步提高。杭州和广州的排名波动较小，2018年相比2017年有所退步或持平，应当不断加大对教育和科技产业的投入，加强产学研合作，以提高城市的创新竞争力。

2018年，广州在创新能力上得分为44.10分，排名第七，与北京和上海存在较大差距。从二级指标上看，广州在产业支撑和科技研发上的得分都远远不及北上深。广州要想进一步提高创新能力，必须注重高新技术产业的发展，加大科技研发的投入。2018年，深圳在创新能力上得分为77.81分，排名第三。从二级指标上看，深圳在产业支撑上排名第二，领先于北上广；但是在教育水平和科技研发上与北京和上海仍有较大差距。

表 7-2 近八年重点城市创新能力排名对比

	2011	2012	2013	2014	2015	2016	2017	2018
北京	4	4	5	4	3	1	2	1
上海	2	2	1	1	1	2	1	2
深圳	1	1	2	3	2	3	4	3
杭州	10	9	9	10	10	9	9	11
广州	8	7	7	7	7	6	7	7

如图 7-10 所示，从近四年创新能力得分变化趋势上看，上海前三年稳定在 100 分，但是在 2018 年北京超过了上海位列第一；杭州和广州得分则相对较低，在 30 到 51 分的区间内波动。近四年广州的得分仅为北京的一半左右，且在 2017 年有较大幅度的下降，可以看出，广州的创新能力相较于北京、上海、深圳远远不足，需要重视缩短创新能力上的差距，加速提高和发展创新能力；与杭州相比，广州在创新能力上的得分有所领先，这主要得益于广州在教育水平和产业支撑上的优势。

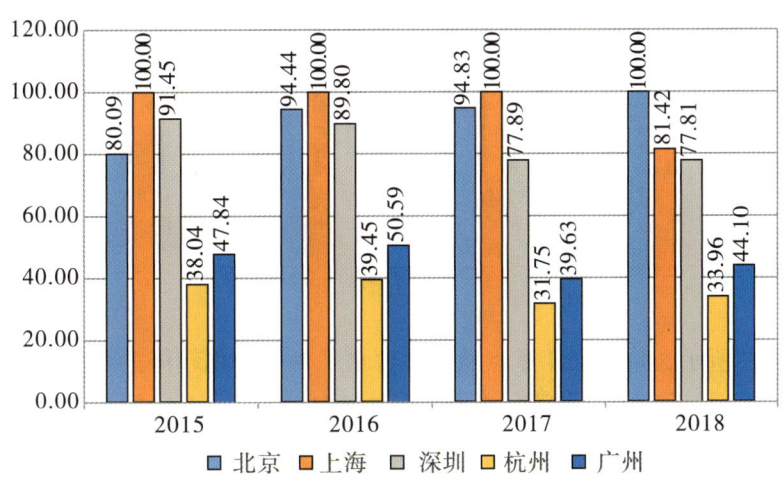

图 7-10 近四年重点城市创新能力得分变化对比

7.2.3 二级指标评价

在对创新能力这个一级指标进行评价之后，我们进一步针对教育水平、产业支撑和科技研发这 3 个二级指标，对全国概况、大湾区各城市 2018 年发展现状和各重点城市近三年发展情况进行评价。

（1）教育水平

如图 7-11 所示，2018 年，对于教育水平这一指标，沈阳与北京得分均超过了 90

分，属于第一梯队。沈阳排名第一主要得益于其较高的教育支出占GDP比重，北京则得益于较多的高等院校；第二梯队为广州、武汉、上海、南京和郑州，得分在60分以上80分以下；其余城市则同属第三梯队，得分均在60分以下。

2018年，广州在教育水平上得分为79.43分，排名第三。在普通高等学校数、普通高等学校在校学生数和普通高等学校教职工数上，广州均处于全国领先地位。2018年，深圳在教育水平上得分仅为12.23分，排名第二十二。深圳的普通高等学校数和在校学生数远远不及北上广，教育水平有待提高。大湾区的另外三座城市：佛山在教育水平上的得分为26.23分，珠海得分为18.45分，东莞得分为4.39分，近三年得分均较为稳定，排名均较后。可以看出这三座城市的高校资源不足，教育水平有待提高。

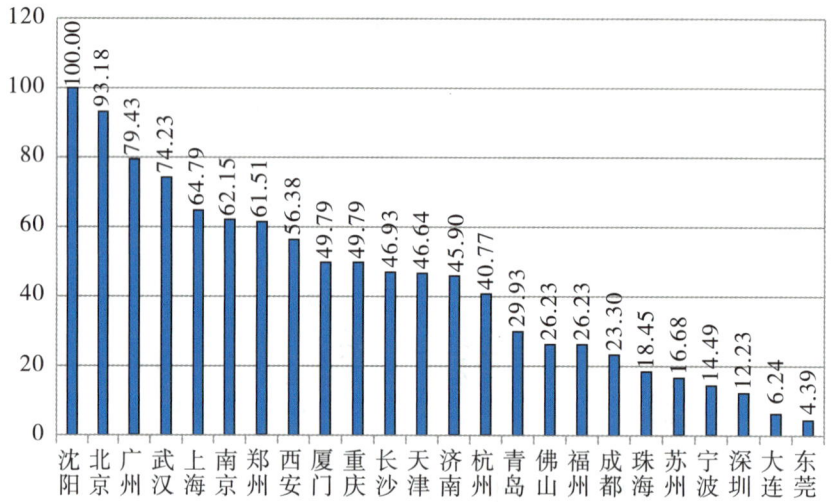

图7-11　2018年各城市教育水平得分

如图7-12所示，从近四年重点城市教育水平得分变化趋势上看，北京稳居五个重点城市的榜首，且近三年得分逐年上升，其中2016年得分有大幅上升；上海和广州则位居第二、三名，2016年之后广州实现反超；杭州位居第四，得分呈现上涨趋势；深圳的得分则一直在低位波动，可见其教育水平与其他城市相差甚远。单看广州该项得分，可见其教育水平不断提高，赶超上海，但与北京仍存在较大差距；与同梯队的杭州相比，广州在教育水平上的得分遥遥领先。

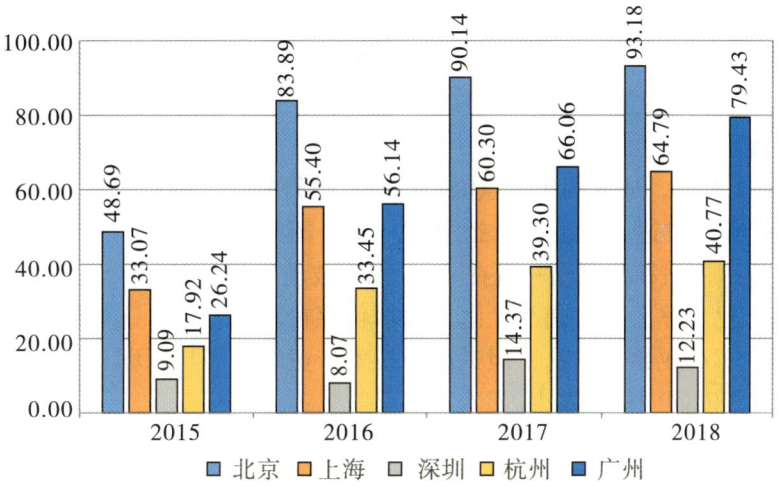

图 7-12 近四年重点城市教育水平得分变化对比

（2）产业支撑

如图 7-13 所示，在 2018 年，对于产业支撑这一指标，苏州和深圳属于第一梯队，得分在 80 分以上；上海、大连、厦门、重庆和天津属于第二梯队，得分均在 40 分以上 60 分以下；其他城市属于第三梯队，得分均在 30 分以下。这一结果体现了第一梯队和第二梯队城市传统工业与高新技术产业的雄厚实力，众多的高新技术产业园为创业投资孵化提供了肥沃土壤。特别是苏州近几年来加快了新型工业化进程，大力扶持工业园区发展，产业支撑越做越强。

2018 年，广州在产业支撑上得分仅为 29.81 分，排名第八。从规模以上高新技术企业数和规模以上高新技术企业总产值来看，广州远不及苏州、深圳和上海。广州要想提高产业支撑对创投的支持，就必须加快高新技术产业的发展。2018 年，深圳在产业支撑

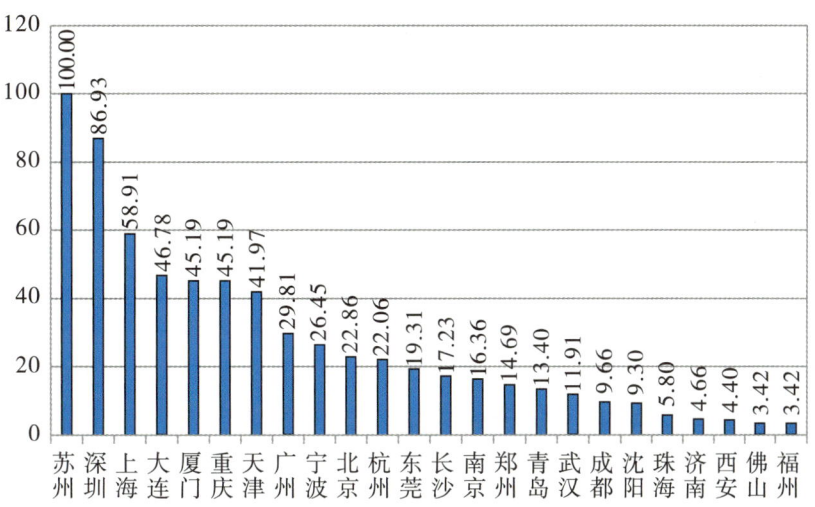

图 7-13 2018 年各城市产业支撑得分

上得分为 86.93 分，排名第二。在规模以上高新技术企业数和规模以上高新技术企业总产值均处于全国领先地位。大湾区的另外三座城市：东莞在产业支撑上的得分为 19.31 分，排名第十二，较之前有较大下滑；珠海得分为 5.80 分，佛山得分为 3.42 分，两座城市都较为落后。

如图 7-14 所示，从近四年重点城市产业支撑得分变化趋势上看，深圳占领榜首位置，可见其产业之发达；紧随深圳之后的是上海，但四年来上海的产业支撑得分存在回落趋势；广州、杭州和北京则一直在 40 分以下波动，与上海、深圳存在较大差距。可以看出，在产业支撑上，广州与上海、深圳仍存在较大差距，这与广州产业的结构有关，广州的汽车产业比较发达，但是高新技术产业的发展与深圳、上海存在较大的差距，且差距在短时间内很难缩小。

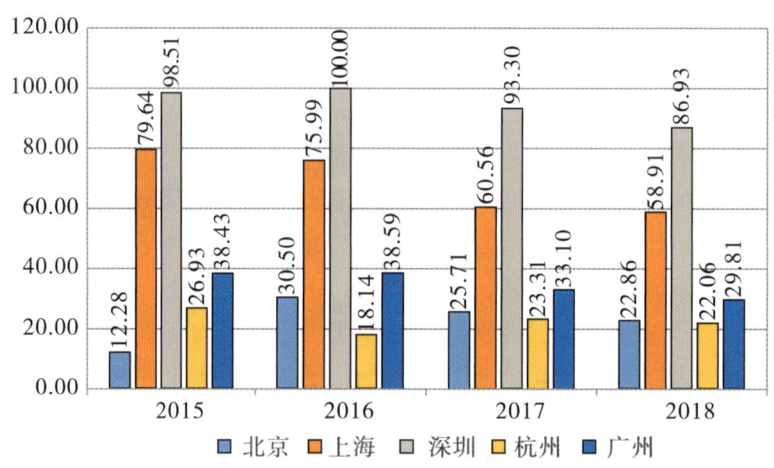

图 7-14 近四年重点城市产业支撑得分变化对比

（3）科技研发

如图 7-15 所示，在 2018 年，对于科技研发这个指标，北京属于第一梯队，遥遥领先于其他城市；上海和深圳属于第二梯队，得分在 40 分以上 55 分以下；其他城市为第三梯队，得分均在 40 分以下。可以看出，北京在科技研发方面表现较好，主要体现在研发支出高，研发人员多，年度新增专利多，科研能力强。而其他城市科技研发的得分较低，创新能力稍显不足。

2018 年，广州在科技研发上得分仅为 14.79 分，排名第十二。从年度研发支出和年度新增专利数来看，广州远不及北京和上海。广州应该加大科技研发投入，从而提高创新能力。2018 年，深圳在科技研发上得分为 46.31 分，排名第三。在年度研发支出，以及规模以上工业企业研发人员数和年度新增专利数上，深圳与北京和上海仍存在一定差距。大湾区的另外三座城市：东莞在科技研发上的得分为 13.37 分，排名十三，相比前两年有明显的进步，可以看出东莞在科技研发上不断进步；佛山在科技研发上的得分为 5.97 分，排名二十，且近三年排名较为稳定；珠海得分较低，仅为 2.16 分，排名倒数第二，且近三年均处在倒数的位置，科技研发较为落后。

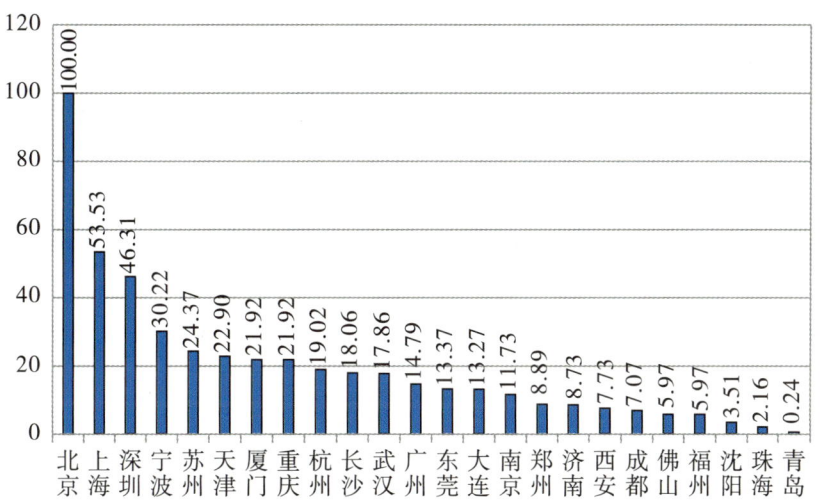

图 7-15　2018 年各城市科技研发得分

如图 7-16 所示，从近四年重点城市科技研发得分变化趋势上看，北京稳定在 100 分；上海则稳居第二，但在 2018 年下跌幅度巨大；深圳位居第三，但是略微呈现下降趋势；杭州和广州得分则一直在 30 分之下呈现下降趋势。可以看出，广州在科技研发上的表现远远不如北京、上海和深圳，需要进一步提高科技研发投入，鼓励企业提高科研人员的比例，以缩小与北京、上海和深圳的差距。与同梯队的杭州相比，广州稍稍落后，差距较小。

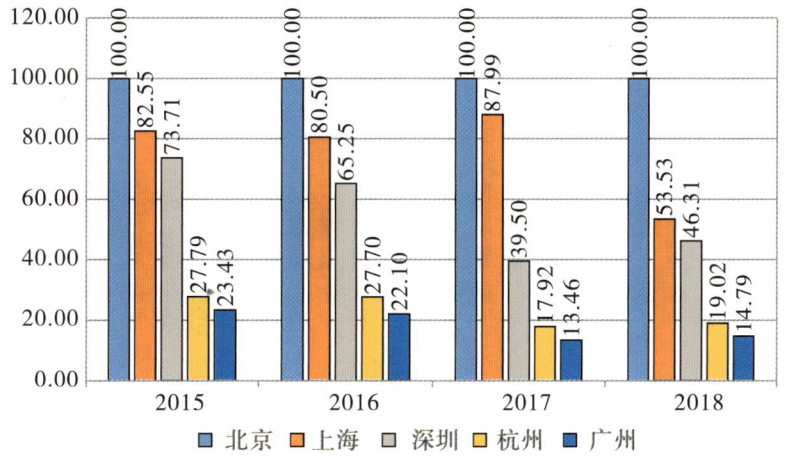

图 7-16　近四年重点城市科技研发得分变化对比

7.3　金融环境

金融环境是风投创投产业发展的关键。如果没有强大的金融市场作后盾，技术进步就会得不到资本的支撑，难以转化为实际的经济增长与社会进步。创业投资的整个过程都离不开金融环境体系的支撑,具体包括了在创业投资中起支持作用的金融机构、金融工具、金融服务等多方面环境。金融机构为创业投资提供大量的风险资本,银行在创业投资扶持风险企业发展壮大后也会跟入投资,通过贷款等方式支持企业的发展。

在金融环境一级指标下设机构规模、金融绩效和经济实力3个二级指标。机构规模体现了银行、保险与证券三个行业的规模大小;金融绩效则从金融业从业人员数与金融业生产总值两个层面衡量了金融业的发展状况;经济实力体现了一座城市整体的经济水平,并在一定程度上表现了该城市居民的幸福程度。通过对金融环境这一指标及其二级指标的评价,可以全面地了解我国各创业投资中心城市的金融实力。

7.3.1 全国概况

如图7-17所示,2018年,对于金融环境这一指标,上海和北京属于第一梯队,得分在90分以上;深圳为第二梯队,得分为64.25分;其他城市为第三梯队,得分均在50分以下。可以看出,我国各城市金融环境得分的分化非常明显,上海和北京遥遥领先于全国,深圳发展较好,其他城市较弱。创业投资的发展都离不开金融体系的支持,只有不断优化金融环境,才能促进创业投资不断发展。

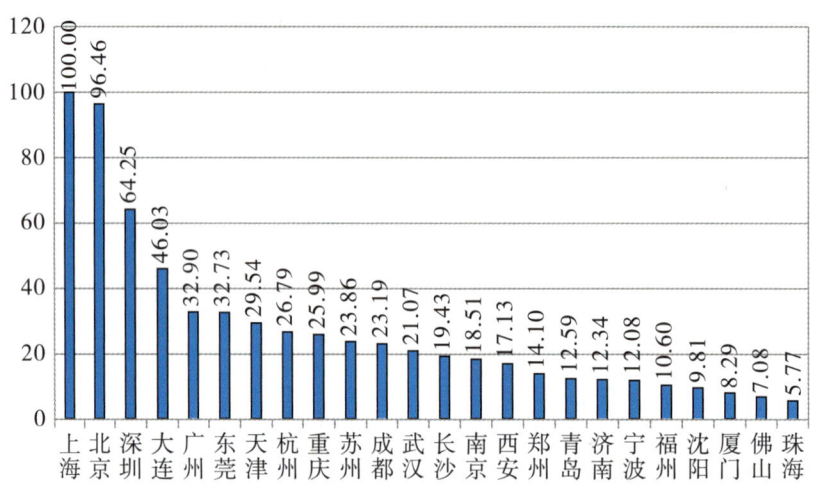

图7-17 2018年各城市金融环境得分

7.3.2 重点城市分析

在2018年,北上深广杭五大创投城市的金融环境排名均居全国前列,北上深占据了全国前三位,广州排在第五位,杭州排在第八位,表明这五座城市都具有良好的金融环境。由表7-3可看出,五大创投城市的金融环境排名都较为稳定,北上深广一直都是全国前五位,北京除了近两年一直都排在全国首位。杭州的排名亦相对稳定,除2012年跌落至第10位外,其余年份多排在全国第八位。这表明北上深广的金融环境发展呈现成熟稳定的趋势，短时间内难以有剧烈的波动，而杭州的金融环境仍需改善。

2018年，广州在金融环境上得分为32.90分，排名第五，与上海、北京和深圳仍存在较大差距。从二级指标上看，广州在机构规模、金融绩效和经济实力的得分都不及北上深。2018年，深圳在金融环境上得分为64.25分，排名第三。从二级指标上看，深圳在机构规模、金融绩效和经济实力的排名都处于全国前三的地位；但在金融绩效上，深圳与上海和北京仍存在较大差距。

表7-3 近八年重点城市金融环境排名对比

	2011	2012	2013	2014	2015	2016	2017	2018
北京	1	1	1	1	1	1	2	2
上海	2	2	2	2	2	2	1	1
深圳	3	3	3	3	3	3	3	3
杭州	8	10	8	8	8	8	7	8
广州	4	4	4	4	4	4	4	5

如图7-18所示，从近四年金融环境得分变化趋势上看，上海以100分稳居第一，北京则紧随其后；此外，深圳在60分以上66分以下波动，位居第三；广州和杭州则在30分左右波动。单看广州近四年得分，呈现下跌趋势。可以看出，在金融环境上，广州与北京、上海、深圳差距较大，需要培育良好的金融环境，为创业投资提供温床；与杭州相比，广州在金融环境上的表现有所领先，但差距有所缩小。

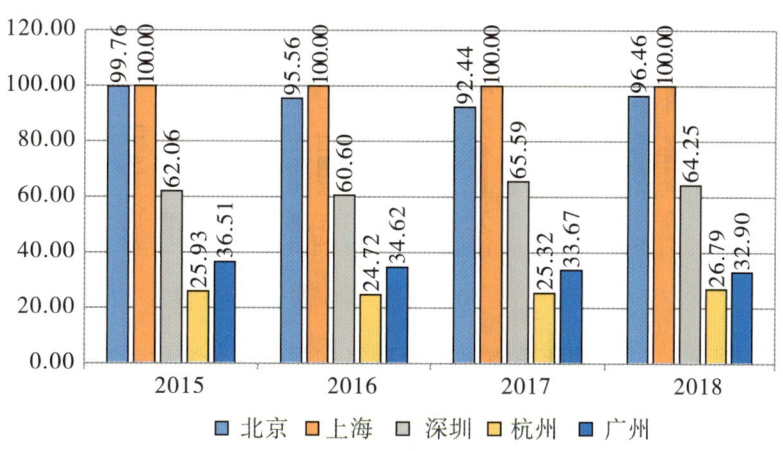

图7-18 近四年重点城市金融环境得分变化对比

7.3.3 二级指标评价

在对金融环境这个一级指标进行评价之后，我们进一步针对机构规模、金融绩效和经济实力这 3 个二级指标，对全国概况、大湾区各城市 2018 年发展现状和各重点城市近三年发展情况进行评价。

（1）机构规模

如图 7-19 所示，在 2018 年，对于金融机构规模这一指标，上海和北京占据了前两个席位，属于第一梯队，遥遥领先其他城市，是第四名广州的三倍多，这表明上海市和北京市银行、保险与证券三个行业的规模雄居全国前列；深圳为第二梯队，得分为 69.87 分；其余城市则同属第三梯队，得分均在 30 分以下。这表明了我国金融机构规模的分布不均衡，北上深占据主导地位，马太效应显著。

2018 年，广州在金融机构规模上得分仅为 27.88 分，排名第四。从金融机构本外币存贷款余额、年度保险保费收入和证券公司本地法人机构数来看，广州远远落后于上海和北京。2018 年，深圳在金融机构规模上得分为 69.87 分，排名第三。深圳在金融机构本外币存贷款余额和年度保险保费收入上与上海、北京存在一定差距。大湾区的另外三座城市：佛山、东莞和珠海的得分仅为 11.06 分、4.28 分和 2.27 分，可以看出这三座城市在金融机构规模上具有很大的劣势，与领先城市相比差距甚远。

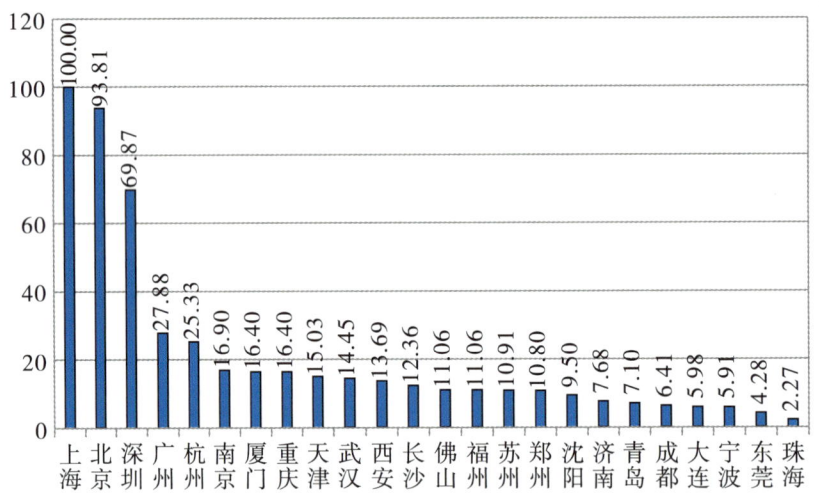

图 7-19　2018 年各城市金融机构规模得分

如图 7-20 所示，从近四年重点城市金融机构规模得分变化趋势上看，前两年北京独占鳌头，2017 年上海实现反超登顶；深圳则在 60 分以上呈现上升趋势，稳居第三；广州得分偏低，得分虽比杭州稍高，但差距在不断缩小。与北京、上海和深圳相比，近三年广州得分均不及北上深的一半。由此可见，广州在金融机构规模上较北京、上海和深圳仍存在很大的差距，这与大部分金融机构总部较少落户广州有关。与杭州相比，广州有所领先，杭州在金融机构规模上的表现逐步逼近广州。

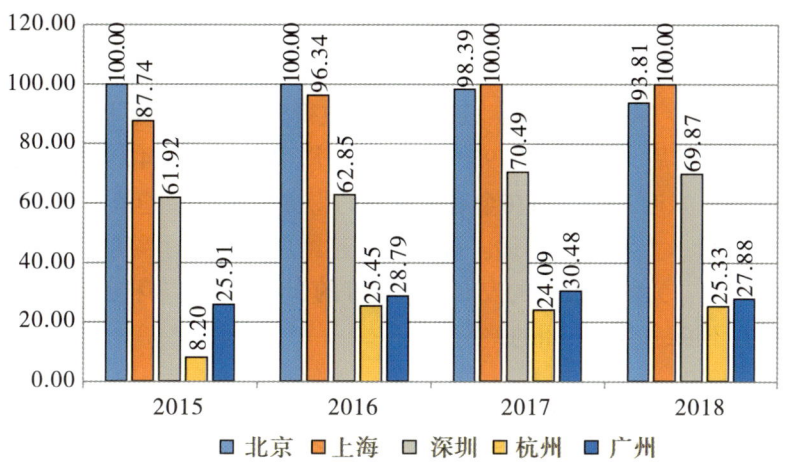

图 7-20 近四年重点城市金融机构规模得分变化对比

（2）金融绩效

如图 7-21 所示，在 2018 年，对于金融绩效这一指标，北京、上海属于第一梯队，得分分别为 100 分和 98.65 分，遥遥领先于其他城市；天津、深圳、厦门、重庆、广州和成都属于第二梯队，得分在 30 分以上 50 分以下；其他城市为第三梯队。可以看出，第一梯队与第二梯队差距较大，第二梯队与第三梯队之间差距相对较小，主要是由于北京、上海的金融业生产总值较大和金融业从业人员数遥遥领先其他城市，其他城市金融产业贡献值占 GDP 比重均较小，从业人员数量差距并不显著。

2018 年，广州在金融绩效上得分为 34.88 分，排名第七。从金融业生产总值和金融业从业人员数来看，广州都远远落后于北京和上海。2018 年，深圳在金融绩效上得分为 41.57 分，排名第四，与北京和上海存在较大差距。在金融业生产总值上，深圳排名第三，但是仍远远不及北京和上海。大湾区的另外三座城市中，佛山、珠海和东莞的得分

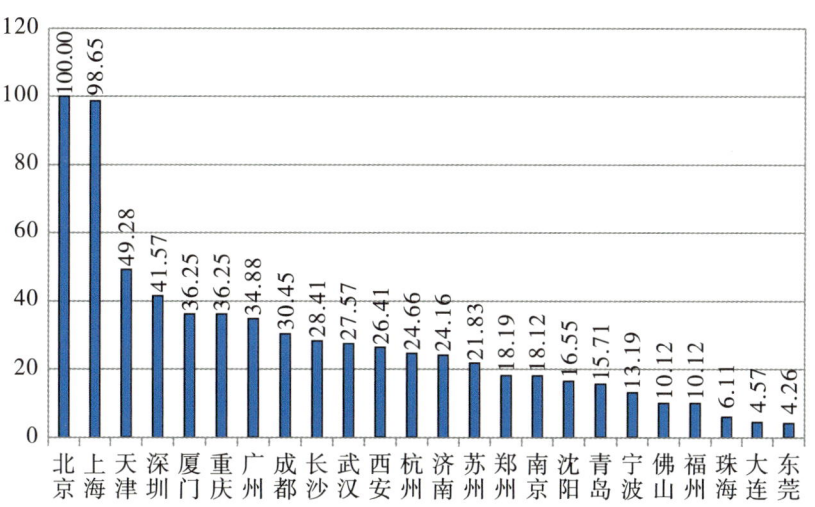

图 7-21 2018 年各城市金融绩效得分

仅为 10.12 分、6.11 分和 4.26 分，可以看出这三座城市在金融绩效上表现不佳，与其他城市存在较大差距。

如图 7-22 所示，从近四年重点城市金融绩效得分变化趋势上看，北京以 100 分稳居第一，上海紧随其后，得分均在 95 分以上；广州和深圳则在 40 分左右交替领先；杭州得分则相对较低。近四年广州在金融绩效上的得分呈现下降趋势，并在 2017 年被深圳赶超，且与北京、上海相去甚远。被深圳反超给广州敲响了警钟，广州应该加大金融行业的发展力度，为创业投资的发展提供良好的金融支持。与杭州相比，广州有所领先，但杭州正在不断缩小与广州的差距。

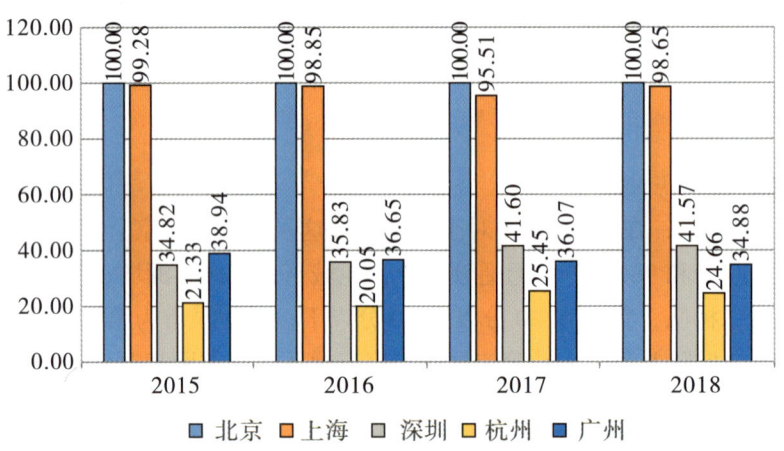

图 7-22　近四年重点城市金融绩效得分变化对比

（3）经济实力

如图 7-23 所示，2018 年，在经济实力这一指标上，成都单独属于第一梯队，领先于其他城市；大连、上海和北京属于第二梯队，得分在 50 分以上 80 分以下；其他城市为第三梯队，得分均在 50 分以下。可以看出，一线城市的经济实力占据明显优势。

2018 年，广州在经济实力上得分仅为 28.11 分，排名第八。从地区生产总值、年度进出口总值和年度实际利用外资金额来看，广州远不及上海、北京和深圳。2018 年，深圳在经济实力上得分为 48.33 分，排名第五。在人均生产总值和年度进出口总值上，深圳处于全国领先地位，但是在年度实际利用外资金额上与上海和北京存在较大差距。大湾区的另外三座城市：东莞在经济实力上的得分为 11.49 分，珠海得分为 10.58，佛山得分为 6.74 分，东莞排名十八，珠海排名十九，佛山排名二十二，可以看出这三座城市在经济实力方面有所不足，排名均靠后。

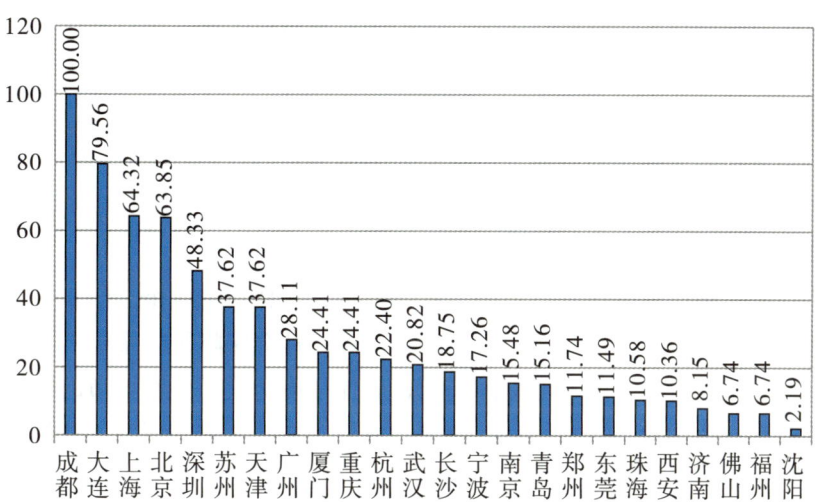

图 7-23 2018 年各城市经济实力得分

如图 7-24 所示,从近四年重点城市经济实力的得分变化趋势上看,上海前三年以 100 分稳居第一;北京和深圳得分交替领先,广州则在 40 分左右波动,领先于杭州。但广州与北京、上海、深圳相比,得分差距依旧十分巨大,经济实力相对较弱,这主要与广州进出口能力较弱有关,短时间内这个差距很难消除。

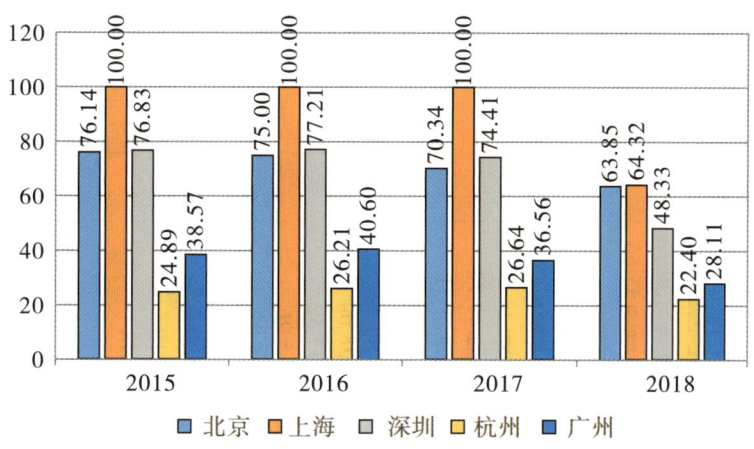

图 7-24 近四年重点城市经济实力得分变化对比

7.4 人才环境

在创业投资的过程中,需要精通各方面知识的专业人才,归结起来分为两类:一类是风险投资家,一类是风险企业家。这两类人才构成了创业投资赖以存在与发展的基础与保证。风险投资家是指管理和运用风险资本的管理者,这些人往往是懂技术、善管理,同时又精通金融知识的复合型人才,他们能够在项目选择、项目评估、帮助风险企业成长等创业投资过程中发挥重要作用。风险企业家指风险企业的创始人,风险企业往往是高新技术企业,这些企业的共同特征是起始规模较小、科技含量较高、资金需求较大。风险企业家是资金赤字的创业者,风险投资家则是资金盈余的投资者,两者一个创新,一个转化创新,在推动我国创新驱动发展战略中相辅相成,缺一不可。人才环境这一指标衡量了一座城市对人才的吸引力大小。

在人才环境一级指标下设基础设施、社会保障、居住环境3个二级指标。基础设施主要从交通出行方面衡量一座城市出行的便捷程度;社会保障则注重于各类保险与医疗设施,衡量了该城市对居民的基本保障情况;居住环境衡量了一座城市的宜居程度。通过对人才环境这一指标及其二级指标的评价,可以全面地了解我国各创业投资中心城市对人才的吸引力和重视程度。

7.4.1 全国概况

如图7-25所示,在2018年,对于人才环境这一指标,广州、东莞和深圳得分均超过80分,属于第一梯队,这表明这三座城市在优化人才环境方面做得较好;苏州、成都和南京属于第二梯队,得分超过50分;其余城市则同属第三梯队,得分均在50分以下。可以发现,创业投资较为发达的北京和上海在人才环境这一指标的得分均不超过50分,表明这两座城市在人才环境方面仍需加大优化力度,弥补自身的短板。

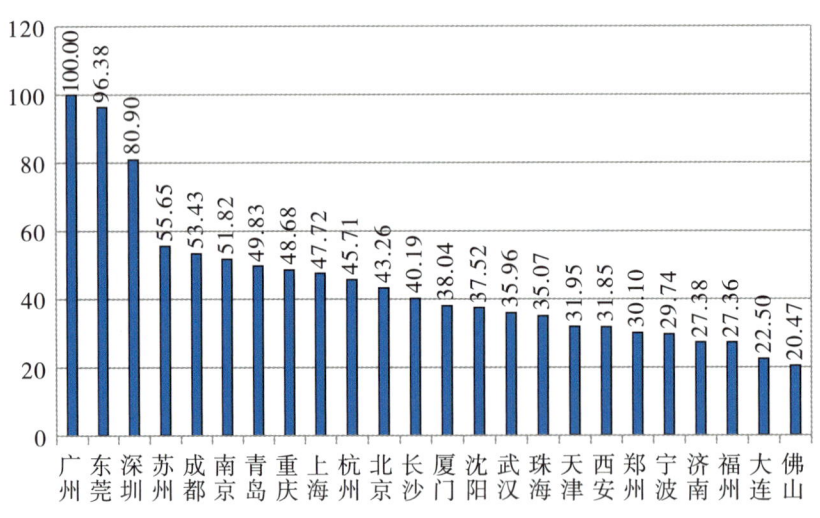

图7-25 2018年各城市人才环境得分

7.4.2 重点城市分析

2018年,在全国五大创投城市中,广州和深圳的人才环境得分领先全国,上海、北京和杭州的得分排名较后。由表7-4可看出,北京在人才环境排名上有所下滑,杭州和上海则有所上升。这三座城市想要进一步发展创业投资，就应该不断优化人才环境，从而吸引风险投资家和风险企业家进驻，确保创业投资发展的活力。

2018 年，广州在人才环境的得分为 100 分，排名第一。从二级指标上看，广州在基础设施、社会保障上都处于全国领先地位。2018 年，深圳在人才环境的得分为 80.90 分，排名第三。从二级指标上看，深圳在社会保障上处于全国领先地位，但是基础设施和居住环境仍有待提高。

表 7-4 近八年五大重点城市人才环境排名对比

	2011	2012	2013	2014	2015	2016	2017	2018
北京	6	7	8	14	11	15	12	11
上海	14	15	13	11	15	12	8	9
深圳	1	1	1	2	3	3	3	3
杭州	17	17	16	15	18	16	7	10
广州	3	3	3	3	2	2	1	1

如图 7-26 所示，从近四年五大重点城市人才环境得分变化趋势上看，广州一直位居五座城市之首，可见其良好的人才环境；紧随广州之后的是深圳，深圳在 2016 年得分有所下跌，2017 年后又上升到 80 分以上；北京、上海和杭州则一直在 40 分上下波动，与广州、深圳存在较大差距。可以看出，广州具有良好的人才环境，为吸引创投人才打下坚实基础，应该维持住这一优势。

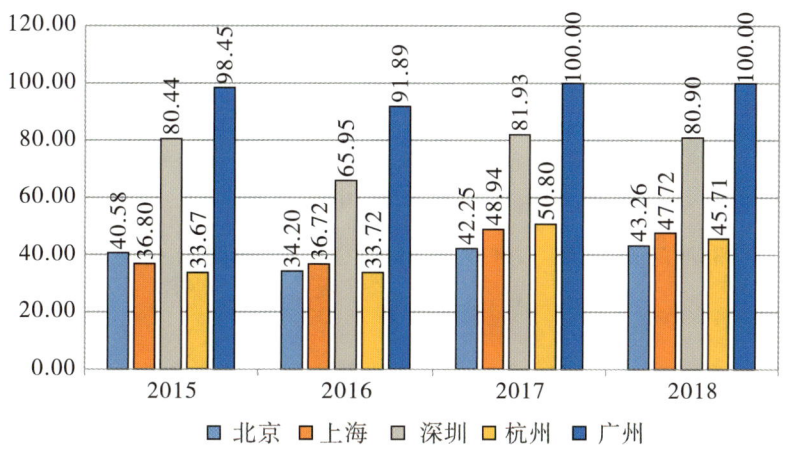

图 7-26 近四年五大重点城市人才环境得分变化对比

7.4.3 二级指标评价

在对人才环境这个一级指标进行评价之后,我们进一步针对基础设施、社会保障和居住环境这3个二级指标,对全国概况、大湾区各城市 2018 年发展现状和各重点城市近三年发展情况进行评价。

(1) 基础设施

如图 7-27 所示,在 2018 年,对于基础设施这一指标,广州和深圳属于第一梯队,得分在 75 分以上,这表明广州和深圳在基础设施方面的建设较为领先;第二梯队为厦门和重庆,得分在 60 分以上 61 分以下;其余城市则同属第三梯队,得分均低于 40 分。这表明大部分城市基础设施的建设还不够完备,有待提高。

2018 年,广州在基础设施上得分为 100 分,排名第一。从客运总量和货运总量来看,广州远远领先于全国,但广州的人均道路面积和城市单位人口拥有公共汽车数较低。2018 年,深圳在基础设施上得分为 76.08 分,排名第二。深圳在城市单位人口拥有公共汽车数上遥遥领先全国,但是客运总量和货运总量与广州相比较低。大湾区的另外三座城市:珠海在基础设施上的得分为 29.15 分,排名第十一;佛山得分为 24.25 分,排名第十八;东莞得分为 15.26 分,排名倒数第一。可以看出这三座城市对基础设施的重视程度不足,有待改善。

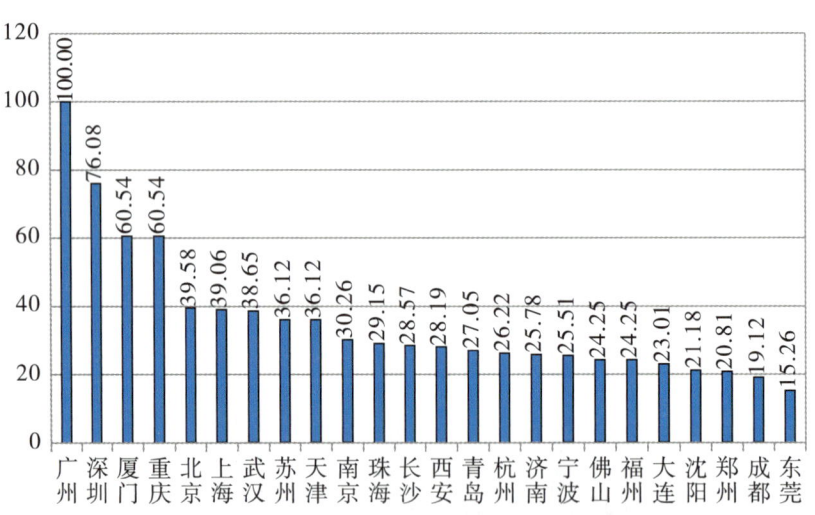

图 7-27 2018 年各城市基础设施得分

如图 7-28 所示,从近四年重点城市基础设施得分变化趋势上看,广州和深圳交替占领榜首位置,2016 年广州赶超深圳,并在 2017 年拉大与深圳的差距,可见这两个城市对基础设施建设的重视。北京和上海得分在 40 分左右波动,差距不大,北京略微领先,杭州得分则相对较低。可以看出,广州具有良好的基础设施,基础设施为居民提供了良好的生活条件,为人才优势做了有力支撑。

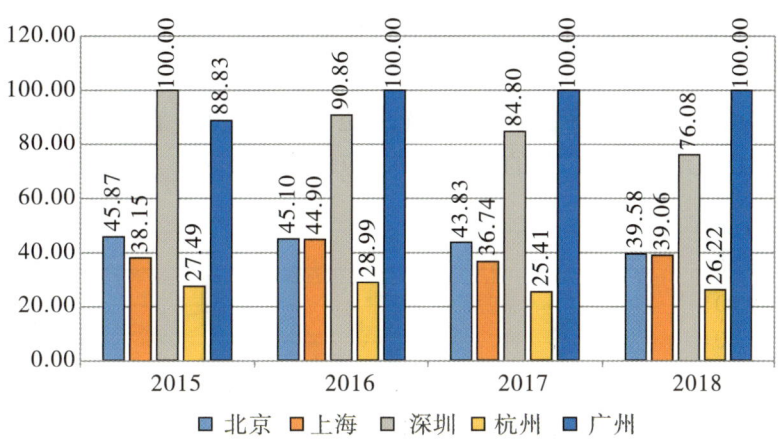

图 7-28　近四年重点城市基础设施得分变化对比

（2）社会保障

如图 7-29 所示，在 2018 年，对于社会保障这一指标，大连遥遥领先于全国其他城市，属于第一梯队；广州、苏州和天津属于第二梯队，得分在 25 分以上 35 分以下；其他城市为第三梯队，得分在 25 分以下。可以看出，除了大连以外，所有城市社会保障的得分均低于 35 分，表明应该加强社会保障的覆盖，从而吸引优质人才，促进创业投资的发展。

2018 年，广州在社会保障的得分为 34.03 分，排名第二。2018 年，深圳在社会保障的得分为 24.04 分，排名第六。大湾区的另外三座城市：东莞在社会保障上的得分为 12.62 分，较前三年得分下跌幅度巨大；珠海得分为 19.47 分，排名第九，较为稳定；佛山得分为 13.81 分，排名第十三，且得分呈现出逐年上升的趋势；珠海和佛山在社会保障上的重视程度仍需加强。

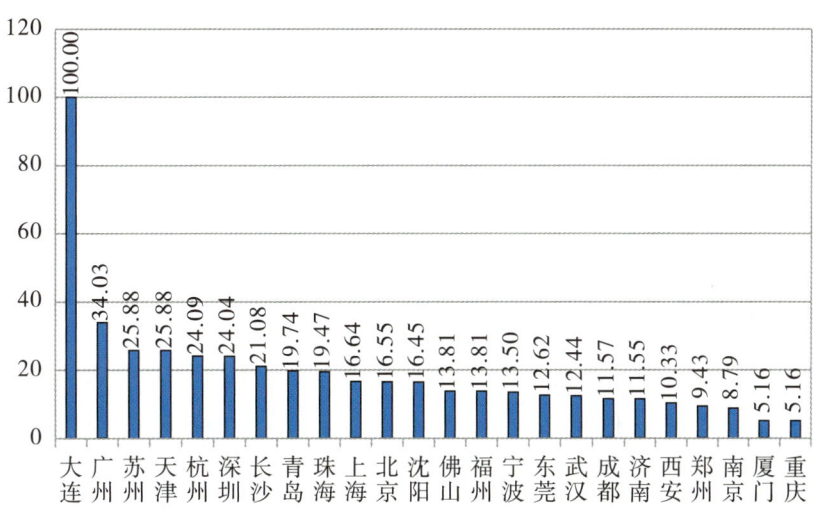

图 7-29　2018 年各城市社会保障得分

如图 7-30 所示，从近四年重点城市社会保障得分变化趋势上看，在五座重点城市中，广州位居第一，得分在 40 分左右，与另外四座城市差距较大。杭州和深圳相比于北京和上海略微领先，北京和上海得分比较接近。可以看出，在社会保障上，广州领先于其他几个重点城市，这是广州的优势所在，应该继续保持。

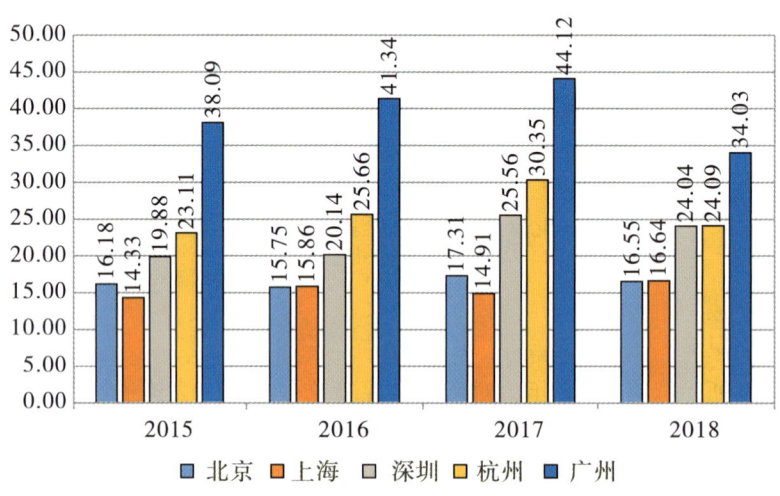

图 7-30　近四年重点城市社会保障得分变化对比

（3）居住环境

如图 7-31 所示，在 2018 年，对于居住环境这一指标，南京、青岛和深圳属于第一梯队，得分在 60 分以上，并遥遥领先其他城市。苏州、上海、沈阳、杭州和郑州属于第二梯队，得分在 30 分以上 43 分以下；其他城市为第三梯队，得分在 20 分以下。可以看出，南京、青岛和深圳的居住环境都较好，而其他城市居住环境的得分都较低，应当努力优化人们的居住环境，从而达到吸引人才的目的。

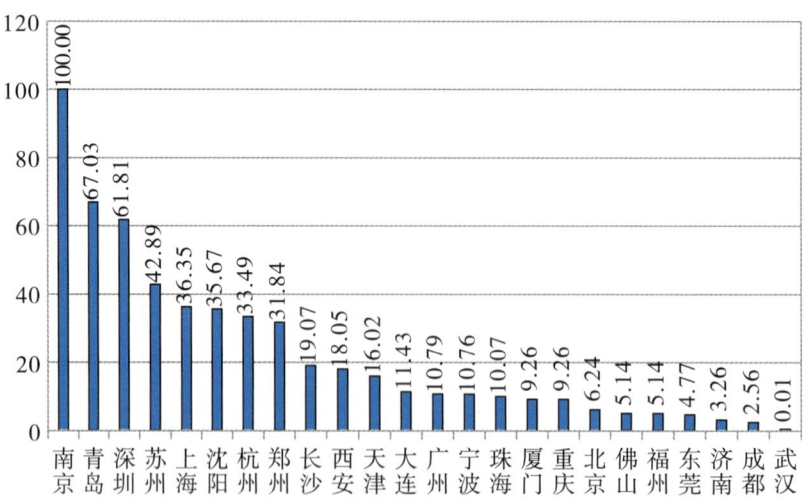

图 7-31　2018 年各城市居住环境得分

2018 年，广州在居住环境的得分为 10.79 分，排名第十三，跌幅巨大。2018 年，深圳在居住环境的得分为 61.81 分，排名第三。大湾区的另外三座城市：珠海在居住环境上的得分为 10.07 分，排名第十五；佛山和东莞的得分较低，仅为 5.14 分和 4.77 分，排名落后，还需在居住环境上进行优化。

如图 7-32 所示，从近四年城市居住环境得分变化趋势上看，在五个重点城市中，广州前三年位居第一，2018 年则跌幅巨大。前三年深圳和上海位居第二、三的位置，北京和杭州得分较低，但是在 2018 年杭州的居住环境改善巨大。可以看出，在居住环境上，广州大大领先于其他几个重点城市，这是优势所在，但是近四年呈现的波动较大，应该引起注意。

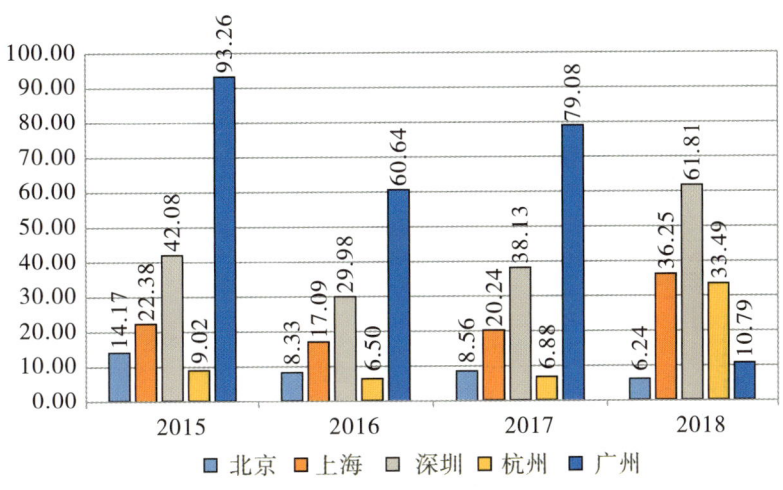

图 7-32 近四年重点城市居住环境得分变化对比

7.5 政策支持

在创业投资成长发展的过程中，政府起着不可替代的推动作用。政府充当着重要的外部动力，对创业投资形成了强有力的激励。一般来说，政府对创业投资的促进主要采用直接干预与间接扶持两种手段。直接干预是指政府通过实施某些政策，直接将资金引入创业投资或对创业投资主体产生直接的经济影响，如政府引导基金，或提供税收优惠、贷款担保和政府补贴等；间接扶持是指政府针对创业投资的一系列制度以及投资环境建设，如完善人才环境、金融市场、法律制度等。创业投资的发展通常要经过起步与成熟两个阶段。当一国的创业投资尚处于起步阶段的时候，政府通常以直接干预的手段为主；而当创业投资发展至成熟阶段，政府便会以间接扶持为主，并着重于制定正确的引导政策，充分依靠市场的作用，尊重市场经济规律，创造有利于创业投资发展的外部条件。政策支持这一指标衡量了一座城市在政策方面得到的支持力度。

在政策支持一级指标下设供给型政策、需求型政策、环境型政策3个二级指标。供给型和需求型两类政策对创投发展起到直接作用，供给型政策侧重于推动、激励创新创业活动；而需求型政策则侧重于将创新创业行为拉动、引导到与政府的倡导相一致；环境型政策则是为创新创业提供良好的外部环境，间接促进创投发展。通过对政策支持这一指标及其二级指标的评价，可以全面地了解我国各创业投资中心城市对人才的吸引和重视程度。

7.5.1 全国概况

如图7-33所示，在2018年，对于政策支持这一指标，深圳和上海属于第一梯队，得分均在98分以上，这两座城市在政策支持方面遥遥领先于全国；珠海、西安、武汉和长沙属于第二梯队，得分均超过50分；其余城市则同属第三梯队，得分在50分以下。可以发现，第三梯队的城市政策支持的得分均较低，表明这些城市并未充分意识到政策支持对促进创业投资发展的必要性和重要性，想要发展创业投资，就应当不断优化政策环境，从而鼓励风险资本的进入。

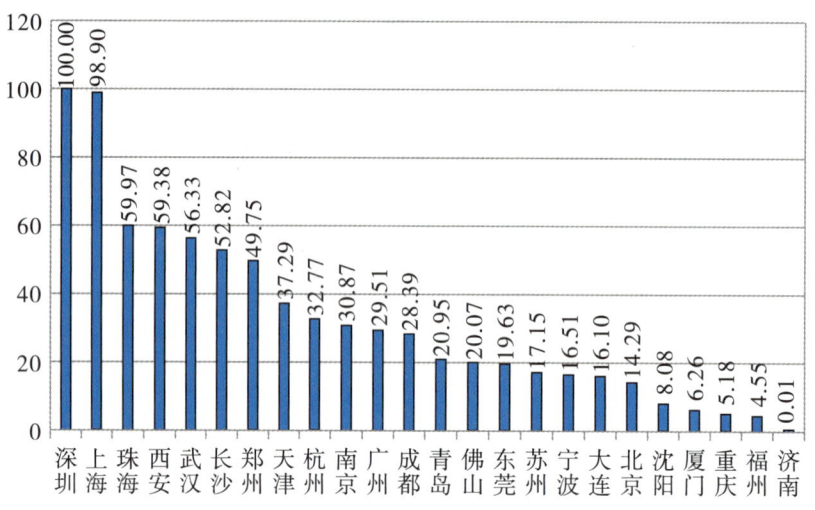

图7-33 2018年各城市政策支持得分

7.5.2 重点城市分析

在2018年，五大创投城市政策支持排名参差不齐，北京与杭州的下跌幅度巨大。由表7-5可看出，深圳政策支持排名稳步上升，在2018年排名第一；上海政策支持得分波动较大，2014年一度下跌到第17名；杭州的政策支持排名则从2011年的第17名稳步提升到2015年、2016年、2017年的第一名，进步十分明显，但在2018年又下跌至第9名。五大城市对于政策的重视程度也从侧面突出了政策支持对创业投资发展的重要性。

2018年，广州在政策支持的得分为29.51分，排名第十一。从二级指标上看，广州在供给型政策、需求型政策和环境型政策上都远远落后于领先的深圳和上海。2018年，深圳在政策支持的得分为100分，位列第一名，遥遥领先其他城市。从二级指标上看，深圳在供给型政策、需求型政策和环境型政策上都处于全国前四的地位。

表 7-5 近八年重点城市政策支持排名对比

	2011	2012	2013	2014	2015	2016	2017	2018
北京	3	2	4	5	2	4	3	19
上海	1	10	5	17	8	2	7	2
深圳	4	4	1	1	3	6	2	1
杭州	17	15	9	8	1	1	1	9
广州	10	8	3	4	5	3	8	11

如图 7-34 所示，从近四年重点城市政策支持的得分变化趋势上看，深圳逐年上升至第一名，可见其给予创投的政策很足；其他几个城市则波动较大，交替领先；深圳在 2017 年和 2018 年得分大大增长，由 2017 年的 99.72 分涨到 2018 年的 100 分，这与 2017 年深圳出台的许多创投支持政策有关。单看广州的得分，2016 年有较大上涨，但 2017 年又开始回落。可以看出，广州出台的创投支持政策数量及可执行性与杭州仍存在巨大差距，且并不稳定，对创投的扶持未能做到源源不断。

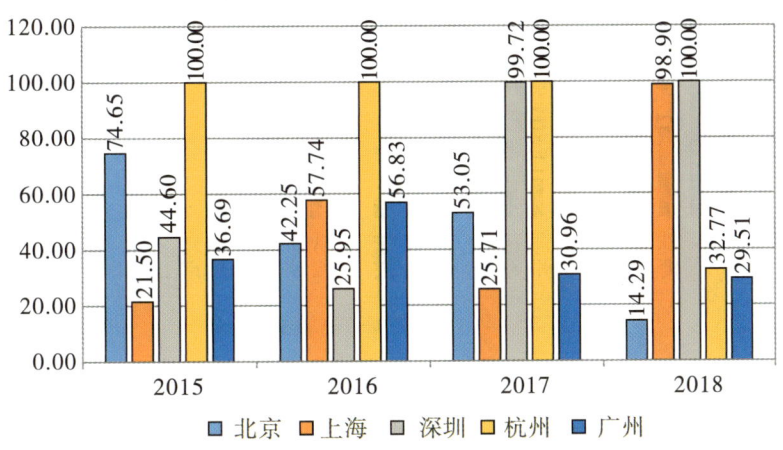

图 7-34 近四年重点城市政策支持得分变化对比

7.5.3 二级指标评价

在对政策支持这个一级指标进行评价之后，我们进一步针对供给型政策、需求型政策和环境型政策这 3 个二级指标，对全国概况、大湾区各城市 2018 年发展现状和各重点城市近三年发展情况进行评价。

(1) 供给型政策

如图 7-35 所示，在 2018 年，对于供给型政策这一指标，上海和深圳占据了前二席位，得分均超过了 60 分，属于第一梯队，表明这两个城市在推出供给型政策方面较为领先；第二梯队为珠海、天津、东莞、长沙和郑州，得分在 10 分以上 28 分以下；其余城市则同属第三梯队，得分在 10 分以下。其中，北京位居第 18 位。可以看出，第三梯队排名相邻的城市得分差别不大，但是总体 24 座城市的差距很大，超过一半的城市该项得分低于 10 分。

2018 年，广州在供给型政策的得分为 7.29 分，排名第十。从金融政策和税收政策来看，广州处于全国平均水平；而财政政策较为落后。2018 年，深圳在供给型政策的得分为 60.37 分，排名第二。在金融政策和财政政策上，深圳都领先于全国其他城市。大湾区的另外三座城市：珠海在供给型政策的得分为 27.60 分，排名第三，近三年得分逐年上升，进步巨大；东莞得分为 16.07 分，排名第五，近三年得分较为稳定，呈现稳中向上的趋势；佛山得分为 4.02 分，排名第十九。可以看出这三座城市在 2018 年的供给型政策上进步巨大，但与深圳相比还有较大差距。

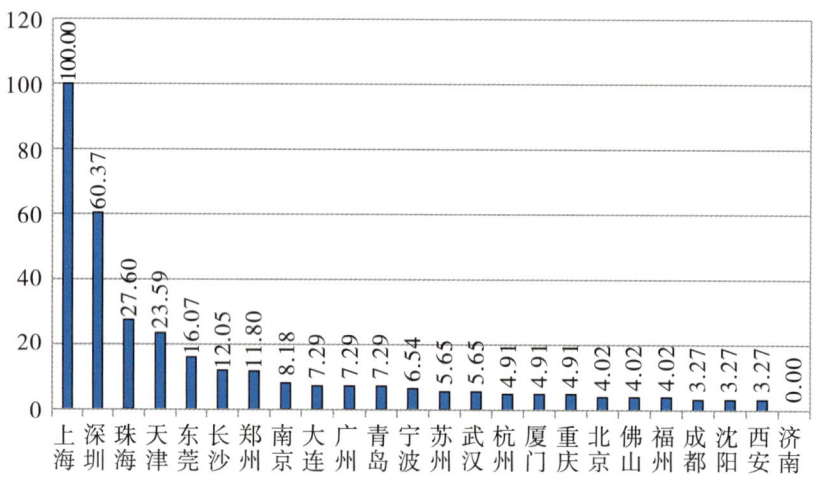

图 7-35　2018 年各城市供给型政策得分

如图 7-36 所示，从近四年重点城市供给型政策得分变化趋势上看，五座城市的波动都较大，分别在 2016 年和 2017 年迎来得分的大幅提升，并在 2018 年除了上海提升至第一位外，其他四座城市都呈现下跌趋势；上海得分在 2016 年有大幅度上升，但 2017 年再次下跌，在 2018 年又再次上升至第一名，波动幅度巨大；北京则一直在低位波动，在 2018 年更是低至 4.02 分。

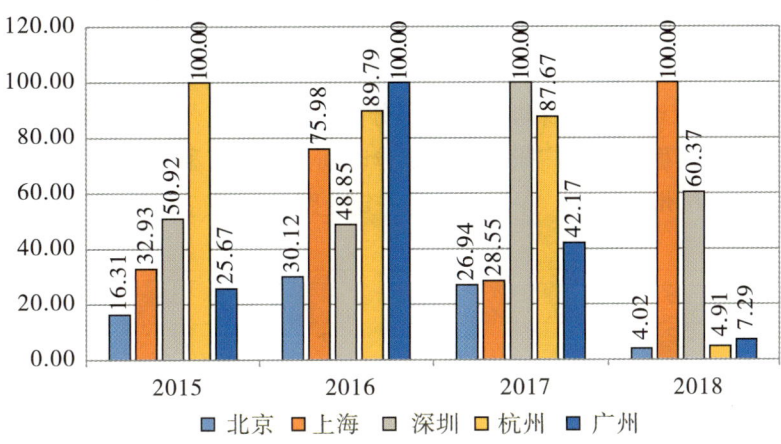

图 7-36 近四年重点城市供给型政策得分变化对比

（2）需求型政策

如图 7-37 所示，在 2018 年，对于需求型政策这一指标，深圳和郑州排名前二，属于第一梯队，得分在 85 分以上；武汉、青岛、南京和苏州属于第二梯队，得分均在 50 分以上；其他城市为第三梯队，得分均在 50 分以下。可以看出，需求型政策得分的分级并不明显，梯队之间差距较小呈平滑下降趋势，这表明在需求型政策的推出方面不存在明显的地区不平衡。

2018 年，广州在需求型政策的得分为 21.36 分，排名第十五。从产业政策和技术政策来看，广州远远落后于领先的深圳、郑州和武汉，有待推出促进更多创业投资发展的产业政策和技术政策。2018 年，深圳在需求型政策的得分为 100 分，排名第一。在技术政策和引导政策上，深圳都领先于全国其他城市。大湾区的另外三座城市：珠海在需求型政策上的得分为 46.10 分，排名第八，且近四年得分逐年上升；东莞得分为 32.27 分，排名第十二；佛山得分为 5.46 分，排名第二十，近四年得分呈现下跌趋势。可以看出，这三座城市仍缺乏足够的需求型政策。

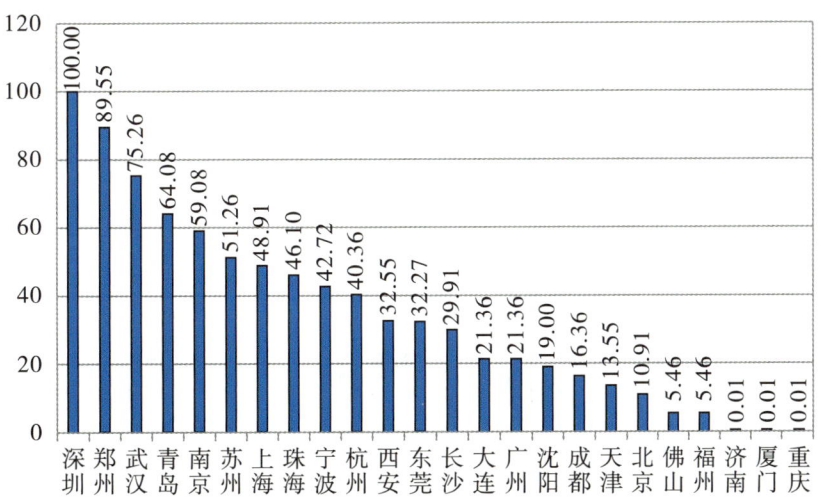

图 7-37 2018 年各城市需求型政策得分

如图7-38所示，从近四年重点城市需求型政策得分变化趋势上看，杭州前三年以100分稳居第一，在2018年下跌至第十名，可见其需求型政策出台数量很多，但是在2018年下跌较多；相比北京、深圳、上海得分的大波动，广州的波动相对较小，可见其需求型政策数量比较稳定，但广州得分大部分时间低于北京和深圳，可见在需求型政策的出台上，广州和杭州、北京、深圳还是有一定差距的，有待加强。

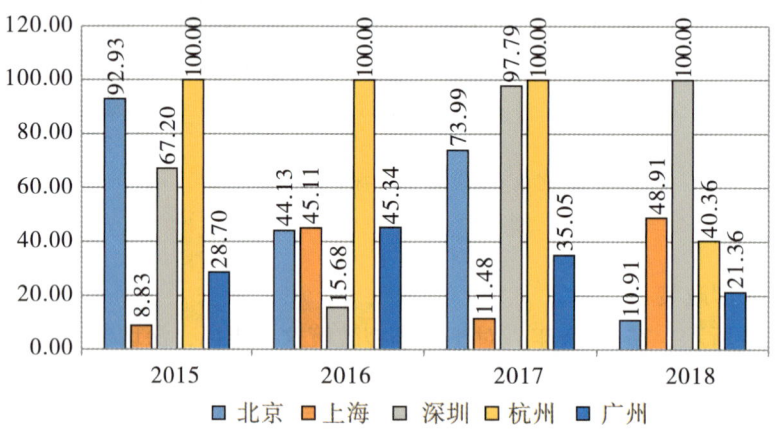

图7-38 近四年重点城市需求型政策得分变化对比

（3）环境型政策

如图7-39所示，在2018年，对于环境型政策这一指标，西安、长沙和武汉遥遥领先其他城市，得分在70分以上，属于第一梯队；深圳和珠海属于第二梯队，得分在60分以上67分以下；其他城市为第三梯队，得分在50分以下。可以看出，前两个梯队对环境型政策的重视程度较高，而其他城市，应当推出相应的环境型政策，从而为创业投资发展构建良好的环境氛围。

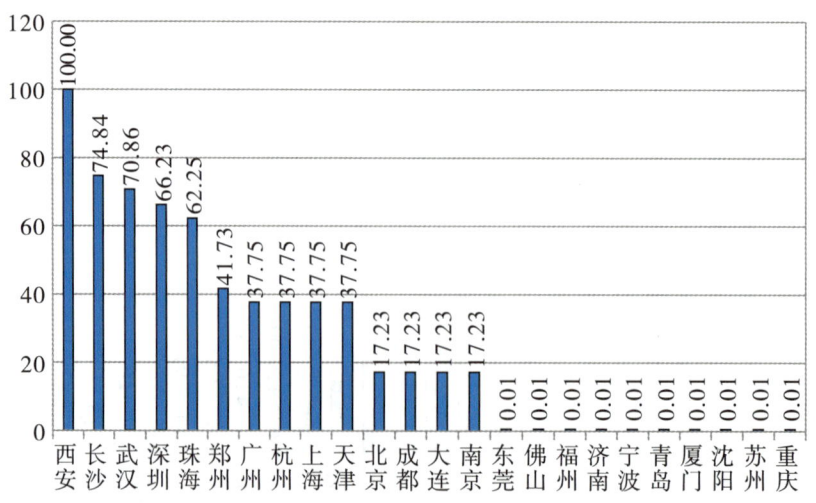

图7-39 2018年各城市环境型政策得分

2018 年，广州在环境型政策的得分为 37.75 分，排名第七。无论是环境保护政策、协调政策，还是简政政策，广州远远落后于领先的西安和长沙，创业投资发展的环境有待优化。2018 年，深圳在环境型政策的得分为 66.23 分，排名第四。大湾区的另外三座城市中，珠海在环境型政策上的得分为 62.25 分，排名第五，相较之前有所上升；东莞与佛山得分均为 0.01 分，排名最后，并未有政策出台。可以看出，东莞与佛山在环境型政策的得分均较低，仍缺乏足够的环境型政策。

如图 7-40 所示，从近四年重点城市环境型政策得分变化趋势上看，2015 到 2017 年杭州和北京交替占领榜首位置，但是在 2018 年除上海和广州小幅上升外，其余三座城市均呈现较大幅度的下跌，北京下降趋势明显，杭州 2018 年下降幅度明显。上海、广州得分则相对较低，主要呈上下波动，深圳近四年有上升趋势，在 2017 年上升幅度较大，2018 年出现回落。广州应该意识到在环境型政策上的不足，出台更多的创投扶持政策。

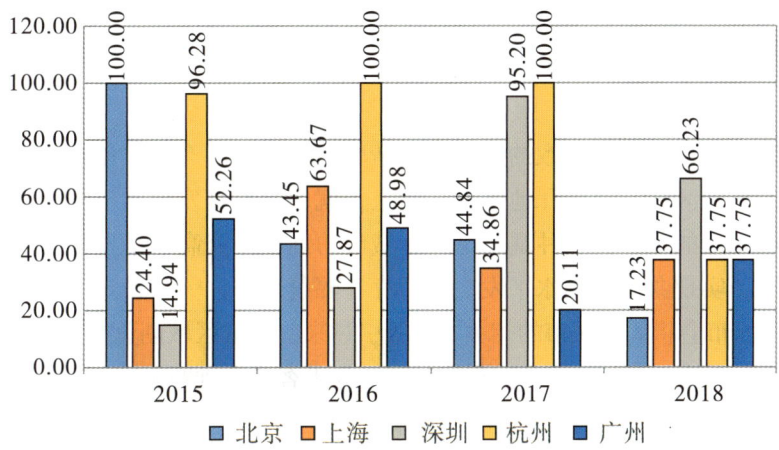

图 7-40　近四年重点城市环境型政策得分变化对比

第 8 章
区域效应分析

创业投资中心以城市为载体,因此其区域格局不可避免地受到空间地理因素的影响。然而,以数据为基础,对创业投资的空间特征进行规范分析的研究十分有限。为填补这一空白,在借鉴了若干对其他经济变量的空间特征的分析研究的基础上,本章对样本城市近年来创业投资发展的地理特征和空间依赖性进行实证分析,以期揭示中国城市创业投资发展的一些规律特征,为相关政策出台提供实证依据。

8.1 创业投资中心的空间分布概览

根据全国创投发展水平大致的空间分布情况,可知全国有三大创投中心,一是京津地区,二是沪杭地区,三是广深地区。实际上,就创业投资发展的空间特征来看,至少可以提出两种相反的观点:一种观点是一个城市的创业投资高水平发展会带动周围城市创业投资发展,实现共同的高水平发展,即存在辐射效应;另一种观点是一个创业投资发展水平高的城市会将周围城市的相关资源吸引过来,形成区域创业投资中心,并与周围城市创业投资水平拉开差距,即存在集聚效应。为更客观地判断中国创业投资中心的空间分布特征,需要借助一些空间效应的实证分析手段,本书使用的是 Moran 分析。

近些年来,经济活动的空间影响逐渐引起了主流经济学家的重视,地理学逐渐纳入到经济学的分析框架中来,由此诞生了许多空间效应的分析方法。这些分析方法讨论的主要内容是社会经济指标的空间效应,即各地区经济地理行为之间存在的空间相互作用,这种相互作用的强度及模式往往由空间的绝对位置和相对位置共同决定。Moran 分析就是研究空间相互作用的一种常用方法,该方法通过计算 Moran 指数 I 来判断地理数据是否受空间相互作用的影响,继而导致彼此之间不再相互独立。

有关 Moran 分析用于其他经济研究的文献已有很多,例如,王雪青等(2014)对中国 31 个省份 2000—2009 年房地产经济发展水平进行了 Moran 分析,发现期间中国区域房地产经济发展的分布与空间地理位置大致一致,即从东到西发展水平依次递减,且一直存在显著的空间自相关,形成了较为稳定的空间格局。郭峰等(2017)利用"北京大学互联网金融发展指数",对全国范围内互联网金融的空间集聚特征进行了正式检验和讨论。通过对 335 个地级市互联网金融发展指数的空间自相关进行分析,发现我国互联网金融的发展呈现出一定的地区集聚效应。

8.2 全局 Moran 分析

为了精确科学地评价发展指数表现出的总体区域效应，我们首先采用全局 Moran 指数进行分析，全局 Moran 指数反映的是空间邻接或邻近区域单元的整体相关性和差异程度，可以体现空间数据在整个系统内表现出的分布特征，全局 Moran 指数 I 的计算公式为：

$$I = \frac{\sum_{i=1}^{n}\sum_{j \neq i}^{n} W_{ij}(C_i - \bar{C})(C_j - \bar{C})}{\frac{1}{n}\sum_{i=1}^{n} W_i (C_i - \bar{C}) \sum_{i=1}^{n}\sum_{j \neq i}^{n} W_{ij}} \tag{8-1}$$

其中，$\bar{C} = \frac{1}{n}\sum_{i=1}^{n} C_i$，$C$ 表示某城市的观测值，即创业投资发展指数；n 为城市总数；W 为空间权重，一般写成 n 维矩阵形式。由于选取的样本城市较为分散，在根据经济影响和行政范围适当调整阈值后，采用基于距离的空间权重，以城市行政区划图取质心（质量中心的简称，即在每个城市的行政区划图，取一个中心点作为该城市的代表，来计算城市间的距离）间距离的标准化值作为权重。

全局分布有集群分布、分散分布、随机分布三种分布特征。Moran 指数的取值一般在 -1 到 1 之间，若其数值大于 0，则为集群分布，说明创业投资发展存在空间正自相关，即各城市创业投资发展之间具有相似属性，发展水平高的城市聚集在一起，发展水平低的城市聚集在一起；数值越大说明空间分布的正自相关性越强，聚集的强度也越强，或者说辐射效应越明显。若其数值小于 0，则为分散分布，说明创业投资发展存在空间负自相关，发展水平高的城市之间是分散开来的，高发展水平城市往往和低发展水平城市聚集在一起；数值越小则说明各城市与周围城市的发展水平差异越大，或者说集聚效应越明显。若其数值为 0，则为随机分布，说明创业投资发展指数在空间上服从随机分布，地区间创投发展不存在空间自相关关系。

在对 Moran 指数是否显著异于 0 进行假设检验时，可对 Moran 指数进行标准化，构造统计量 Z，标准化统计量 $Z(d)$ 的计算公式如下：

$$Z(d) = \frac{I - E(I)}{\sqrt{D(I)}} \tag{8-2}$$

其中，$E(I)$ 和 $D(I)$ 分别为 Moran 指数的均值和方差。由于标准化的 Moran 指数服从渐进标准正态分布，因此如果 Z 值大于正态分布的临界值，则表明在相应的显著性水平上，创投发展具有空间相关关系，或者也可以利用显著性水平 p 值进行判断。

表 8-1 全局 Moran 指数估计值

年份	I	Z	p	分布特征
2017	−0.1792	−1.5353	0.0270	分散分布
2016	−0.1472	−1.1631	0.0920	分散分布

续上表

年份	I	Z	p	分布特征
2015	−0.1582	−1.4885	0.0230	分散分布
2014	−0.2008	−1.7531	0.0040	分散分布
2013	−0.1600	−1.2645	0.0660	分散分布
2012	−0.1500	−1.1821	0.0940	分散分布
2011	−0.0958	−0.6074	0.3080	分散分布

根据表 8-1 的计算结果，历年 I 值均小于 0，说明存在负的空间自相关，即创投发展在样本城市范围内的分布并非完全是随机分布的，而是属于分散分布的，即各样本城市与周边城市发展差异大，出现两极分化，存在集聚效应。从 I 值的变化来看，两极分化程度逐年加强，在 2014 年达到顶峰，虽然随后 I 值又出现相反变动趋势，但集聚效应一直存在，并没有消失迹象。全局 Moran 分析的结果与创业投资的发展轨迹是相吻合的。首先，创业投资行业需要资源集中，并且本文研究表明确实存在集聚效应。其次，在发展早期，由于各城市创投发展水平都不算高，两极分化的现象并没有那么明显。在发展中后期，部分发达城市创投发展迅速，并且源源不断吸收周边优质人才、企业和投资资源，相比之下，其周边城市的创投发展就显得明显落后了。

全局 Moran 分析的结果说明，我国创业投资目前的区域格局与美国 20 世纪末是类似的，在 20 世纪 70 年代到 90 年代，创业投资是逐渐向硅谷集聚的，20 世纪 90 年代至 21 世纪初，硅谷成了美国乃至世界的创业投资中心。因此，一个城市希望建设成为创投中心，就必须对创投发展有足够的重视和支持，否则就容易被周边兴起的创业投资中心赶超，甚至落入创业投资资源持续外流的境地。

8.3 局部 Moran 分析

全局 Moran 指数可以描述某现象的整体分布状况，判断此现象是否存在空间依赖性，但并不能确切地指出空间依赖性存在于哪些地区。而局部 Moran 指数则弥补了这一缺陷，可以推算出存在空间依赖性的地区。通过度量地区对整体空间自相关的影响程度，找出影响程度大的"特例"地区，这些"特例"地区也就是空间依赖性的存在地区。

全局 Moran 指数对经济变量整体空间自相关性的概括分析得还不够细致，不能反映具体城市的空间依赖性，因此需要对全局 Moran 指数进行分解，利用局部 Moran 指数来研究各城市与相邻地区间的空间关系，局部 Moran 指数的计算公式如下：

$$I = \frac{(C_i - \bar{C})}{\frac{1}{n}\sum_{i=1}^{n}(C_i - \bar{C})^2} \sum_{i \neq j}^{n} W_{ij}(C_i - \bar{C}) \tag{8-3}$$

在局部 Moran 分析中，各城市分别落在四个象限，这四个象限可以清晰区分一个城市与邻近城市的空间关系。具体而言，第一象限为"高–高"区，表示创业投资发展水平高的城市被同是发展水平高的城市包围，即自身和周边城市的创投发展水平都高，或者说在此区域存在辐射效应；第二象限为"低–高"区，表示创业投资发展水平低的城市被发展水平高的城市包围，即自身创投发展水平较低，周边城市创投发展水平较高，即该城市属于区域塌陷点；第三象限为"低–低"区，表示创业投资发展水平低的城市被同是发展水平低的城市包围，即自身与周边城市的创投发展水平都较低，说明整个区域都属于低水平；第四象限为"高–低"区，表示创业投资发展水平高的地区被发展水平低的城市包围，即自身创投发展水平较高，但是周边城市创投发展水平较低，或者说存在集聚效应，且该城市属于区域创投中心。

表8-2反映的是2011—2017年落在四个象限内的各有哪些城市，Moran指数不显著异于0的城市没有列入。从表8-2可以清晰地看出，没有一个城市列入"高–高"区，说明创投发展的辐射效应在我国还不够明显，因此，区域竞争仍然是当前和未来一段时期中国城市创投发展的主要特征。东莞和珠海属于低–低区，说明两座城市与周边城市（长沙、福州）创投发展处于一个低水平的稳态，但这种现象在2014年以后消失了，说明这些城市有所进步，打破了这种低水平的稳态。沈阳和青岛几乎一直属于"低–高"区，即沈阳和青岛创投发展水平较低，周边城市创投发展水平较高，两座城市的创投发展水平一直落后于周围城市。这两座城市都属于环渤海城市群，环渤海城市群中以北京、天津的创投发展水平为最高，其余城市发展都相对落后，表8-2也反映了这一点，北京几乎一直属于"高–低"区，表现出显著高于周围城市的创投发展水平。

表 8-2 四个象限的样本城市分布表

年份	高–高	低–高	低–低	高–低
2011		沈阳、青岛	东莞、珠海	深圳
2012		沈阳、福州、青岛		北京、深圳
2013		沈阳	珠海	广州、深圳
2014		沈阳		北京
2015		沈阳、青岛		北京、深圳、杭州
2016		沈阳、青岛		北京、深圳
2017		沈阳、青岛		北京、深圳

同时，2011—2017年间，深圳几乎一直属于"高-低"区，即深圳市创投发展水平高，周围城市创投发展水平相对较低。根据计算Moran指数时所使用的距离权重，可归为深圳周围城市的，除珠江三角洲城市外，还包括福州和长沙。考虑到深圳一直是华南地区创投发展的排头兵，因此该计算结果与实际情况是较为吻合的。虽然上海创投发展水平高，但由于珠江三角洲城市创投发展水平普遍较高，因此上海的集聚效应不够显著。而杭州虽同为长三角城市，但由于距离权重矩阵中将厦门和武汉也归为杭州的相邻区域，因此杭州在2015年短暂地出现过显著的集聚效应。值得一提的是，广州在2013年也曾短暂地属于"高-低"区，而2013年恰好也是广州在创投发展指数中排名最高的一年，杭州进入"高-低"区是在2015年，而当年恰好也是杭州在创投发展指数中首次排名第四。

因此，局部Moran分析的结论是，北京和深圳是集聚效应最为显著的创投中心；广州和杭州是集聚效应较为显著的创投中心，在个别年份集聚效应显著，但多数时候并不显著；沈阳和青岛相对于周边其他创投中心则属于塌陷点；其他大多数创投中心的空间效应不够显著，既没有表现出辐射效应，也没有表现出集聚效应。

8.4 创业投资中心区域格局总结

首先，从区域格局上看，我国有三大创投中心区域：京津、沪杭和深广。这些城市中，集聚效应最明显的是北京和深圳，且这种现象已经持续了多年。上海创投也很发达，但由于地处发达地区，周围城市也都有较强创投实力，因此没有明显地表现出集聚效应。同时，广州和杭州虽然有部分年份表现出集聚效应，但这种集聚效应并不稳定，没有表现出和北京、深圳那样持久的集聚效应。

其次，不管是从全域还是局域来看，我国创业投资都以集聚效应为主，没有出现明显的辐射效应。实际上，对比美国的例子，在20世纪70年代到90年代，创业投资都是逐渐向硅谷集聚的，此时处于以集聚效应为主的阶段；20世纪90年代至21世纪初，硅谷成为美国乃至世界的创业投资中心。但是，21世纪互联网泡沫破裂以来，辐射作用开始显现，硅谷创业投资额占比逐渐下降，创业投资正逐渐投向硅谷以外的区域，形成了几个较大的创业投资中心：硅谷、旧金山、波士顿、纽约、奥斯汀等。旧金山和圣地亚哥毗邻硅谷，受到硅谷的辐射作用，创业投资迅速发展，旧金山创业投资发展一度赶上甚至超越了硅谷。波士顿和奥斯汀则依靠其较强劲的创新能力发展创业投资。纽约作为国际性的金融中心，为其创业投资发展提供资金支持，从金融服务上提高了创业投资的发展水平。

从区域效应上看，我国创业投资整体上还处于以集聚效应为主的阶段，参考美国的创投发展历程，我国离显著的辐射效应出现还有一定距离。

第4篇
政策篇

创业投资属于资源聚集型的行业，而且以"集聚效应"为主。如果完全由市场自行"投票"，发展显效的时间漫长，且其结果具有不确定性。因此，一个城市若希望成为区域创投中心，当地政府就必须对创投发展有足够的重视，可以说，建设创投中心城市离不开政府的支持政策。本篇试图找出阻碍城市创投发展的主要因素，尤其是阻碍城市创投发展的政策因素，再据此有针对性地提出政策建议。

第 9 章
发展障碍分析

本章利用障碍度分析和关联性分析两种互为补充的分析手段对城市创投发展的障碍因素进行总结。首先,从指数排名层面出发,使用障碍度分析方法,对部分重点城市创投发展指数的一、二级指标进行解构,找出宏观障碍因素。其次,从更微观的层面入手,专门针对政策因素,使用关联性分析,对广州市政策文件反映出的政策障碍进行分析。最后,提炼出城市创投发展的主要障碍因素,尤其是政策障碍因素。

9.1 创投排名障碍度分析

对城市创业投资发展(以下简称"创投")进行排名,既要对创投发展水平进行评判,更要厘清影响创投发展的障碍因素,以便有针对性地对创投行为与政策进行调整,因此需进一步对创投排名进行障碍度分析。障碍度表示单项指标对总指数的影响值,该影响值由偏离度(单项指标与理想值的差距)和贡献度(单项指标对总指数的权重)决定,障碍度分析有助于挖掘对评价目标有影响的主要障碍因子,以便有针对性地对评价目标进行障碍分析。本节进行的障碍度分析包括对一级指标和二级指标反映出的障碍程度进行评估,力求找出阻碍创业投资发展排名上升的主要障碍因素。

9.1.1 障碍度的计算

将障碍度应用于对指数进行拆解分析已有较多文献,例如,鲁春阳等(2011)根据重庆市 1997—2007 年的城市土地利用数据和社会经济统计资料,构建了一个评价城市土地利用绩效的指数,并通过障碍度来分析不同时期重庆市土地利用绩效的最大障碍因子。郝汉舟等(2017)基于 2009—2015 年湖北省相关统计年鉴数据,构建了一个评价湖北省地级市绿色发展水平的指数,并使用障碍度分析找出湖北省各城市绿色发展的最大障碍因素。

障碍度的计算涉及因子贡献度和指标偏离度,因子贡献度表示单项指标对评价体系的作用程度,即各级指标对总指数的权重 W;指标偏离度 y 表示单项指标与总指数理想目标值之间的差距,设为单项指标标准化值与 100% 之差;障碍度 O 表示某项指标对总指数的阻碍力度,是障碍度分析的目标和结果。障碍度计算公式如下:

$$y_{ij}=1-p_{ij} \quad (9-1)$$

$$O_{ij}=\frac{W_j y_{ij}}{\sum_{i=1}^{n} W_j y_{ij}} \quad (9-2)$$

p_{ij} 是标准化后的第 i 个城市第 j 个三级指标值，W_j 为对应三级指标权重。

需要特别说明的是，由于一级指标创投绩效代表的是创投发展现状，是既成事实，而我们分析障碍度更希望找出创投发展的改进方向，着眼于未来潜力。因此，在纵向分析时，本节只关注创投绩效以外的一、二级指标。同时，在进行城市间横向比较时，更合理的是消除创投绩效的影响之后进行障碍度比较。因此，为消除创投绩效的影响，在公式（9-2）的基础上，将一、二级指标障碍度都除以"1-创投绩效障碍度"，得到本文分析所使用的障碍度。例如，北京 2011 年创投绩效障碍度为 32.34%，一级指标政策支持障碍度为 32.67%，二级指标供给型政策障碍度为 11.34%，则剔除创投绩效障碍度影响后的政策支持障碍度为 32.67%÷（1-32.34%）=48.29%，剔除创投绩效障碍度影响后的供给型政策障碍度为 11.34%÷（1-32.34%）=16.76%。

9.1.2 一级指标障碍度分析

限于篇幅，本节只对北京、上海、深圳、杭州、广州的一级指标障碍度进行重点分析，对粤港澳大湾区内的其他城市进行简要分析。表 9-1 展示的是一级指标层面的障碍度情况，在每座城市的单元格内，按由上到下的顺序，障碍度依次递减。由表 9-1 可以发现，一级指标障碍度在不同年份和不同城市的排序和具体数值是在不断变化的，并且大致遵循如下规律：政策支持 > 创新能力 > 金融环境 > 人才环境。这与各一级指标在指数体系中的权重大小顺序是相同的。

表 9-1 北上深杭广一级指标障碍度情况

	2011	2012	2013	2014	2015	2016	2017
北京 /%	政策支持（48.3）	政策支持（43.8）	政策支持（43.9）	政策支持（42.7）	政策支持（39.7）	政策支持（36）	政策支持（31.1）
	创新能力（21）	创新能力（22.1）	创新能力（22.5）	创新能力（22.4）	创新能力（23.5）	创新能力（23.6）	创新能力（26.8）
	金融环境（17.5）	金融环境（19.5）	金融环境（19.4）	金融环境（19.5）	金融环境（20.7）	金融环境（23.2）	金融环境（22.8）
	人才环境（13.2）	人才环境（14.6）	人才环境（14.1）	人才环境（15.4）	人才环境（16.2）	人才环境（17.1）	人才环境（19.2）

续上表

	2011	2012	2013	2014	2015	2016	2017
上海/%	政策支持（43.5）	政策支持（48.4）	政策支持（45.3）	政策支持（44.5）	政策支持（42.8）	政策支持（35.3）	政策支持（32.4）
	创新能力（22.6）	创新能力（19.8）	创新能力（21.5）	创新能力（21.4）	创新能力（21.9）	创新能力（23.9）	创新能力（26.4）
	金融环境（19.1）	金融环境（18.1）	金融环境（19.2）	金融环境（19）	金融环境（19.8）	金融环境（23.4）	金融环境（22.3）
	人才环境（14.7）	人才环境（13.7）	人才环境（14）	人才环境（15）	人才环境（15.5）	人才环境（17.4）	人才环境（18.9）
深圳/%	政策支持（50.5）	政策支持（46.3）	政策支持（42）	政策支持（40.8）	政策支持（41.1）	政策支持（36.5）	政策支持（29）
	创新能力（20.1）	创新能力（20.8）	创新能力（23.1）	创新能力（23.1）	创新能力（22.4）	金融环境（24.2）	创新能力（27.9）
	金融环境（17.7）	金融环境（19.8）	金融环境（21.3）	金融环境（21.4）	金融环境（21.4）	创新能力（23.2）	金融环境（24.4）
	人才环境（11.7）	人才环境（13）	人才环境（13.6）	人才环境（14.8）	人才环境（15）	人才环境（16.2）	人才环境（18.8）
杭州/%	政策支持（50.2）	政策支持（47.2）	政策支持（44.6）	政策支持（41.9）	政策支持（36.6）	政策支持（31.3）	创新能力（28.4）
	创新能力（19.8）	创新能力（20.2）	创新能力（21.7）	创新能力（22.3）	创新能力（24.1）	金融环境（26.4）	政策支持（27.8）
	金融环境（17.9）	金融环境（19.6）	金融环境（20.5）	金融环境（21.2）	创新能力（23.2）	创新能力（25.1）	金融环境（25.2）
	人才环境（12.1）	人才环境（13）	人才环境（13.2）	人才环境（14.6）	人才环境（16）	人才环境（17.2）	人才环境（18.6）
广州/%	政策支持（50）	政策支持（46.6）	政策支持（42.2）	政策支持（41.1）	政策支持（40.9）	政策支持（34.2）	政策支持（30.9）
	创新能力（20.2）	创新能力（20.8）	创新能力（22.9）	创新能力（22.8）	创新能力（22.9）	金融环境（25.5）	创新能力（27.5）
	金融环境（18）	金融环境（19.8）	金融环境（21.5）	金融环境（21.6）	创新能力（21.8）	创新能力（24.4）	金融环境（24.3）
	人才环境（11.8）	人才环境（12.8）	人才环境（13.4）	人才环境（14.4）	人才环境（14.4）	人才环境（15.8）	人才环境（17.3）

首先，综合来看，除杭州外，其他城市在 2011—2017 年一直是政策支持障碍度最大，并且杭州也仅仅是 2017 年才出现过一次创新能力障碍度最大的情况，且和排第二的政策支持障碍度差距不大。因此，除去创投绩效的影响，政策支持是各城市排名提升的最大障碍，由于创投绩效反映的是现状、是结果，而政策支持属于潜力，是未来创投绩效水平高低的原因，因此要建设创投中心就必须重视政策支持。同时，创新能力的障碍度总体来看是大于金融环境的，深圳、杭州、广州仅在 2016 年出现过一次金融环境障碍度超过创新能力障碍度的情况。

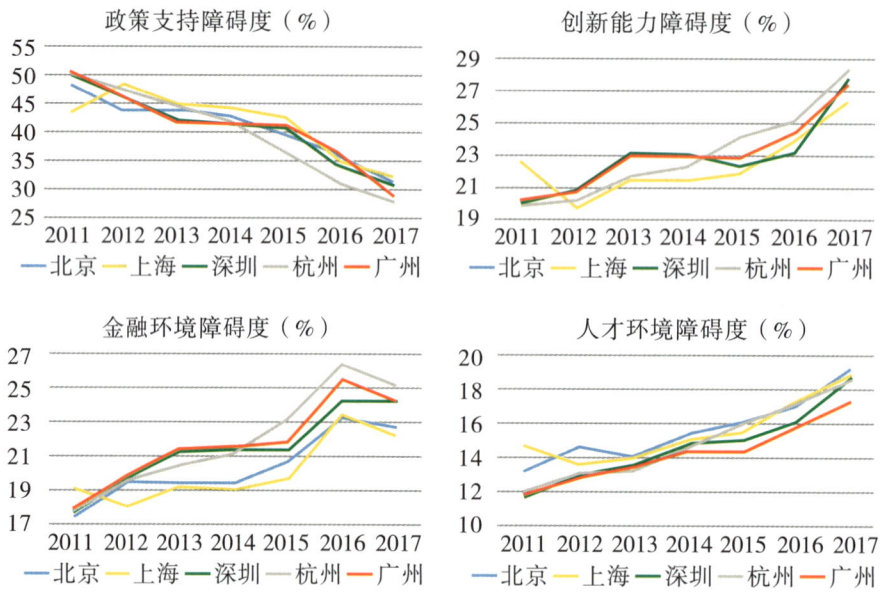

图 9-1 北上深杭广各一级指标障碍度走势

其次，纵向来看，如图 9-1 所示，对这五座城市来说，创新能力和人才环境的障碍度是逐年递增的，金融环境的障碍度也是递增态势，但在 2016—2017 年出现了下降态势，而政策支持的障碍度则是逐年下降的。障碍度上升越快，说明改善该项指标得分就越迫切。第一，政策支持障碍度连续多年下降，反映出这五座城市都已经注意到政策支持的重要性，都在不断提高政策支持的力度。第二，创新能力和人才环境越来越成为制约五座城市创投发展的主要障碍因素，尤其是创新能力，其障碍度正逐渐追上政策支持障碍度，因此创新能力也是值得地方政府关注的一个重要因素。第三，五座城市的金融行业经过多年发展，金融环境相对其他城市逐渐产生了较大优势，这是 2016—2017 年五座城市金融环境障碍度集体下降的一个重要原因。

最后，横向比较方面，本节主要针对广州进行分析。需要说明的是，障碍度只是表示某一指标对该城市创投排名提升的阻碍程度，在横向比较时，A 城市某指标障碍度比 B 城市小，并不代表 A 城市在该指标上比 B 城市表现好，只表示在该指标上，B 城市相对于 A 城市应该投入更大的关注度。

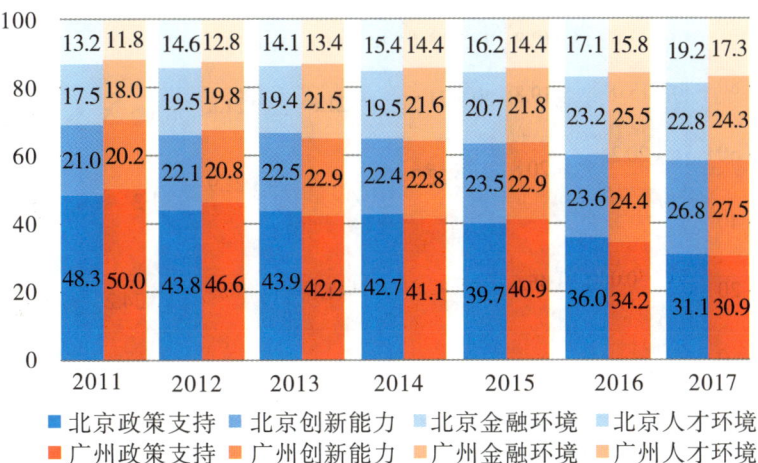

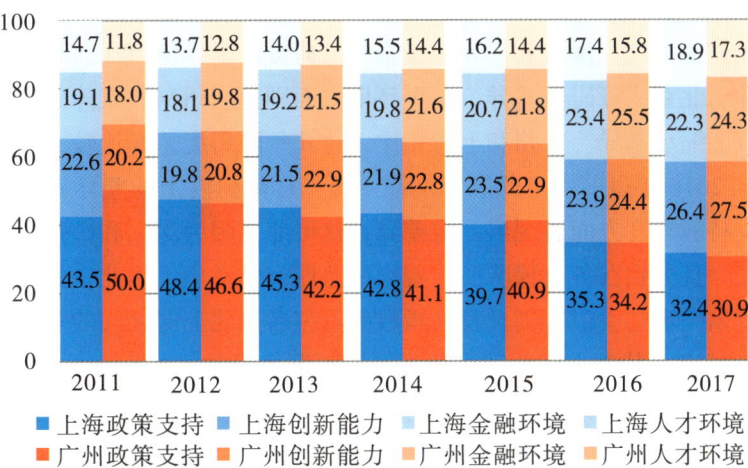

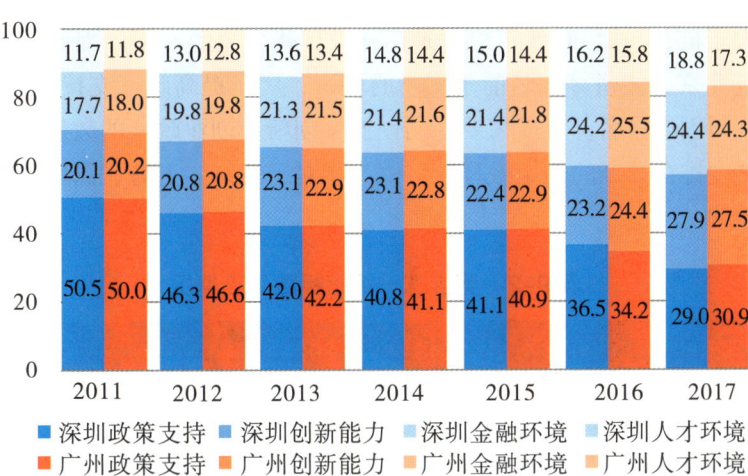

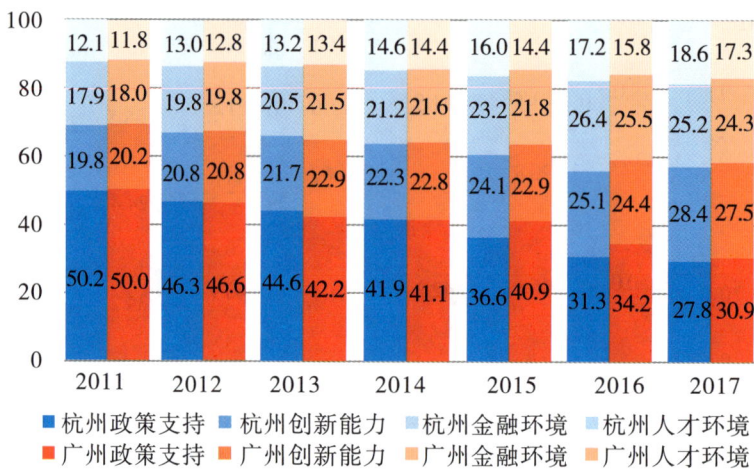

图 9-2 北上深杭和广州一级指标障碍度对比

图 9-2 绘制的是北上深杭和广州一级指标障碍度的具体值对比。政策支持方面，广州逐渐缩小了与北京的障碍度差异，金融环境方面则是广州与北京障碍度差异最大的指标，且一直没能缩小差异。广州和上海相比，近几年障碍度差异比较大的是创新能力和金融环境。在 2016 年以前，广州和深圳在一级指标障碍度上的差异并不大，但是最近两年在政策支持障碍度方面表现出一定差异，这可能是因为深圳和广州同属粤港澳大湾区的创投中心，且分别在各自梯队面临着同梯队城市的竞争，因此在提高各指标得分的迫切性上表现出一定的类似。创投发展指数的前三名是北上深之间的争夺，而第四、五名则多次变换城市。其中，广州和杭州是第四、五名最常见的城市，杭州于 2014 年首次超过广州成为第四名，并将其排名保持到 2017 年，而广州于 2013 年进至第四名，后被反超，在 2014—2017 年一直保持在第五名的位置。因此有必要将杭州、广州的障碍度情况进行对比分析。从图 9-2 可以看出，相对于杭州，广州在 2015 年以后政策支持的障碍度都大于杭州，而 2015 年恰好是广州被杭州反超的一年。因此，横向比较的结论是，相比于北京、杭州等排名前于广州的城市，广州提高政策支持的迫切程度最高，因此要提升广州创投排名，首先需要提高创投、创新、创业政策的数量和质量。改善障碍度的迫切程度排在第二的是金融环境，因为相对于北京、上海、深圳，广州的金融环境还是落后的。

表 9-2 莞佛珠一级指标障碍度情况

	2011	2012	2013	2014	2015	2016	2017
东莞 /%	政策支持 （50.3）	政策支持 （47.6）	政策支持 （45.9）	政策支持 （42.8）	政策支持 （40.5）	政策支持 （36.1）	政策支持 （31.1）
	创新能力 （20.3）	创新能力 （20.5）	创新能力 （21.7）	创新能力 （22.3）	金融环境 （22.9）	创新能力 （25.3）	创新能力 （27）

续上表

	2011	2012	2013	2014	2015	2016	2017
	金融环境（18.2）	金融环境（19.9）	金融环境（20.5）	金融环境（21.5）	创新能力（22.4）	金融环境（23.6）	金融环境（24.8）
	人才环境（11.2）	人才环境（12）	人才环境（12）	人才环境（13.4）	人才环境（14.1）	人才环境（15）	人才环境（17.1）
佛山 /%	政策支持（48.8）	政策支持（45.4）	政策支持（44.5）	政策支持（41.6）	政策支持（40.3）	政策支持（34.7）	政策支持（30.2）
	创新能力（20.4）	创新能力（20.9）	创新能力（21.7）	创新能力（22.3）	金融环境（22.7）	创新能力（25.3）	创新能力（27.2）
	金融环境（18.5）	金融环境（20.3）	金融环境（20.6）	金融环境（21.4）	创新能力（22）	金融环境（23.8）	金融环境（24.5）
	人才环境（12.4）	人才环境（13.4）	人才环境（13.1）	人才环境（14.7）	人才环境（15）	人才环境（16.2）	人才环境（18）
珠海 /%	政策支持（48.4）	政策支持（45）	政策支持（44.7）	政策支持（39）	政策支持（40.7）	政策支持（36）	政策支持（30.5）
	创新能力（20.7）	创新能力（21.3）	创新能力（21.8）	创新能力（23.6）	金融环境（22.8）	创新能力（25）	创新能力（27.4）
	金融环境（18.8）	金融环境（20.6）	金融环境（20.8）	金融环境（22.7）	创新能力（22.1）	金融环境（23.7）	金融环境（24.4）
	人才环境（12.1）	人才环境（13.1）	人才环境（12.7）	人才环境（14.8）	人才环境（14.4）	人才环境（15.4）	人才环境（17.7）

在对北上深杭广分析的基础上，我们对粤港澳大湾区其他三座城市：东莞、佛山、珠海进行简要分析。表 9-2 展示的是东莞、佛山、珠海一级指标障碍度情况。可以看出，障碍度大致遵循政策支持＞创新能力＞金融环境＞人才环境的顺序，这与头部创投中心是一致的。这三座城市主要的变化是 2015 年金融环境的障碍度短暂地超过创新能力，成为障碍度排名第二的指标。对这三座城市来讲，金融环境还需要持续地加强。

图 9-3 绘制的是大湾区五座城市的一级指标障碍度走势。可以发现，一级指标障碍度走势方面，东莞、佛山、珠海基本延续了和广州、深圳等城市类似的走势。不同点主要有两个：第一，东莞、佛山和珠海的创新能力障碍度出现加速增长的时间点比广州和深圳要早，这表明三、四线创投中心更早感受到创新能力不足带来的压力。这可能是

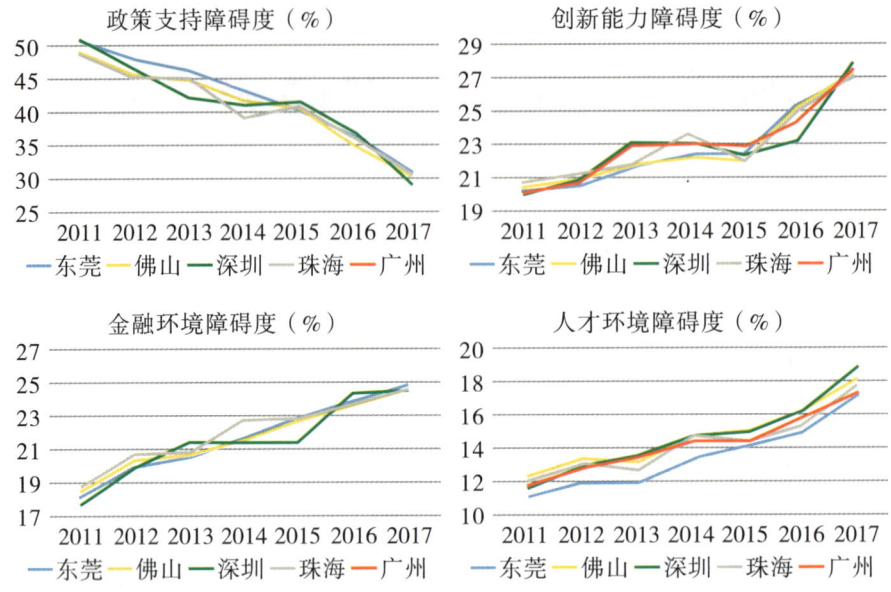

图 9-3 莞佛深珠广各一级指标障碍度走势

因为头部创投中心创新能力较强,虽然头部创投中心在竞争后期同样明显感受到了创新能力不足的影响,但在竞争阶段的早期,由于先天优势,其受到创新能力拖累的程度较轻,而三、四线创投中心相比来讲则更容易受到创新能力不足的拖累。第二,在金融环境障碍度走势方面,头部创投中心和三、四线创投中心有所不同。虽然广州和深圳在 2016—2017 年金融环境障碍度出现一个下降的转折,但这个现象在东莞、佛山、珠海表现得并不明显,这三座城市金融环境障碍度仍然是向上增加的势头。因此,虽然头部城市的金融环境已有较大优势,甚至处于均势,但对于其他城市来讲,金融环境仍然是一个需要继续努力的方向。

9.1.3 二级指标障碍度分析

由于一级指标由多个二级指标构成,因此从二级指标障碍度入手,可以更细致地找出障碍因素,有助于提高政策制定的精准性。同样地,限于篇幅,本节只对粤港澳大湾区城市广州、深圳、佛山、珠海、东莞的二级指标障碍度进行列示和分析。表 9-3 展示的是样本城市中属于粤港澳大湾区的 5 座城市二级指标层面的障碍度情况。由于二级指标数量较多,因此仅选取障碍度排在前 5 位的二级指标进行列示,每座城市内,由上到下二级指标障碍度依次递减,以深圳 2011 年为例,环境型的障碍度最大,即在 2011 年,除创投绩效下属二级指标外,对深圳创投排名提高障碍度最大的二级指标是一级指标政策支持下的二级指标环境型政策。类似地,深圳 2011 年障碍度排在第 5 位的是金融环境二级指标机构规模。

表 9-3 粤港澳大湾区二级指标的障碍度情况

	2011	2012	2013	2014	2015	2016	2017
深圳 /%	环境型（21.1）	环境型（17.3）	环境型（14.4）	环境型（16.2）	需求型（14.5）	需求型（14.5）	产业支撑（11.1）
	供给型（14.7）	需求型（15）	供给型（13.8）	需求型（12.5）	环境型（14.2）	环境型（12.5）	需求型（10.8）
	需求型（14.7）	供给型（14.1）	需求型（13.7）	供给型（12.1）	供给型（12.4）	机构规模（9.7）	机构规模（10.7）
	教育水平（7.5）	产业支撑（8.4）	产业支撑（9.1）	教育水平（8.7）	产业支撑（8.5）	供给型（9.5）	环境型（10.5）
	机构规模（7.3）	机构规模（7.9）	机构规模（8.7）	产业支撑（8.3）	机构规模（8.5）	产业支撑（9）	科技研发（9.5）
广州 /%	环境型（20.3）	环境型（16.4）	需求型（15.5）	需求型（15.3）	需求型（15.5）	需求型（13.4）	环境型（11.6）
	供给型（16）	需求型（15.4）	环境型（13.8）	环境型（14.7）	供给型（12.8）	环境型（12）	产业支撑（11.5）
	需求型（13.7）	供给型（14.8）	供给型（12.8）	供给型（11.2）	环境型（12.6）	机构规模（10.5）	需求型（11.4）
	机构规模（7.5）	产业支撑（8.5）	产业支撑（9.2）	产业支撑（8.6）	产业支撑（9.1）	产业支撑（9.9）	机构规模（11）
	产业支撑（7）	机构规模（8.1）	机构规模（8.9）	机构规模（8.2）	机构规模（8.9）	供给型（8.9）	科技研发（9.5）
东莞 /%	环境型（20）	环境型（17）	环境型（15.4）	需求型（15.8）	需求型（14.9）	需求型（14.3）	需求型（11.7）
	供给型（15.6）	需求型（15.6）	需求型（15.3）	环境型（15.5）	环境型（13.6）	环境型（12.5）	环境型（11.6）
	需求型（14.8）	供给型（15.1）	供给型（15.2）	供给型（11.5）	供给型（12）	机构规模（10.5）	机构规模（11.2）
	机构规模（7.8）	机构规模（8.3）	机构规模（8.7）	机构规模（8.2）	机构规模（9.1）	产业支撑（9.4）	产业支撑（11）
	教育水平（7.1）	产业支撑（8.2）	产业支撑（8.5）	产业支撑（8.2）	产业支撑（8.9）	供给型（9.3）	科技研发（9.3）

续上表

	2011	2012	2013	2014	2015	2016	2017
佛山/%	环境型（20.1）	环境型（16.7）	需求型（15）	需求型（15.7）	需求型（15.4）	需求型（13.8）	环境型（11.3）
	供给型（15.5）	需求型（14.9）	环境型（14.9）	环境型（14.9）	环境型（13.5）	环境型（11.8）	需求型（11.3）
	需求型（13.2）	供给型（13.8）	供给型（14.7）	供给型（10.9）	供给型（11.5）	机构规模（10.5）	产业支撑（11.3）
	机构规模（7.8）	产业支撑（8.4）	产业支撑（8.7）	产业支撑（8.3）	机构规模（8.9）	产业支撑（9.6）	机构规模（11.1）
	教育水平（7.1）	机构规模（8.4）	机构规模（8.7）	机构规模（8.1）	产业支撑（8.9）	供给型（9）	科技研发（9.2）
珠海/%	环境型（19.1）	环境型（16.2）	环境型（15）	环境型（14.2）	需求型（15.2）	需求型（14.2）	产业支撑（11.5）
	供给型（15.4）	需求型（14.8）	需求型（15）	需求型（13.7）	环境型（13.4）	环境型（12.4）	需求型（11.5）
	需求型（13.9）	供给型（14）	供给型（14.7）	供给型（11.1）	供给型（12.1）	机构规模（10.4）	环境型（11.5）
	机构规模（8）	产业支撑（8.7）	产业支撑（8.9）	产业支撑（9）	产业支撑（9.1）	产业支撑（9.7）	机构规模（11.1）
	产业支撑（7.2）	机构规模（8.5）	机构规模（8.7）	机构规模（8.6）	机构规模（9）	供给型（9.5）	科技研发（9.3）

从数量上来看，历年障碍度排名前五的二级指标，以一级指标政策支持下属二级指标居多，这与政策支持障碍度最高是有关的。首先，对于大湾区城市来讲，障碍度排在前五的二级指标以需求型、环境型、产业支撑和机构规模出现频率最高，其中需求型和环境型经常以障碍度排名前两位的身份出现。因此，在发展粤港澳大湾区创业投资的过程中，政策支持方面要侧重需求型和环境型政策，前者主要指侧重于将创新创业行为拉动、引导到与政府的倡导相一致的产业政策、技术政策和引导政策；后者主要指为创新创业提供良好的外部环境和间接促进创投发展的保护政策、协调政策和简政政策。在创新能力和金融环境方面要侧重提高高新技术企业和传统金融企业的规模，具体包括高新技术企业的数量和产值、存贷款规模和本地证券公司法人数量。

图 9-4 绘制的是需求型、环境型、产业支撑和机构规模四个出现频率最高的二级指标分城市走势，走势图中的断点（如深圳 2014 年的机构规模）表示该指标障碍度未进入前五。

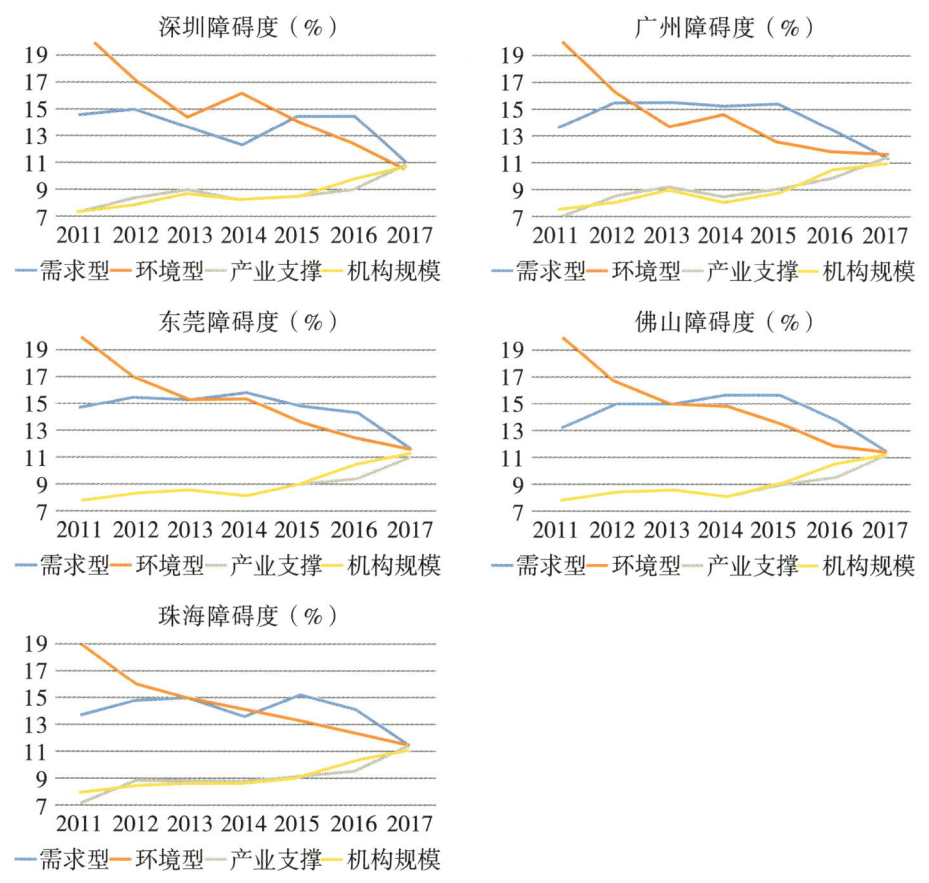

图 9-4 大湾区样本城市主要二级指标障碍度走势

综合来看，环境型政策的障碍度呈现逐年下降趋势，需求型政策的障碍度则呈现先上升再下降的变化轨迹，产业支撑和机构规模障碍度则为持续上升态势。这说明大湾区城市环境型政策改进的迫切程度有所下降，这得益于大湾区城市在保护政策、协调政策和简政政策上的持续努力。同时，注意到需求型政策基本是在 2014 年前后超过环境型政策，成为最迫切需要改进的二级指标。由于全国其他创投中心的金融发展迅速，在激烈的竞争下，传统金融机构规模对创投发展的制约性有所上升，这种现象在大湾区五座城市中均有体现。另外，可以发现产业支撑的障碍度上升是其所属一级指标创新能力障碍度上升的重要原因，因此提高高新技术企业的数量和产值是提高创新能力得分的突破口。最后，一个有趣的现象是，这四个二级指标障碍度由最初的差异悬殊逐渐走向趋同，在 2017 年的障碍度已经十分接近，这种现象在大湾区 5 座城市中都出现了。这反映出创业投资中心在经过多年的发展后，已经不单单是某一个或者某几个方面的竞争了，而是全方位的竞争，发展创业投资需要的是整体的协调。因此，各个城市虽然在各个二级指标方面得分差异巨大，但是就各个二级指标改善的迫切性来看，各个城市都需要在产业支撑和机构规模方面补短板。

9.1.4 排名障碍度分析结论

综合来讲，政策支持对各创投中心的障碍度一直是最高的，反映出加强政策支持的重要性。但同时，由于各城市都已经意识到政策支持的重要性并持续努力，因此加强政策支持的迫切性是有所下降的。障碍度上升较快的是创新能力，其障碍度已经多年处于第二的位置，因此未来需要重点在提升创新能力方面努力。金融环境的障碍度排在第三，对于排名靠前的北上深杭广来讲，在金融环境方面相对其他创投中心已经建立优势，且在这些城市内形成了暂时的均势，因此这些城市要做的更多是保持金融环境的优势。人才环境的障碍度虽然最小，但也在不断上升，因此也需要给予一定的关注。

就广州来讲，要加强政策支持，首先需要加强需求型政策，即加强产业政策、技术政策和引导政策，包括加强对本地产业结构升级、产业重点发展方向进行引导和推动的政策，针对技术创新目标、技术选择、创新创业的路线等给出规范的政策，优化涉及政府资金作为投资主体之一直接进行创业投资活动的政策。其次，在环境型政策方面，由于广州长期以来在保护政策、协调政策、简政政策方面的努力，加强这些政策的迫切性已有所下降，更多的是需要保持这些政策的持续和稳定。最后，创业投资中心的竞争已经进入到全方位竞争的阶段，因此除政策支持外，广州还需要加强在创新能力和金融环境方面的发展。从二级指标的情况看，应该先分别从产业支撑和机构规模方面入手，提高高新技术企业的数量和产值，同时提高传统金融机构的规模和数量，与创业投资行业形成融合发展的氛围。

9.2 广州市创投政策关联性分析

障碍度分析是从宏观层面对指数成分进行数据分析，分析得到的障碍因素仍较为宽泛，与政策操作层面的结合不够紧密。更重要的是，障碍度分析表明，广州创投发展最大的障碍是政策支持，因此，更细致的分析应当从政策入手。相比于障碍度分析，关联性分析更适合专门针对政策文件进行分析。由于关联性分析的视角更为微观，限于篇幅，本节仅对广州市进行关联性分析。

本节通过针对具体的广州市创投政策进行关联性研究，研究的目标是目前还在有效期中的广州市政府颁发的每一条创业投资政策的具体内容。在对这些政策内容进行研究的基础上考察广州市创业投资政策之间的关联性。

关联性分析针对政策内容进行分析，具体通过将政策自上而下划分为规划纲要、配套政策、实施细则三个等级，把不同等级的相关政策的内容联系起来分析，考察规划纲要是否得到配套政策的支撑以及配套政策是否有相对应的实施细则，从而分析出一个政策体系是否具备自上而下的系统性，各政策之间是否具备关联性以及具体的政策是否可以落地。

考虑广州市创业投资政策体系的关联性要从规划纲要、配套政策和实施细则三个方面对创业投资政策的内容进行分析。关联性研究就是从一项由较高机构发布的纲领性政策入手，根据政策目标找出与之相对应的中观层面的一般由下一级机构发布的指导性政策以及微观层面的一般由其下属部门发布的实施性政策，将它们按照不同政策层面一一列出来，相同或类似的不予重复，分别研究政策体系的系统性、配套政策和实施细则对规划纲要的支撑性、政策间的冲突，以及政策主体或者政策受益主体间的利益关联性分析，具体示意如图9-5所示。

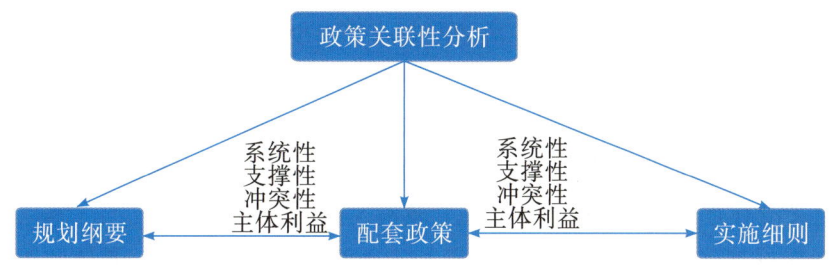

图9-5 政策关联性分析示意

规划纲要主要是纲领性的政策，具有指导性和全面性，而配套政策是规划纲要的具体体现，相对而言更有操作性和规范性，而实施细则则不同于规划纲要和配套政策，它是政策实施的具体内容和实施的细则条款，保障配套政策的落实。具体来说，关联性分析主要包含以下四个方面的内容：

（1）系统性分析：表现在配套政策和实施细则是否形成了一个系统的政策体系来确保政策目标的实现。系统性分析主要分为两种情况，一种是已出台相应实施细则来支持配套政策，另一种是未出台相应实施细则来支持配套政策。

（2）支撑性分析：表现在已出台的实施细则对配套政策的支撑效果上。根据支撑程度的不同，可以分为以下三种情况：一是提供较好支撑，内容详尽，具有可操作性；二是提供了支撑，但是实施细则只是配套政策的简单重复，并没有具体的办法进行操作；三是提供了支撑，但是不具有可操作性。

（3）冲突性分析：主要有两种情况，一是实施细则和配套政策的目标或内容不一致，存在冲突；二是实施细则之间存在冲突，导致政策存在执行矛盾。

（4）主体利益分析：它包括两个方面，一是政策主体之间的利益关系，二是政策受益主体之间的利益关系。

9.2.1 关联性分析框架制定

将政策文件按政策层次维度的不同，分为规划纲要、配套政策和实施细则，这三类文件的可操作性是越来越强的。所选取的与广州市创业投资相关的 57 个政策样本中有的属于规划纲要类，有的属于配套政策类，剩下的则是实施细则类。将这些政策按照规划纲要、配套政策和实施细则三个大类进行整理和分类，共有规划纲要类文件 13 个，配套政策类文件 15 个，实施细则类文件 29 个。其中实施细则类文件数量最多，占比达到 50.88%，规划纲要类和配套政策类文件数量大致相当，分别占到了 22.80% 和 26.32%，如图 9-6 所示。

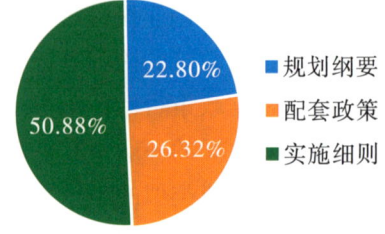

图 9-6 不同层面政策的数量分布图

规划纲要起到统领全局的作用，数量应该较少，一份规划纲要涉及方方面面，理应需要更多的配套政策去支撑，而相应的配套政策至少要对应一部甚至多部实施细则落地实现。因此，就发布政策的数量而言，应当是规划纲要远小于配套政策，配套政策的数量小于实施细则。广州市涉及创业投资的政策中，规划纲要的数量和配套政策数量相当，配套政策和实施细则之间的比例合理，可见广州市政府将创业投资政策纳入了多部规划纲要但又没有充分出台对应数量的配套政策，比例有所失调。

接下来根据这些规划纲要、配套政策和实施细则来进行研究，具体政策分类如表 9-4 所示。

表 9-4 广州创业投资的政策规划纲要、配套政策及实施细则

规划纲要	配套政策	实施细则
《广佛肇经济圈发展规划（2010—2020 年）》	《关于加快推进我市工业企业信息化工作的意见》	《广州市加快软件产业发展的若干规定》
《广州市战略性新兴产业第十三个五年发展规划（2016—2020 年）》	《广州市人民政府办理关于加快发展广州民营科技企业的议案实施方案的决议的通知》	《广州市人民政府办公厅关于加快我市国家汽车及零部件出口基地建设的意见》
广州市全面深化财政体制改革总体方案	《广州市人民政府关于印发深化经济体制改革工作要点的通知》	《广州市人民政府关于进一步促进利用外资工作的实施意见》
广州市金融业发展第十三个五年规划	《广州市进一步加快民营经济发展工作方案》	《关于促进我市国有经济又好又快发展的实施意见》
《广州国家自主创新示范区建设实施方案（2016—2020 年）》	《关于大力发展低碳经济的指导意见》	《关于加快建设广州区域金融中心的实施意见》
《广州市构建现代金融服务体系三年行动计划（2016—2018 年）》	《关于进一步加强招商引资促进产业转型升级的指导意见》	《广州市鼓励留学人员来穗工作规定》

续上表

规划纲要	配套政策	实施细则
《广州市供给侧结构性改革总体方案及5个行动计划》	《加快培育和发展我市战略性新兴产业十项措施分工方案》	《关于支持广州区域金融中心建设的若干规定》
《广州市商务发展第十三个五年规划》	《广州市人民政府办公厅关于全市电子商务与移动互联网集聚区总体规划布局的意见》	《广州市关于加快电子商务发展的实施方案（试行）》
《广州市系统推进全面创新改革试验三年行动计划》	《广州市人民政府关于加强专利创造工作的意见》	《广州市人民政府关于印发加快发展总部经济实施意见及配套文件的通知》
《广州服务经济发展规划》	《关于加快先进装备制造业发展和推动新一轮技术改造实现产业转型升级的工作方案》	《广州市面向民间投资开放公共项目融资顾问制度工作细则》
《广州市科技创新第十三个五年规划（2016—2020年）》	《关于引导广州市银行业金融机构加强服务实体经济的工作方案》	《广州市战略性主导产业直投资金投资管理暂行办法》
《广州市人力资源和社会保障事业发展第十三个五年规划》	《关于进一步放宽我市商事主体住所经营场所条件的意见》	《广州市人民政府办公厅关于推动工业机器人及智能装备产业发展的实施意见》
《广州市先进制造业发展及布局第十三个五年规划（2016—2020年）》	《广州市加快创新驱动发展实施方案》	《广州市促进科技企业孵化器发展实施办法》
	《广州市人才绿卡制度》	《关于加快科技创新的若干政策意见》
	《广州市人民政府关于进一步加快旅游业发展的意见》	《广州市人民政府关于进一步发展和利用资本市场的若干意见》
		《广州市关于推进互联网金融产业发展的实施意见》
		《广州市人民政府办公厅关于推动市属国有企业加快创新驱动发展的若干意见》
		《广州市创新完善中小微企业投融资机制十条工作措施》

续上表

规划纲要	配套政策	实施细则
		《广州市工业转型升级发展基金管理暂行办法（修订）》
		《广州市人民政府关于加快先进制造业创新发展的实施意见》
		《广州市人民政府办公厅关于印发广州市重点服务创新标杆百家企业实施办法的通知》
		《广州市政府投资基金管理办法》
		《广东省人民政府关于创新重点领域投融资机制鼓励社会投资的实施意见》
		《广州市新兴产业发展资金管理办法》
		《广州市加强知识产权运用和保护促进创新驱动发展的实施方案》
		《广州市建设"中国制造2025"试点示范城市实施方案》
		《广州市高层次金融人才支持项目实施办法（修订）》
		《广州市人民政府办公厅印发关于促进广州股权投资市场规范发展暂行办法（修订）的通知》

9.2.2 系统性分析

系统性分析表现在配套政策和实施细则是否形成了一个系统的政策体系来确保政策目标的实现。系统性分析主要分为两种情况，一种是已出台相应实施细则来支持配套政策，另一种是未出台相应实施细则来支持配套政策。

这十三个规划纲要类政策中均未出现针对创业投资政策直接出台的规划性纲要政策文件，可见广州市政府对于创业投资政策的重视程度有所不足。从这十三个规划纲要来看，均有提及创业投资政策，主要从金融发展、新兴产业发展、推动科技创新、财税体制改革、现代服务经济发展以及人力资源发展等几个方向涉及创业投资政策，力图从不同方面落实创业投资的发展。政府打算从大力发展创业及股权投资机构、大力发展总部金融、加强金融风险防控等几个方面直接促进创业投资的发展；通过设立战略性新兴产业发展资金、设立战略性新兴产业创业投资引导基金、加大金融服务创新等措施推动创业投资与新兴产业的融合；通过加强国资经营预算管理及推进经营性财政资金股权投资改革壮大创业投资资本的规模；通过落实国家关于对符合条件的创投企业采取股权投资方式投资于未上市中小高新技术企业实施税收优惠的政策促进创业投资驱动科技创新能力；从创新服务业领域各类专项资金的支持方式、鼓励股权投资参与国有服务业企业混合所有制改革等方面引导创业投资流入现代服务领域；通过设立天使股权投资资金支持优秀留学人员创新创业、政府资助引导风险投资机构帮扶高校毕业生自主创业吸引创新型人才。

为推进上述十三个规划纲要层面的实施，通过对配套政策的梳理，从以下十五个方面对规划纲要创业投资发展政策进行细化，包括：①《关于加快推进我市工业企业信息化工作的意见》；②《广州市人民政府办理关于加快发展广州民营科技企业的议案实施方案的决议的通知》；③《广州市人民政府关于印发深化经济体制改革工作要点的通知》；④《广州市进一步加快民营经济发展工作方案》；⑤《关于大力发展低碳经济的指导意见》；⑥《关于进一步加强招商引资促进产业转型升级的指导意见》；⑦《加快培育和发展我市战略性新兴产业十项措施分工方案》；⑧《广州市人民政府办公厅关于全市电子商务与移动互联网集聚区总体规划布局的意见》；⑨《广州市人民政府关于加强专利创造工作的意见》；⑩《关于加快先进装备制造业发展和推动新一轮技术改造实现产业转型升级的工作方案》；⑪《关于引导广州市银行业金融机构加强服务实体经济的工作方案》；⑫《关于进一步放宽我市商事主体住所经营场所条件的意见》；⑬《广州市加快创新驱动发展实施方案》；⑭《广州市人才绿卡制度》；⑮《广州市人民政府关于进一步加快旅游业发展的意见》。

为落实规划纲要和配套政策的实施，广州市政府及有关部门颁布了众多实施细则，一共有27条，它们是《广州市加快软件产业发展的若干规定》《广州市人民政府办公厅关于加快我市国家汽车及零部件出口基地建设的意见》《广州市人民政府关于进一步促进利用外资工作的实施意见》《关于促进我市国有经济又好又快发展的实施意见》《关于加快建设广州区域金融中心的实施意见》《广州市鼓励留学人员来穗工作规定》《关于支持广州区域金融中心建设的若干规定》《广州市关于加快电子商务发展的实施方案（试行）》《广州市人民政府关于印发加快发展总部经济实施意见及配套文件的通知》《广州市面向民间投资开放公共项目融资顾问制度工作细则》《广州市战略性主导产业直投资金投资管理暂行办法》《广州市人民政府办公厅关于推动工业机器人及智能装备产业发展的实施意见》《广州市促进科技企业孵化器发展实施办法》《关于加快科技创新的若干政策意见》《广州市人民政府关于进一步发展和利用资本市场的若干意见》《广州市关于推进互联网金融产业发展的实施意见》《广州市人民政府办公厅关于推动市属国有企业加快创新驱动发展的若干意见》《广州市创新完善中小微企业投融资机制十条工作措施》《广州市工业转型升级发展基金管理暂行办法（修订）》《广州市人民政府关于加快先进制造业创新发展的实施意见》《广州市人民政府办公厅关于印发广州市重点服务创新标杆百家企业实施办法的通知》《广州市高层次金融人才支持项目实施办法（修订）》《广州市政府投资基金管理办法》《广东省人民政府关于创新重点领域投融资机制鼓励社会投资的实施意见》《广州市新兴产业发展资金管理办法》《广州市加强知识产权运用和保护促进创新驱动发展的实施方案》《广州市建设"中国制造2025"试点示范城市实施方案》《广州市人民政府办公厅印发关于促进广州股权投资市场规范发展暂行办法（修订）的通知》。

从规划纲要上来看，广州市政府未出台以创业投资为直接主体的纲要性政策，只是从其他的规划纲要文件内提及创业投资政策，这说明广州市创业投资政策体系缺乏主心骨，创业投资政策的地位不高，仅仅充当着一个保障其他规划纲要文件成功实施的辅助性角色。从配套政策方面来看，较多的配套政策缺乏相应的实施细则予以支撑，例如：《关于大力发展低碳经济的指导意见》《关于进一步放宽我市商事主体住所经营场所条件的意见》《广州市人民政府关于进一步加快旅游业发展的意见》中有关创业投资产业和其他产业融合发展的政策都缺乏相应的实施细则的支撑。

9.2.3 支撑性分析

支撑性分析表现在已出台的实施细则对配套政策的支撑效果上。根据支撑程度的不同，可以分为以下三种情况：一是提供较好支撑，内容详尽，具有可操作性；二是提供了支撑，但是实施细则只是配套政策的简单重复，并没有具体的办法进行操作；三是提供了支撑，但是不具有可操作性。

通过实施细则对配套政策的支撑性进行分析表明：总体而言，创业投资政策的部分配套政策得到了实施细则的有力支撑。例如，配套政策中广州市加快创新驱动发展实施方案就得到了三条相关实施细则的支撑，从优先退出方式到建设资金的管理以及激励措施等都有出台实施细则予以支撑；又如，先进装备制造业发展和推动新一轮技术改造实现产业转型升级，就得到了《广州市战略性主导产业直投资金投资管理暂行办法》《广州市人民政府办公厅关于推动工业机器人及智能装备产业发展的实施意见》以及《广州市工业转型升级发展基金管理暂行办法（修订）》等实施细则的支撑。另外，有的支撑配套政策的实施细则数目并不多，但是同样有针对性地提供了有力支撑，如《广州市关于加快电子商务发展实施方案（试行）》就对全市电子商务与移动互联网集聚区总体规划布局提供了支撑，又如《广州市鼓励留学人员来穗工作规定》就对广州市人才绿卡制度有了较为系统的支撑。

但是，仍有不少实施细则只是对配套政策进行了象征性的支撑，内容方面只是配套政策的简单重复或复杂化。例如,《广州市人民政府关于进一步促进利用外资工作的实施意见》就依然只是《关于进一步加强招商引资促进产业转型升级的指导意见》配套政策的简单重复,并无实质性的内容和条款能够切实地达到促进利用外资的目的。

还有不少实施细则,尤其是与相关产业发展资金使用有关的实施细则,虽然对配套政策起到了支撑作用,但是并不具有可操作性。实施细则里的条文理解没有统一的标准,有不少不够具体的条文只能凭政府工作人员的主观判断,难以操作。例如《广州市政府投资基金管理办法》提到本办法所称政府投资基金是指政府通过预算安排,以单独出资或与社会资本共同出资设立,采用股权投资等市场化方式,引导社会各类资本投资经济社会发展的重点领域和薄弱环节,支持相关产业和领域发展的资金,但是不仅没有给出资金的规模,对于一定规模没有明确的界定,实施起来不具备可操作性,可能滋生政府工作人员与申报单位之间的合谋腐败。

9.2.4 冲突性分析

冲突性分析主要有两种情况,一是实施细则和配套政策的目标或内容不一致,存在冲突;二是实施细则之间存在冲突,导致政策存在执行矛盾。

创业投资发展配套政策和实施细则的冲突,主要是由于配套政策目标界定模糊,作用范围对象等概念不一致,或者无具体的实施细则来实现配套政策的目标,从而导致操作层面的对象混淆和执行困难。

比如在《关于大力发展低碳经济的指导意见》提到了建立投入机制,鼓励各种性质的企业、高等院校、科研单位以及其他社会组织开展旨在促进低碳经济发展的技术研发和实施产业化示范应用项目。在已设立的财政专项资金和现有切块资金中对符合条件的项目给予适当补助、贷款贴息支持;将科技风险投资引入低碳经济领域,引导企业和社会加大对低碳技术研发和成果转化的投入,积极争取利用外国资本在我市投资低碳经济行业,促进境外企业与我市企业开展低碳领域的资本与技术合作交流。该政策原本意图为引导创业投资进入低碳经济领域,但是这部配套政策在颁布后并无具体的实施细则落实配套的目标,对于低碳经济领域的产业也并未做出详细的解释和说明,另外还缺乏对政策目标的实现与否进行反馈的机制,以便调整下一阶段目标。

类似这样的情况在创业投资的配套政策中并不少见。例如,《广州市人民政府关于加强专利创造工作的意见》中引导和鼓励民营企业以企业名义申请专利,积极扶持推进中小微企业的专利产业化工作,努力在融资创新、专利权质押、技术风险投资等方面取得新的突破,鼓励中介服务机构为中小微企业开展专利代理和专利托管等服务,提高中小微企业自主创新水平和市场抗风险能力建设目标。但是该配套政策的细则《广州市加强知识产权运用和保护促进创新驱动发展的实施方案》只提及中新广州知识城设立多元化主体投资的知识产权风险投资基金,打造专利创造和运用的产业链。虽然有了明确的描述,但是在后续的政府文件,却没有落到实处,依然是表态但没有给出具体的操作方法,同时也缺乏对其目标实现情况进行评估和反馈，使得这些配套政策永远停留在文件层面，无法有效落实。

有不少实施细则的出台有助于配套政策的落实，尤其是众多资金或专项扶持的实施细则有力地促进了相关配套政策目标的实现，但是实施细则不够明确，存在执行难度。例如，《广州市人民政府办公厅关于印发广州市重点服务创新标杆百家企业实施办法的通知》和《广州市促进科技企业孵化器发展实施办法》两个实施细则，促进了配套政策《印发〈加快培育和发展我市战略性新兴产业十项措施分工方案〉的通知》的实施。但是《加快培育和发展我市战略性新兴产业十项措施分工方案》设立的"十二五"期间，市本级财政通过整合现有各种扶持企业和产业发展专项资金以及增加安排部分资金的方式，每年安排20亿元，5年共投入100亿元，采用无偿补助、贷款贴息、无息或低息借款、奖励、创业投资等使用方式，建设创新创业基地、建设示范工程、推广应用科技成果、加大创业基金的投入等，集中扶持战略性新兴产业发展目标，对应《广州市促进科技企业孵化器发展实施办法》中的"广州产业投资引导基金设立孵化器发展基金，按一定比例参股孵化器设立的种子基金或孵化基金，引导社会资本成立资金池，形成资金的投资、分红和退出机制，通过市场化运作实现滚动发展，为在孵企业和项目提供融资渠道"看出，这项实施细则只是非常笼统地描述实施方案，并无具体的操作标准，按"一定比例"参股孵化器设立的种子基金或孵化基金，究竟为多少比例不得而知，为创业投资机构带来了不少的困扰。这些定性和模糊的定义以及标准同样给权力寻租以很大的操作空间，政策的实施效果将大打折扣，相关项目和具体政策实施的评价体系的制定迫在眉睫。

9.2.5 主体利益分析

主体利益分析包括两个方面，一是政策主体之间的利益关系，二是政策受益主体之间的利益关系。实施细则主体利益分析包括实施细则制定主体利益关联性分析和受益主体利益关联性分析。

广州创业投资配套政策实施细则所涉及的利益关系相对复杂，因为创业投资发展的政策对象较多、政策范围也较广，政策制定主体和政策受益主体较多。广州创业投资政策实施细则的受益主体主要包括创业投资机构、企业、高等院校、市民等。总体来看，受益主体以创业投资居多，涉及前文所列出的各个行业的创业投资机构，它们得到了省市级财政的大力支持，十分重视创业投资机构与战略性新兴产业、现代信息服务业等的发展和信息化基础设施的相互促进发展。此外还有高校和科研院所，作为创业投资产学研合作中的一方，创业投资机构越来越多地从产学研合作的高等院校和科研院所的技术扩散和溢出中获益，而政府大量财政资金的投入也使得高等院校和科研院所因此成为政策的受益主体。从短期来看，创业投资机构是创业投资政策的受益主体，特别是将资金投向新兴产业研究与开发的创投机构，它们得到财政资金的大力支持，也得到了政策规定的各项金融财税等的优惠,此外,相关研究机构和高等院校也成为间接的受益主体;而从长远来看,高新技术企业和广州市所有市民也将成为创业投资政策受益主体,因为创业投资的发展会促进广州市新兴产业的发展,带动新兴城市的建设,必将使作为中心城市的广州在经济、社会、生态等各方面发展得更好,从而实现城市的可持续发展,市民必将享受新兴城市发展带来的各方面好处。

对广州市创业投资政策进行关联性分析得出广州创业投资政策体系的系统性还不算完善,缺乏直接针对创业投资的规划纲要,现有规划纲要与配套政策的数目相近导致整个创业投资体系结构失衡;大部分的规划纲要有配套政策支撑,配套政策也有相对应的实施细则;但是仍然存在部分的配套政策没有实施细则的支撑导致政策无法落地。同时还存着一些内容模糊、实施细则不明确的政策,这也给政策的落地带来了很大的困难。此外,部分配套政策与实施细则的内容不一致,存在冲突。受益于创业投资政策的直接主体是创业投资机构,间接收益主体为研究机构与高校等,长远来看最终受益主体是高新技术企业和广州市民。

9.3 广州市创投发展障碍总结

从宏观层面来看,政策支持在广州各项一级指标中的障碍度是最高的,反映出重视政策支持的必要性。障碍度上升较快的是创新能力,其障碍度已经多年处于第二的位置,因此未来需要重点在提升创新能力方面努力。金融环境的障碍度排在第三,需要广州在金融环境建设方面继续保持努力。人才环境虽然是广州的优势项目,但其障碍度也在不断上升,因此也需要给予一定的关注。就二级指标来讲,要加强政策支持。首先,需要加强需求型政策,即加强产业政策、技术政策和引导政策,包括加强对本地产业结构升级、产业重点发展方向进行引导和推动的政策,加强对技术创新目标、技术选择、创新创业的途径等做出规范的政策,优化涉及政府资金作为投资主体之一直接进行创业投资活动的政策。其次,在环境型政策方面,由于广州长期以来在保护政策、协调政策、简政政策方面的努力,加强这些政策的迫切性已有所下降,更多的是需要保持这些政策的持续和稳定。最后,创业投资中心的竞争已经进入到全方位竞争的阶段,因此除政策支持外,广州还需要加强创新能力和金融环境这两方面短板,应该先分别从产业支撑和机构规模方面入手,提高高新技术企业的数量和产值,同时提高传统金融机构的规模和数量,与创业投资行业形成融合发展的氛围。

从微观层面来看,由规划纲要、配套政策和实施细则构成的政策体系,不同层面之间具备一定的支撑性和系统性,对广州市创业投资产业的发展起到了重要的推动作用。但是广州市创业投资政策体系仍然存在不少不足之处。

首先,广州市创业投资政策体系结构存在失衡,规划纲要与配套政策之间的比例不协调,这导致很多规划纲要没有配套政策去支撑。一部规划纲要要起到统领全局的作用，涉及方方面面，需要多个方面的配套政策去支撑。否则，光有规划纲要的政策是无法落地实施的，必须配套相应的细化政策才有机会落地。

其次，广州市创业投资政策体系缺乏专门针对创业投资政策设计的规划纲要，这说明创业投资只是作为一个配合其他产业政策、促进其他产业发展的辅助性角色，只能在其他规划纲要中找出创业投资政策相关的只言片语。广州市创业投资政策体系缺乏直接以促进创业投资发展为主体的规划纲要，这对于创业投资的发展极为不利。广州市应当建立一个围绕创业投资的政策体系，重视创业投资规划纲领的作用。

此外，广州市创业投资政策体系也存在部分配套政策缺乏相关实施细则的支撑，实施细则缺乏可操作性、政策主体利益不一致和存在冲突等关联性问题。大部分的配套政策都是有实施细则支撑的，但是仍然存在着一些并没有实施细则支撑的配套政策，也有很多实施细则看似具体实则模糊，缺乏可操作性，有权力寻租空间，为创投机构和企业带来一定的困扰。为了更好地促进创业投资产业的发展，相关政府部门应当加强合作和沟通，制定创业投资发展的系统框架，并在规划纲要、配套政策和实施细则各个层面设计具备可操作性、一脉相承的政策体系，尤其要建立具体实施细则的评价体系，以及时对创业投资政策进行评估反馈来有效推动广州市创投中心的建成。

第 10 章
政策建议

本章首先对比北京、上海、深圳、杭州、武汉、广州这六座创投发达城市的相关政策并进行分析，总结出广州市创投政策体系的改善空间。其次，基于第九章总结的创投发展障碍，针对广州市提出推动创业投资发展的政策建议。

10.1 创投发达城市创投政策分析

从整体上看，近几年全国风投创投机构在地域分布上呈现"多强并进"的局面，北京、上海、深圳三座城市目前仍是我国风投创投机构最密集的地区，而杭州则是风投创投产业发展最为迅速的地区。深入研究这些地区促进创投发展的政策体系并总结经验，对于广州建设创投中心具有高度借鉴意义。

10.1.1 北京市建设创投中心的主要政策

北京市目前注册私募基金机构数量为3787家，私募基金管理人数为4821人，管理基金数量为14 873支，基金认缴规模达588 863.55亿元，基金实缴规模达540 416.32亿元，其规模在全国排名第二。北京地区活跃的创业投资机构超过600家，居全国首位。投资比较活跃的VC（风险投资）机构主要有红杉中国、经纬中国、IDG、联想投资等。此外，北京地区活跃的天使投资人千余人，天使投资机构约50家。北京市成为全国性的创投中心的重要原因之一在于北京是全国的政治中心，它在政策制定上有先发优势，充分利用了促进风投创投产业发展政策，起步就比其他城市早。

（1）中关村独享风投创投先行先试的优惠政策

早在2010年底，国务院同意支持中关村实施"1+6"系列先行先试政策。"1"是指搭建中关村创新平台，"6"是指在科技成果处置权和收益权、股权激励、税收、科研项目经费管理、高新技术企业认定、建设统一监管下的全国性场外交易市场方面实施6项新政策。2013年9月底，国务院同意支持中关村开展高新技术企业所得税、有限合伙制创业投资企业法人合伙人企业所得税、技术转让企业所得税、企业转增股本个人所得税4项税收政策试点。2014年12月3日国务院常务会议决定把6项中关村先行先试政策推向全国。2015年10月21日国务院常务会议决定在2016年1月1日起推广国家自主创新示范区部分所得税试点政策，推进结构调整，助力创业创新。

（2）"孵化+创投"多角度服务于创新创业企业发展

据清科研究中心统计显示，北京的创业投资主要集中在互联网、IT、生物技术与医疗健康、金融等行业。与此对应，投资机构也向更加垂直化、细分化发展，专注于某一专业领域的小型投资机构逐步出现，而创业者也愿意向更懂行的投资者靠拢。创业投资与孵化服务紧密结合，"孵化+创投"多角度服务于创业企业发展，有效提高了创业成功率。如联想之星为创业者提供培训、建立交流联盟，同时配备4亿元天使投资基金。汇龙森孵化器在传统孵化服务基础上，还设立每年1000万元、总额1亿元的孵化投资基金等。

（3）成立多个风投创投政府引导基金并与业界展开合作

目前，北京市、区两级政府共成立11支引导基金，资金规模超过80亿元。"北京市中小企业创业投资引导基金""中关村创业投资引导基金""海淀区创业投资引导基金"以及联合社会资本成立的"崇德生物创投基金"等，充分发挥政府基金的带动作用，引导社会化投资机构参与创新创业。"北京市中小企业创业投资引导基金"总规模已达9.2亿元，它与国内创业投资机构设立了24家参股创投企业，协议出资金额近40亿元。

北京市、区政府在成立这些引导基金之后还会向社会寻求实力强的合作伙伴。比如在《关于公开征集2015年北京高精尖产业并购投资基金合作机构的通知》中，北京市人民政府批准成立了北京高精尖产业发展基金并公开寻求管理经验丰富、资金募集能力强的投资管理机构共同设立并购投资基金。投资领域被限定在新一代移动互联网、自主可控信息系统、云计算与大数据、智能制造等领域。并购基金60%以上投资应选择注册在北京的行业重点企业退出。政府引导基金在引入合作伙伴之后会释放出新的活力，在具有丰富经验的专业团队的管理下则会减少一定的风险。此外，在投资领域和退出方式上的限制也表现了政府很强的目的性，即重点扶持北京市当地的高精尖产业发展。

（4）促进科研成果转化，推进区域性股权交易市场规范发展

风投创投的发展和科技创新有着相互促进的关系。科技的创新最终会转为符合市场需求的产品，企业的股权价值会得到提升，而风投创投能在这一环节中获取巨额利润，所以促进科技的创新对于风投创投的发展也有很大的促进作用。北京市政府发布《北京市人民政府办公厅关于印发加快推进高等学校科技成果转化和科技协同创新若干意见（试行）的通知》中，通过开展高等学校科技成果处置权管理改革，开展高等学校科技成果收益分配方式改革，建立高等学校科技创新和成果转化项目储备制度等方式来促进科研成果的转化。但是其中最引人注目的是鼓励高等学校科技人员参与科技创业和成果转化。拥有科技成果的科技人员可以依据中关村示范区股权激励试点政策和现金出资方式，在中关村示范区创办科技型企业，并持有企业股权。创办的企业可按照科技人员出资额度的20%申请政府股权投资配套支持；政府股权退出时，按照原价值加同期银行活

期存款利息优先回购给创业团队。这种操作使政府很好地扮演了桥梁的角色,将高等学校里面的科学技术成果与风投创投、企业三者紧密地联系了起来。

退出是风投创投机构在进行投资时颇为关键的一个环节,因为风投创投机构本身并不是为了取得企业的控制权,而是为了享受股权增值带来的收益,所以风投创投会在适当的时机选择退出。多层次的资本市场意味着风投创投有多种途径退出,这显然是一个吸引风投创投机构的因素,有利于风投创投的发展。在《北京市人民政府办公厅关于推进区域性股权交易市场规范发展的指导意见》中,批准设立了专门为北京市企业特别是创新创业企业提供融资服务的私募市场。其主要职能是:为北京市非上市企业股权、债权和其他权益类产品的登记、托管、结算等提供场所、设施和服务,组织和监督交易活动,管理和发布市场交易信息,监督管理挂牌企业和会员中介机构,做好投资者适当性管理,为企业进场挂牌提供咨询等综合服务。这对于健全多层次资本市场体系,创新直接融资渠道,引导民间资本转化为产业资本,引导创新创业企业借助区域性股权交易市场发展都具有重要意义。将民间资本转化为产业资本意味着风投创投可以募集更多的社会资金从而扩大规模,而资本市场的完善也更加有利于风投创投的退出。

10.1.2　上海市建设创投中心的主要政策

上海市目前注册的私募基金数量为 4206 家,基金管理人数为 4210 人,管理基金数量为 16 593 支,基金认缴规模达 1 356 288.94 亿元,基金实缴规模达 1 361 559.72 亿元,位列全国第一。上海是全国的金融中心,而风投创投产业实际上也是金融市场的一部分。随着上海金融体系建设的不断加快和完善,科技创新创业深深受益于广阔便利的筹融资渠道和更为丰富且多样化的避险工具;与此同时,伴随着金融体制改革的不断推进,上海出台了一系列的专门促进科技创新创业的金融政策和制度安排,为创新型企业获得信贷支持和资本注入提供了有力支撑。

(1)探索金融支持有效机制和多样化投融资模式

一方面,上海市政府以落实上海中长期科技规划纲要及配套政策为推力,从财税、科技、金融政策等不同方面加强对科技创新创业的金融支持,设立了创业投资引导基金、风险救助专项资金,扩大了政府性担保机构对高新技术企业或高新技术成功转化的担保比例,建立健全了贷款担保损失代偿机制,设立了产业投资基金,在浦东、张江高新区等地区开展知识产权质押业务试点,争取国家开发银行软贷款支持。另一方面,政府以转变经济发展方式为契机,加大对科技型中小企业金融服务的政策支持,初步形成了支持科技创新创业发展的投融资政策体系。2009 年以来,相继出台了有关加大对科技型中小企业金融服务和支持、促进知识产权质押融资工作、完善小额贷款担保工作的政策性文件,突出重点产业领域和科技园区,加大科技型中小企业信贷支持力度。

近年来,上海鼓励和引导各区县积极探索多形式的科技创新创业投融资模式。浦东新区设立了浦东科技金融服务公司,帮助科技企业从银行获得贷款;设立规模为 20 亿元的创业风险投资引导基金，引导形成规模达 300 亿元的创投资本集聚浦东。杨浦区根据所在区内高校云集的特点，建起了杨浦知识创新区风险投资服务园，目前已集聚了一批创投机构。黄浦区形成上海老字号集合债券，为优质中小企业捆绑发行集合债券。徐汇区开展"投贷保联动"试点、探索知识产权质押融资，推进银行、股权投资机构、担保公司等形成战略合作联盟，帮助企业进入资本市场。

（2）设立高新技术产业政府引导基金，为企业提供金融服务

上海市十分注重风投创投的投资行业和方向，设立创业投资引导基金和高新技术产业化创业投资基金，然后通过政府引导基金将社会资金吸引至高新技术产业。2009 年上海市政府设立了上海市创业投资引导基金，并与国家发改委、财政部共同发起设立新能源、集成电路、生物技术、新材料、软件和信息服务业等首批 5 支高新技术产业化创业投资基金，共吸引各类社会资金 17 亿元。

在将风投创投资本引向高新技术产业的同时，上海市还从多角度为企业提供全方位的金融服务。其中包括逐步开展知识产权质押融资和企业信用互助服务，通过贷款贴息、股改费用补贴、股权投资以及政府帮助协调上市审批等多样化扶持方式，加快科技企业股份制改造和上市融资进程。创新创业企业能从这些金融服务中获得便利，释放企业活力，有利于企业的健康发展。

（3）加大对风投创投的监管力度，规范风投创投行业发展

由于风投创投与公募基金、银行以及券商等金融机构存在较大差异，所以在信息披露方面远远不及公募基金等其他金融机构，况且我国风投创投机构数量庞大，种类繁多，规模也不同，再加之信息披露较少，难以管理，存在巨大隐患。早在 2006 年，上海市政府要求风投创投机构如实反映机构自身的基本情况、机构高管人员情况、资本资产分布情况、投资情况以及推出情况并在规定的时间点上交年度财务报告和业务报告，对风投创投机构的监管落到实处。

2008 年，上海市政府规定了风投创投机构成立的门槛和条件，股权投资企业的注册资本（出资金额）应不低于人民币 1 亿元，出资方式限于货币形式。股东或合伙人应当以自己的名义出资。其中单个自然人股东（合伙人）的出资额应不低于人民币 500 万元。以有限公司、合伙企业形式成立的，股东、合伙人人数应不多于 50 人；以非上市股份有限公司形式成立的，股东人数应不多于 200 人。股权投资管理企业以股份有限公司形式设立的，注册资本应不低于人民币 500 万元；以有限责任公司形式设立的，其实收资本应不低于人民币 100 万元。除此之外还对风投创投机构做好工商登记，制定企业所得税和个人所得税的有关规定，进一步规范了风投创投产业的发展。

（4）设立创业投资风险救助专项资金，鼓励风投创投行业发展

针对风投创投投资失败率高这一问题，上海市专门设立了创业投资风险救助专项资金为风投创投机构实行救助，弥补损失。创业投资风险救助专项资金主要来源于上海风投创投机构自愿提取的风险准备金和政府匹配的资金，风投创投机构因投资失败而清算或者减值退出的风险投资项目所发生的损失，在符合政策文件规定的条件下就可以从风

险救助专项资金获得部分补偿，同时由上海市科学技术委员会、上海市发展和改革委员会、上海市财政局、上海市创业投资行业协会组成风险救助专项资金理事会，对风险救助专项资金运作情况进行指导、监督，定期召开会议对重要事项进行决策以确保风险救助专项资金的合法合理使用。

风投创投中的天使投资成功率最低，因为它主要投资于创新创业企业的种子期，面临很大的不确定性。但是对于许多刚研发出来的科技成果而言，天使投资是这些成果可以得到转化的第一步。2016年，上海市政府针对天使投资出台了《上海市天使投资风险补偿管理暂行办法》，其中规定对投资机构投资种子期科技型企业项目所发生的投资损失，可按不超过实际投资损失的60%给予补偿。对投资机构投资初创期科技型企业项目所发生的投资损失，可按不超过实际投资损失的30%给予补偿。每个投资项目的投资损失补偿金额不超过300万元，单个投资机构每年度获得的投资损失补偿金额不超过600万元，但是风投创投机构必须满足缴纳风险准备金的条件。可见上海市政府对于天使投资的扶持力度之大，鼓励风投创投的发展，尤其是天使投资的发展。

10.1.3 深圳市建设创投中心的主要政策

深圳市目前注册的私募基金数量为3947家，基金管理人数为2993人，管理的基金数量为8139支，管理的基金认缴规模为153 280.86亿元，管理的基金实缴规模为158 874.55亿元，在全国排名第三。深圳既不像北京在政策上享有先发优势，又不像上海是我国的金融中心，但是深圳作为我国改革的先驱和对外开放的窗口，其风投创投的发展与建设仍然取得了不俗的成绩，这与深圳在风投创投产业上制定的政策密切相关。

（1）加快科技成果转化，引导新兴产业发展

创新是经济发展的驱动力，科学技术成果顺利转为符合市场需求的产品，提高社会生产力才能达到创新的根本目的，而创新与风投创投之间存在着相辅相成的联系。深圳市政府鼓励企业、高等院校和科研机构积极承担《国家中长期科学和技术发展规划纲要（2006—2020年）》重大专项、国家重大科技基础设施、国家高新技术产业发展计划、国家科学中心、国家实验室等建设任务，表示凡在深圳建设实施的，予以配套支持；对市级重点实验室建设和市级工程（技术）研究中心建设均予以资助；对科技型人才加大吸引力度，设立产业发展与创新人才奖并对他们提供优惠政策甚至予以奖励。深圳市政府每年安排创新创业计划专项经费，举办全国性的创业大赛，吸引创业投资机构投资具有市场前景的新产品、新服务等创业项目，广泛聚集创新人才、创新团队在深圳创业，每年安排3000万元支持竞赛优胜者在深圳实施竞赛优胜项目或者创办创业企业。对成立的高新技术企业进行税收减免和发放研发资助费用并享受优惠的建房政策。深圳市每年都能吸引大量的科技成果以创新创业企业的形式实现科技成果的转化，为当地风投创投的发展提供了肥沃的土壤。

深圳市政府同样也设立了政府引导基金培育种子期和起步期的创业企业成长。建立天使投资人备案登记制度,创业投资引导资金对其所投资种子期和起步期的创业企业进行配投参股。深圳市政府引导基金以投向高新技术产业为主,对投向高新技术企业的风投创投予以税收优惠、补贴和奖励。深圳市鼓励有实力的企业、团体、个人依法发起组建各类文化创意产业投资基金和机构。市创业投资引导基金加大对文化创意产业的支持力度,安排一定引导资金,用于吸引其他产业投资基金和创业投资机构投资处于种子期和起步期的文化创意企业。深圳市政府引导基金瞄准的是高新科技产业、文化产业这一类新兴产业,引导风投创投进入这些产业,达到双赢的目的。

（2）注重中小微创新创业企业成长,政府提供多方位服务

深圳市的中小企业发展环境在全国数一数二,大量的中小企业扎根深圳,当地的创新创业也十分活跃,吸引着大量的风投创投机构入驻。深圳市政府实施了有关创业、中小企业发展的法规、政策,鼓励引进和促进中小企业发展的优惠政策。深圳市政府鼓励自然人、法人及其他组织创办各种类型的企业。创业失败者再创业的,同等享受政府的优惠政策和创业辅导服务。政府组织有关专家和企业界人士成立创业辅导专家团队,为创业者提供各种层次的创业辅导服务。中小企业可以进入法律、法规未禁止进入的行业和领域;鼓励中小企业参加国家、省市展览展销活动。中小企业参加符合政府产业导向的各类科技经贸展览展销活动的,由专项资金给予资助。深圳市、区政府及有关部门还会保护中小企业依法参与公平竞争与公平交易的权利,维护中小企业的合法权益。创新创业企业的权利在深圳得以保障并且能获得更为优质的服务,能够更好地成长,所以风投创投机构也倾向于将资金投向深圳的创新创业企业。

深圳对从事高新技术产品研究开发的中小微企业予以股权投资支持,其重点支持领域为互联网、生物、新能源、新材料、新一代信息技术、海洋、航空航天、生命健康、机器人、可穿戴设备、智能装备等战略性新兴产业。对于符合规定的申报者,政府会邀请风投创投业界专家组成答辩委员会来进行裁定,最后合格者将会获得一笔风投创投资金。这种招标形式既提高了政府引导基金的使用效率,也加强了中小微企业与风投创投机构之间的接触和联系。

（3）加大税收优惠和奖励,吸引风投创投机构

深圳市政府对于风投创投发展的支持力度很大,主要体现在风投创投机构可以享受的税收优惠和奖励上。深圳市政府出台的《关于促进股权投资基金业发展的若干规定》和《关于进一步支持股权投资基金业发展有关事项的通知》中规定深圳市的 GP（普通合伙人）按照 5%~35% 五级超额累进税率计征个人所得税,LP（有限合伙人）按 20% 的比例计征个人所得税。对符合规定的股权投资基金管理企业,自该项政策实施之日起或自获利年度起前两年按照营业收入形成地方财力的 100% 给予奖励,后三年按照营业收入形成地方财力的 50% 给予奖励。此外,对前两年按照企业所得形成地方财力的 100% 给予奖励,后三年按照企业所得形成地方财力的 50% 给予奖励。鼓励来深圳创办创业投资企业,投资额 50% 以上在深圳的创业投资企业,自备案之日起 3 年内,对其所

缴纳的营业税和企业所得税形成深圳地方财力部分予以 50% 资助。

当风投创投机构选择退出时,若其股权投资基金投资于深圳的企业或项目,还可根据其对经济的贡献,按项目退出或获得收益后形成地方财力的 30% 给予一次性奖励,但每个项目单笔奖励最高不超过 300 万元。风投创投机构在深圳市注册,然后将资金投向深圳市的企业或者项目都会获得极为丰厚的税收优惠和奖励,最后退出也会依据其对当地经济的贡献给予奖励。这无疑是吸引风投创投机构入驻深圳的重要政策,而退出奖励则鼓励了风投创投机构将资金投向当地企业和项目,也促进当地创新创业企业的发展。

(4)资助风投创投机构,培养风投创投产业人才

深圳市政府对于深圳的风投创投机构采取了直接资助的方式,以此来推动风投创投产业的发展。深圳市政府设立科技研发资金,在风投创投企业对初创期的自主创新型企业进行股权投资时,根据其实际投资额,按一定比例给予无偿资助,对风投创投企业的资助额根据其实际投资额确定,资助额为对某一企业的实际投资额的 15%。首次获得创业投资的,资助比例可提高至 20%,单笔最高资助额不得超 50 万元,一年内对同一家风投创投企业的资助额最高为 200 万元。此外,深圳的风投创投机构还享有办公用房补贴,股权投资基金管理企业因业务发展需要新购置自用办公用房,可按购房价格的 1.5% 给予一次性补贴,但最高补贴金额不超过 500 万元。享受补贴的办公用房 10 年内不得对外租售。股权投资基金、股权投资基金管理企业新租赁自用办公用房的,给予连续 3 年的租房补贴,补贴标准为房屋租金市场指导价的 30%,补贴总额不超过 100 万元。

深圳市政府还注重人才的培养,通过政策吸引大量的人才入驻,达到人才引进的目的。股权投资基金管理企业以及私募证券投资基金管理企业的高级管理人员,经市人力资源保障部门认定符合条件的,可享受深圳市关于人才引进、人才奖励、配偶就业、子女教育、医疗保障等方面的相关政策。因此,深圳对于风投创投人才有着强大的吸引力,而在强大人力资本的基础上,深圳的风投创投产业越发蓬勃。

10.1.4 杭州市建设创投中心的主要政策

杭州市的私募基金机构数目为 1110 家,基金管理人数达 1037 人,基金数量为 3312 支,管理的基金认缴规模为 28 915.67 亿元,实缴规模为 44 562.58 亿元,其规模在全国排在第五位。近些年来,杭州市的风投创投产业发展迅速,很大一部分原因得力于杭州市政府促进风投创投的政策。

(1)鼓励民众创业,发展民营风投创投

浙江民间创业氛围素来浓厚,大众创业意愿强烈。杭州市政府历来都很重视民营企业的发展并且培养了很多小微企业和个体工商户;杭州市政府积极响应"大众创业,万众创新",鼓励民众自主创业。众多的创业企业,为风投创投资金提供了广泛的投资标的。

杭州市有着丰富的民间资金，企业资金积极参与风投创投产业，企业资本在杭州市风投创投产业中占主导地位，很多集团公司也成立了自有的风险投资部门，将资金投向自己熟悉的企业或者与自身企业在产业链上形成上下游联系的企业，其中最为典型的就是阿里巴巴。2016年，阿里巴巴的投资规模在杭州的风投创投规模中占到了45%。杭州之所以形成发达的民营创投企业，既有天然的众多活跃资金优势的影响，也跟杭州市政府大力打造创业服务体系密不可分。政府大力推动创业服务体系的创新发展，鼓励一批成功企业家、天使投资人、平台型企业等社会资本投资建设创新型创业服务机构。打造"众创空间"，聚集一批帮助科技企业快速融资的天使平台、创业项目专业管理机构，以及创业交流平台、创业训练营、年轻企业家成长组织、创业社区、创业媒体等各种创新业态的创业服务机构。杭州目前也有正在成长的B座12楼、贝壳社、乐创会、搜钱网、高新汇、六和桥等一批创业服务机构。

（2）全方位促进风投创投产业发展，推进创投中心建设

风投创投产业的发展离不开政策的支持，杭州市政府出台的扶持政策主要由《杭州市人民政府关于加快我市私募金融服务业发展的实施意见》确立，其主要目的是为了推行私募金融机构聚集，促进私募金融业务创新，优化私募金融发展环境。财政方面，设立办公用房补助、规模发展奖励、投资专项奖励对风投创投机构开展补助并且鼓励传统金融机构开展私募金融业务。

税收方面，落实税收优惠，以有限合伙形式设立的私募金融机构，采取"先分后税"的方式，其经营和其他所得，按照国家有关税收规定，由合伙人分别缴纳所得税；以有限合伙形式设立的私募金融机构，按照国家有关税收规定，其普通合伙人符合"以无形资产、不动产投资入股、参与接受投资方利润分配，共同承担投资风险"和"对所投资项目进行股权转让"，不征收营业税。投资杭州市未上市中小高新技术企业2年以上符合政策规定的风投创投机构可以抵扣所得税额，风投创投机构缴纳房产税、城镇土地使用税、地方水利建设基金确有困难并符合减免条件的，报地税部门批准后，酌情给予减免。风投创投机构因收回、转让或清算处置其所投资股权而发生的权益性投资损失，可以按税法规定在税前扣除。符合居民企业条件的风投创投机构直接投资其他居民企业所取得的股息、红利等权益性投资收益，符合税法规定的，可作为免税收入，免征企业所得税。

人才方面，对风投创投机构高级管理人员（以下简称高管），由各区、县（市）纳入当地有关人才政策享受范围予以扶持。符合杭州市人才引进落户条件的高管及其配偶和未成年子女，可向公安部门申请办理本市常住户口，并根据就近入学原则统筹安排其未成年子女入托、入（转）中小学。对风投创投机构为招引享受人才政策的高管所支付的一次性住房补贴、安家费等费用，按税法规定进行税前扣除。

此外，杭州市政府还推进风投创投聚集区的建设，推进聚集区的高起点建设，优化空间布局；引导聚集区差异化发展并为之提供完善的配套服务，积极招引服务核心业态的中介机构、辅助性产业、共生性产业及配套支持机构；还加大国际学校、信用评

级、大数据处理等基础服务设施的建设力度，完善风投创投产业服务体系，推进产城融合发展。

（3）设立政府引导基金管理制度，鼓励天使投资发展

杭州市政府设立了杭州天使投资引导基金，该基金是一支不以营利为目的的政策性基金，其宗旨是发挥财政资金的杠杆效应和引导作用，通过引导基金的投资引导，鼓励天使投资企业和天使投资管理企业（以下统称天使投资机构）对初创期企业实施投资、提供高水平创业指导及配套服务，助推创新型初创期企业快速成长和市级及以上众创空间发展。引导基金下设"蒲公英"和"众创空间"等引导基金子基金。符合相关规定的风投创投机构可以申请这些天使引导基金；引导基金所支持的天使投资机构，需要重点投向杭州市域内电子信息、生物医药、新能源、新材料、环保节能、知识型服务业、高效农业、工业自动化、高端装备业、文化创意等符合杭州市高新技术产业发展规划领域的企业。

杭州天使基金旗下的科技企业孵化器、众创空间天使投资引导专业基金，则按一定比例参股引导科技企业孵化器、众创空间、社会投资机构等共同组建天使投资基金和种子基金，以市场化方式实现滚动发展，为在孵企业、创客和孵化的人才项目等提供融资渠道。杭州市各区、县（市）还会逐步设立科技企业孵化器、众创空间天使投资引导基金，采取市、区（县市）联动方式，进一步引导社会资本成立专业天使投资基金，扶持初创期科技企业（注册期在三年以内）发展。进而支持民间资本开展专业天使投资，对投资于初创期科技企业的天使投资机构，按照投资额一定比例给予支持。杭州市政府对于天使投资的重视和支持大力地推动了风投创投的发展。

（4）打造"基金小镇"和"智慧谷"，风投创投与高新科技并行

2015年5月，杭州市政府在上城区成立了"玉皇山南基金小镇"。上城区作为杭州市的中心城区，是杭州市传统的金融服务业集聚区域，而玉皇山南是上城区目前仅有的成片规划、连片建设，着力打造的杭州财富管理中心和特色基金小镇的所在地，也是上城区乃至杭州市在"十三五"期间重点发展的金融产业集聚区之一。"玉皇山南基金小镇"以打造高端产业为战略核心，重点引进和培育私募证券基金、私募商品（期货）基金、对冲基金、量化投资基金、私募股权基金等五大类私募基金，形成鲜明的核心业态，并围绕核心业态打造出私募（对冲）基金生态圈和产业链。该基金小镇还承担着在未来五到十年，推动杭州市私募（对冲）基金机构数和管理资产额在全国省会城市占据榜首，推动浙江省私募基金机构数和管理资产额在全国省域经济居于前列，打造成与上海协同错位发展、民间资本活跃的财富管理高地。截至2016年底，"玉皇山南基金小镇"入驻企业超1000家，其中包括敦和资产、赛伯乐投资等业内大咖，管理资产规模超5900亿元，实现税收超10亿元。"基金小镇"的建立吸引了大量的风投创投机构入驻，推进了风投创投产业聚集区域的形成，推动了创投中心的建设。

"基金小镇"直接集聚了大量的风投创投机构，杭州市"智慧谷"则为这些风投创投机构提供了优质的投资标的。"智慧谷"是杭州市政府打造的高新产业聚集区，政府通过补贴、资助、税收减免等方式鼓励新兴产业的引进，重点产业包括信息软件、互

联网、物联网、服务外包等服务业项目。"智慧谷"园区内还实行了科技创新创业政策，大力引进研发机构，引进科研人才，鼓励企业进行创新，对于持有科研成果进行创业的予以一定的奖励。"智慧谷"同样也推出政策吸引风投创投机构，新引进或新设立受托资金规模在 2 亿元以上的创业投资、风险投资、产业投资、股权投资及产业基金等股权投资管理企业或基金公司，或实际出资额 2 亿元以上的股权投资公司，自企业引进或设立起 5 年内按企业的投入、产出和效益给予资助。当年度在开发区直接股权投资额达到 2000 万元以上、1 亿元以上的，分别给予 20 万元、50 万元的奖励。

"基金小镇"和"智慧谷"的设立以及风投创投和高新科技产业的紧密结合，促进金融、科技产业融合发展，对杭州市风投创投的发展有着极大的促进作用。

10.1.5　武汉市建设创投中心的主要政策

在武汉市注册的私募基金管理机构的数量为 245 家，武汉市近些年的风投创投产业发展取得很大进步，武汉市政府出台的政策起到了关键的作用。

（1）税收优惠力度大，奖励补贴丰厚

武汉市政府通过税收优惠政策和一系列的补贴和奖励吸引风投创投机构在武汉市注册，将资金投向武汉市当地的企业和项目。

政府对于符合国家政策规定的合伙制股权投资企业和合伙制股权投资管理企业，采取"先分后税"方式，由合伙人分别缴纳个人所得税或者企业所得税。以有限合伙制设立的合伙制股权投资基金，自然人有限合伙人依据国家有关规定，按照"利息、股息、红利所得"或者"财产转让所得"项目征收个人所得税，税率适用 20%；自然人普通合伙人（执行合伙业务又为基金的出资人的）的投资收益或者股权转让收益部分，税率适用 20%；法人合伙人按照有关政策规定缴纳企业所得税。合伙制股权投资企业的普通合伙人，以无形资产、不动产投资入股，参与接受投资方利润分配，共同承担投资风险的行为，不征收营业税；股权转让不征收营业税。股权投资企业、股权投资管理企业采取股权投资方式投资未上市中小高新技术企业 2 年以上（含 2 年），凡符合《国家税务总局关于实施创业投资企业所得税优惠问题的通知》规定条件的，可按照其对中小高新技术企业投资额的 70% 抵扣企业的应纳税所得额。

武汉市政府对在资本特区新设或者由本市外迁入资本特区的股权投资企业，按照其注册资本的 1% 给予一次性落户奖励，最高奖励金额 2000 万元。享受落户奖励的股权投资企业，承诺 5 年内不迁离资本特区。在资本特区注册的股权投资管理企业，自缴纳第一笔营业税之日起，对其实际缴纳的营业税市、开发区两级财政留成部分（以下简称地方财政留成部分），前 2 年按照 100% 予以补贴，后 3 年按照 50% 予以补贴。股权投资管理企业自盈利年度起，对其实际缴纳的企业所得税地方财政留成部分，前 2 年按照 100% 予以补贴，后 3 年按照 50% 予以补贴。股权投资管理企业高级管理人员，对其实际缴纳的"工资、薪金所得项目"个人所得税地方财政留成部分，5 年内按照 100% 予以补贴。股权投资管理企业购买、自建自用办公用房的给予一次性补贴，补贴标准为每平方米 1000 元，最高补贴金额为 500 万元；租赁自用办公用房的，连续 3 年每年按照房租市场指导价的 30% 给予补贴；对由资本特区提供周转办公用房的，免收 3 年租金。股权投资企业投资资本特区 2 家以上企业的，按照其当年投资额的 1% 给予奖励，最高奖励金额为 50 万元；对投资资本特区初创期中小高新技术企业的，按照其当年总投资额的 10% 给予风险补贴，最高补贴金额为 100 万元。股权投资企业引进并投资的中小高新技术企业在注册后 3 年内，年度纳税额达到 200 万元以上的，给予股权投资企业一次性 20 万元奖励。对股权投资企业引进并投资的中小高新技术企业，自取得第一笔生产经营收入所属纳税年度起 5 年内，按照其缴纳的增值税和企业所得税地方财政留成部分的 50% 给予奖励。在武汉市资本特区注册的股权投资企业，投资项目退出或者获得收益后，按照其上缴企业所得税地方财政留成部分的 60% 给予奖励。

（2）大力发展政府引导基金，带动国企资金进军风投创投

武汉市的风投创投发展可谓是后来居上，在缺乏先发优势的条件下，政府起到了很大的助推作用。武汉市政府十分注重风投创投产业的发展，设立了力度相当大的政府引导基金政策。武汉市举重金成立政府引导基金的目的在于引导社会资金进入武汉市风投创投领域，引导国内外创业投资资本、优秀管理团队在武汉市设立风投创投基金或者管理风投创投基金，争取国家、省相关资金向武汉市集聚，并且引导各类资金优先投资高新技术企业、初创期科技型企业、政府重点扶持的战略性新兴产业，加速科技成果转化，促进武汉市新兴技术的产业化和市场化。其运作方式为：创投机构阶段参股不得低于总规模的 60%，跟进投资不得低于总规模的 20%。在退出时，合作创投机构不得先于引导基金退出，引导基金原则上不追求盈利，亏损时按不高于亏损额 20% 的比例现行承担。自政府引导基金成立以来，2014 年开始归并政府财政各口资金 42 亿元，到 2016 年时已发展到 102 亿元，武汉市市级母基金规模在全国也位列前茅。目前武汉市政府计划力争在 2020 年政府的投资引导基金总规模能够突破 300 亿元。

与此同时，武汉市鼓励国有企业出资成立引导基金。目前，武汉规模较大的国有企业，如武钢、东风、三江等，每一家出资一定数额，成立一个公司制的风投创投机构，再委任一位管理者对该风投创投机构进行管理。武汉市还有一种做法是城市圈的国有资产公司出资拼盘成立各类产业投资公司，涉及文化传媒、能源、交通、港口、旅游等产业领域，这种构成在武汉相当普遍。国有企业的资金进军风投创投产业既能扩大引导基金的规模，也有利于国企自身的发展。

（3）实施"创谷"计划，建立"天使之城"

"创谷"是融合高端生产生活生态功能、聚集高端创业创新创造要素的创新集聚园区，是产业定位前沿、创新生态良好、创业服务完备、生活便利宜居的创新发展载体，是产业链、创新链、人才链、资金链、政策链"五链统筹"的创新生态系统。根据 2016 年颁布的《武汉市人民政府关于加快实施"创谷计划"的通知》，将在三年左右，在符合条件的区，建立 10 个以上"创谷"；拿出城市最好的空间，量身定做最好的政策，提

供最优的配套服务，将"创谷"建设成为全面创新改革试验的承载区、自由创新的示范区、"城市合伙人"的集聚区，培育大批引领城市产业创新升级的探路者、引领者、梦想家，让城市迸发创新创业活力，让武汉成为创新乐园、创业家园。"创谷"围绕构建"现有支柱产业—战略性新兴产业—未来产业"有机更新的"迭代产业体系"，重点聚焦信息技术、生命健康、智能制造三大产业。每个"创谷"可结合自身产业布局、资源禀赋和文化特色，选择1～2个细分产业领域，培育出一批新兴产业细分领域的领头羊企业。为每一个"创谷"配套设立总规模不低于1亿元的天使基金，签订战略合作协议的金融机构不少于5家，提供涵盖天使投资、风险投资、短中长期贷款及投贷联动等全方位的融资服务。

武汉市政府尤其重视天使投资的发展，设立天使投资母基金，力求将武汉打造成天使投资最活跃的"天使之城"。发挥政府最大天使投资人的作用，设立10亿元天使投资母基金，等比例募集社会资本设立天使子基金，对处于萌芽期的产业、初创期的企业，政府领投、共担风险、原值退出，撬动社会天使投资共同为人才创新创业提供融资支持。发挥"长江天使汇"等天使投资俱乐部、中部天使投资联盟和武汉天使投资人协会作用，聚集国内外知名的天使投资人。其次，武汉市政府完善了鼓励天使、风投、股权投资基金聚集发展的政策措施，建立创业投资风险补偿机制，吸引创业投资人在武汉开展风投创投活动。同时还培育风险投资专业人才，依托高等院校、社会机构开展创业投资培训，加快培养既懂科技又懂金融的复合型投资管理人才，选拔培养优秀金融人才，计划5年内培养1000名左右风险投资、天使投资管理人才。

（4）设立风险补偿机制，完善资金与项目对接机制

风投创投机构在投资项目时普遍面临较大风险，设立相应的风险补偿机制对于风投创投机构的投资有正向激励作用，会促进风投创投产业的发展。武汉市政府对于风投创投机构投资种子期、初创科技型企业发生损失的，可按照实际本金损失的60%给予补偿；对单个项目损失补偿金融不超过100万元，且仅对首次投资进行补偿，对单一风投创投机构补偿总额不超过300万元/年。武汉市政府还实施了投贷联动风险补偿，鼓励试点银行与创业投资机构形成投贷联盟，以投贷联动试点银行为通道，给予试点银行设立的符合条件的投资子公司风险补偿；并在条件允许的情况下，适当扩大试点范围，对参与投贷联动业务的风投创投机构给予政策支持。

在2017年武汉市政府颁布的《关于推动武汉创业投资发展的实施意见》中，为加快战略性新兴产业发展，培育优质创业投资项目库，建立项目推荐制度和政企专项对接机制，完善风投创投中介服务，扩大知名创业投资人在政府专项评审中的参与度；并且鼓励风投创投机构参与投贷联动试点工作，共同培育优质项目，扶持科创企业做大做强。探索建立线上线下结合的风投创投综合性服务平台，实现风投创投机构与创新型企业的信息互动，加快推动了整个武汉市创新产业培养发展。鼓励风投创投机构、天使投资人、高校老师、学生参与到创新创业项目的运作，参与到"创谷"的运作和建设，并为其配备一定的风投创投资金。

10.1.6 广州市建设创投中心的主要政策

目前有 576 家私募基金机构在广州市注册,私募基金管理人数量为 857 人,管理的基金数量为 2263 支,基金认缴规模达 55 043.32 亿元,基金实缴规模达 56 731.86 亿元,在全国位列第四名。广州市的风投创投发展水平在全国位于前列,但是与北京、上海、深圳存在较大差距,而近几年杭州市出台了很多有利于风投创投发展的政策,广州市的政策对于风投创投产业的发展也有巨大的影响。

(1) 鼓励风投创投机构落户广州,降低风投创投机构成立门槛

一个地区的风投创投产业发展情况很大程度上取决于该地区的风投创投机构数量,广州市政府为加快创投中心的建设,通过货币奖励的方式鼓励风投创投机构落户广州。《广州市人民政府办公厅印发关于促进广州股权投资市场规范发展暂行办法(修订)的通知》中规定符合条件的股权投资管理企业根据自身的规模一次性获得不同等级的奖励,最高的可获得 1500 万元落户奖励。《广州市人民政府关于印发加快发展总部经济实施意见及配套文件的通知》中规定 2010 年及之后新迁入广州或在广州新注册设立且经认定为总部企业(含综合型总部、地区总部和职能型总部)的,认定当年给予一次性资金补助(分三年按 40%、30%、30% 比例发放),总部企业同样以注册规模获取不同等级的奖励,其中注册资本在 10 亿元(含)以上的最高可获得 800 万元的落户奖励。

在 2015 年 1 月 19 日,《广州市人民政府办公厅印发关于促进广州股权投资市场规范发展的暂行办法(修订)的通知》主要进行了两方面修订,一是取消股权投资类企业在工商登记前需市金融办出具意见的环节,简化广州股权投资类企业的设立流程。二是删除关于股权投资类企业设立条件的内容。在广州设立股权投资类企业,不再有最低注册资本(认缴资金)、自然人股东(合伙人)最低出资额、中高级管理人员标准等限制,股权投资类企业在设立后需到中国证券投资基金业协会进行备案,实行行业自律管理。这一举措直接刷新了中国股权投资类企业的注册门槛最低标准,降低股权投资准入门槛将有望促进更多股权投资机构的成立。

(2) 吸纳风投创投行业人才,提供税收和租房优惠

人才是促进风投创投发展不可或缺的重要因素,广州市政府对于高端金融人才有所奖励,根据市金融办、市人才工作局关于印发《广州市高层次金融人才支持项目实施办法(试行)》,经评定的高层次金融人才按照以下标准获得补贴支持。①对现有的金融领军人才给予当年补贴 30 万元;对当年新引进的金融领军人才给予一次性安家补贴 100 万元。对于特别优秀的金融领军人才,可按照"一事一议、补贴资金上不封顶"的原则研究办理。②对现有的金融高级管理人才给予获评当年补贴 10 万元;对当年新引进的金融高级管理人才给予一次性安家补贴 30 万元。③对现有的金融高级专业人才给予评定当年补贴 5 万元;对当年新引进的金融高级专业人才给予一次性安家补贴 20 万元。因此,风投创投产业人才最高可获得安家补贴 100 万元,特别优秀的风投创投产业人才获得的补贴不封顶,无上限。

《广州市人民政府办公厅印发关于促进广州股权投资市场规范发展暂行办法（修订）的通知》规定合伙制股权投资企业和合伙制股权投资管理企业不作为所得税纳税主体，应采取"先分后税"方式，由合伙人分别缴纳个人所得税或企业所得税。合伙制股权投资企业从所投资企业获得的股息、红利等投资性收益，属于已缴纳企业所得税的税后收益，可按照合伙协议约定直接分配给法人合伙人，法人合伙人的企业所得税按有关政策执行。非合伙制股权投资企业、股权投资管理企业采取股权投资方式投资未上市中小高新技术企业达24个月以上，并符合《国家税务总局关于实施创业投资企业所得税优惠问题的通知》（国税发〔2009〕87号）规定的，可按其对中小高新技术企业投资额的70%，在股权持有时间满24个月的当年度抵扣企业的应纳税所得额；当年不足抵扣的，可以在以后纳税年度结转抵扣。

在其他的配套政策如房屋租赁这方面，广州市政府对于风投创投机构也提供了不少的优惠，在《广州市人民政府关于印发加快发展总部经济实施意见及配套文件的通知》中，对于2010年及之后从外市新迁入广州或在广州新注册设立，且经认定为符合条件的综合型总部（含地区总部），其本部租用自用办公用房的（不包括附属和配套用房），每年按广州市房地产租赁管理所公布的租金参考价的30%给予租金补贴，补贴期为3年，每年最高不超过200万元；本部新建成或新购自用的办公房产，按照"123"城市功能布局，都会区、新城区和副中心分别按每平方米1000、750、500元的标准给予一次性补贴，补贴金额分别不超过1000万、750万、500万元。对于2010年之前已在广州注册设立且经认定的综合型总部，因业务发展需要新建、新购或新租赁自用办公用房的，按照新引进和新注册综合型总部办公用房补贴标准的30%给予资助。对于经认定的职能型总部，按照综合型总部办公用房相应补贴标准的30%给予补贴。总部经济企业每年最高200万元租房补贴，新建或者新购自用办公房产最高可获得1000万元的一次性补贴。

（3）设立政府引导基金，促进产业升级，力助中小微企业

目前广州市政府设立了多支政府引导基金，这些政府引导基金的作用在于引导民间资金进入股权投资市场以及引导风投创投资金投向指定产业。广州市政府2015年出台的《广州市工业转型升级发展基金管理暂行办法》中设立了工业转型升级母基金公司，先后出资2亿元入股国机智能科技有限公司，遴选出10家符合条件的优秀子基金管理机构，第一批拟设立子基金5家，投资总规模达16.2亿元，其中母基金公司出资3.8亿元，撬动社会资本3.26倍，助推广州市工业转型升级发展。在2016年11月，广州市政府对《广州市工业转型升级发展基金管理暂行办法》进行了修订，具体包括严格管理资金、扩大投资范围、改进选择子基金委托管理机构的方式、删除了子基金投资规模的相关规定。实现了引导基金与社会资本"同股同权"，并且进一步提高财政资金的使用效率；有效放大政府引导基金的效应，更好地推动了金融资本、社会资本和产业融合，加强了引导基金的风险控制，进一步提高工业转型升级基金的引导作用；进一步提高工业转型升级基金市场化运作效率，更加切合市场需求；进一步确定公司制引导基金的责任

和权利,完善了引导基金管理体制和风险控制。工业转型升级母基金是一支广州市政府设立的典型的政府引导基金,母基金以公开筛选的方式寻求具有经验的风投创投机构成立子基金,加强政府引导基金与风投创投机构的合作,既促进广州市产业升级,又有利于广州风投创投产业发展。

中小微企业为风投创投资金提供丰富的资产标的,广州市政府重视中小微企业的发展。根据《广州市创新完善中小微企业投融资机制十条工作措施》,市财政出资5亿元设立市中小企业发展基金,争取国家和省中小企业发展基金支持,吸引民间资本参与,以股权投资方式支持先进制造业、电子信息业、生产性服务业、战略性新兴产业等领域的中小企业。引导基金出资部分,在退出时将50%的净收益依法让渡给基金的其他发起人。该支政府引导基金的主要作用是将风投创投资金引向广州市高新技术领域的中小微企业。此外,广州市政府还构建符合本市中小微企业特点的信用评级体系,设立中小微企业融资再担保平台,建立中小微企业融资风险补偿机制,打造中小微企业利用资本市场发展公共服务平台,设立广州市中小微企业小额票据贴现中心,建立中小微企业抵质押物统一登记平台,为中小微企业发展提供完善的配套服务和良好的环境,促进中小微企业释放企业内部活力,有利于中小微企业发展。对于风投创投机构而言,中小微企业的发展意味着资产标的数目的增多和质量的提高,而良好的环境和完备的配套服务会减少信息的不对称性,风投创投机构则更为方便地筛选投资目标并且对中小微企业进行管理。

(4)加快科技创新,建设多层次资本市场,建立风投创投聚集区域

科技创新同样也为风投创投资金提供资产标的,广州市支持科技创新的政策也能推动创投中心的建设。广州市政府对于科技创新的支持主要通过对科研的补贴和奖励、引导科技成果产业化和支持创业这几个方面体现。根据《关于加快科技创新的若干政策意见》,完善企业研发机构建设补助制度,鼓励企业以工程技术研发中心、技术中心、工程实验室、博士后科研工作站、院士工作站以及与高等学校、科研院所建立联合实验室等多种方式建设研发机构。广州市财政设立企业研发机构建设专项资金,引导和支持企业加大研发创新投入,加强与高等学校和科研院所合作,不断完善研究、开发和试验条件,按一定标准组建企业研发机构。以事后立项事后补助的方式支持企业组建研发机构,市、区(县级市)分别按财政补助经费的60%和40%给予补助。建立支持科技创新成果产业化的投资新机制,广州市财政部门设立重大科技成果转化专项资金,以股权投资方式,通过委托投资和循环使用,支持符合重点产业发展方向、技术含量高、知识产权权属明晰、具有良好市场前景和较强市场竞争力的重大科技创新成果在广州转化和产业化。投资形成的股权(即出资本金与其同期银行活期存款利率收益之和)优先转让给被投资企业的科技人员、经营管理团队及原始股东。具体实施办法由市科技创新委员会会同市财政局另行制定。广州市政府鼓励个人和在校学生创业,设立学生创业项目支持资金,在校学生到众创空间、科技创业社区、市级以上科技企业孵化器等创新创业载体创业的,给予房租减免、创业辅导等补助;鼓励高等学校教师作为天使投资人投资

学生创业项目,该支持资金可按照教师实际投资额度的 50%作为学生的股权给予配套支持,单个创业项目最高配套资金为 50 万元。

发展和利用多层次资本市场是将广州建设成为具有全国影响力创投中心的必然要求。风投创投产业发达的地方必然有着发达的金融市场作为支撑,多层次资本市场体系建设才能满足市场对投融资和风险管理等金融服务的多层次需求。多层次资本市场不仅能为中小微企业提供融资渠道,有利于中小微企业发展,还能为风投创投资金的退出提供了多种渠道。《广州市人民政府关于进一步发展和利用资本市场的若干意见》显示广州市政府重视多层次资本市场的建设,发展和利用股权市场、债券市场;培育和发展私募基金市场,为股权投资类企业营造良好的市场与政策环境并对该行业进行规范化监管。支持股权交易中心发展,在《广州市人民政府办公厅关于支持广州股权交易中心加快发展的若干意见》中,强调了广州股权交易中心需要创新发展,创立创新激励机制;积极推动企业挂牌、转让,并为挂牌企业和市场参与者提供低成本、高效、安全的综合金融服务。风投创投资金有更多成本更低、更安全的退出机制则会吸引风投创投机构的关注。

广州市南沙区政府在 2016 年 10 月份出台了《南沙区促进私募投资基金业发展实施办法(征求意见稿)》,多方举措促进广州建设创投中心。政府鼓励设立创新型私募投资基金,支持有条件的股权投资基金、创业投资基金开展境外股权投资业务,支持有条件的私募基金管理人、私募基金发起设立境外投资母基金;支持包括港澳在内的外资私募基金在南沙区创新发展,积极探索外资私募基金在资本金结汇、投资、基金管理等方面的新模式;支持私募基金管理人发行多币种的产业投资基金。促进私募投资基金集聚发展,吸引国内外大型私募基金类企业入驻,推动私募基金类企业与南沙区企业开展交流合作。给予风投创投机构落户奖励、退出奖励、办公用房补助,同时对风投创投机构、高端风投创投人才提供配套设施和服务。

10.1.7 国内先进城市建设创投中心政策总结及对比

北京、上海、深圳、杭州、武汉在建设创投中心方面取得了巨大的成效,其中北京、上海、深圳已经成为具有全国影响力的创投中心而杭州和武汉近几年在创投中心的建设上也取得了巨大进步。

(1)北京市建设创投中心政策特点

北京市能建成创投中心很大程度上得益于北京市中关村独享风投创投先行先试的优惠政策。其中中关村享受的搭建中关村创新平台和在科技成果处置权和收益权、股权激励、税收、科研项目经费管理、高新技术企业认定、建设统一监管下的全国性场外交易市场等方面实施 6 项新政策组成的"1+6"系列先试先行政策实施比之后在全国推广早了 4 年。此外,中关村享有的税收优惠政策也比其他国家自主创新示范区的部分所得税试点区域早了 2 年。其次,北京市风投创投和孵化器的对接紧密,风投创投机构中也形成了一批专注于某一专业领域的小型投资机构，设有专门为指定孵化器的孵化投资基金。成立政府引导基金是北京市发展风投创投的一项重要政策，这些政府基金通过与业界风投创投机构合作，将资金投向固定几类高新科技产业并以规定的方式退出，有利于吸引社会资本流向高校科技产业，起到杠杆的作用。在创新方面，北京市政府鼓励科研成果转化，重点鼓励高等学校科技人员参与科技创业和成果转化。同时还推进区域性股权交易市场规范发展，有利于风投创投的退出。

北京市是全国的政治中心，在政策资源上有着先天的优势；其风投创投产业的发展很大程度是因为它是很多政策的试点，在时间上先享有优惠政策，风投创投产业也先于其他城市发展起来。北京市政府也从政府引导基金、孵化器、科技成果转化和风投创投机构退出等方面出台相关政策，促成风投创投中心的建成。

（2）上海市建设创投中心政策特点

上海市政府对于风投创投产业的发展提供了很多金融支持，探索金融支持有效机制和多样化投融资模式，从财税、科技、金融政策等不同方面加强对科技创新创业的金融支持。政府以转变经济发展方式为契机，加大对科技型中小企业金融服务的政策支持，初步形成了支持科技创新创业发展的投融资政策体系，鼓励和引导各区县积极探索多形式的科技创新创业投融资模式。与北京市相同，上海市政府也设立高新技术产业政府引导基金并且为企业提供大量金融服务，其政府引导基金主要投资新能源、集成电路、生物技术、新材料、软件和信息服务业等行业；政府提供的金融服务也能促进创新创业企业健康、迅速成长。在监管方面，上海市政府对于风投创投机构的监管要先于深圳、广州等地区，设立了严格的规章制度，控制风投创投行业的整体风险；还设立创业投资风险救助专项资金以减少风险，补偿那些符合规定的风投创投机构，对于天使投资的救助力度更大，极大地鼓励风投创投机构将资金投入项目。

上海是全国的经济中心，其金融市场极为发达。上海市政府为风投创投的发展提供很大的金融支持，其中包括金融支持有效机制和多样化投融资模式以及将投融资和科技创新创业结合起来。创新创业企业和风投创投机构也能享受到很多上海市政府提供的金融服务，对于企业和风投创投机构的运转和发展都有促进作用。政府引导基金和创业投资风险救助专项资金则起到了吸收和引导社会资本，减少风投创投行业风险的作用。

（3）深圳市建设创投中心政策特点

风投创投的发展与科技创新的发展有着密切的联系，深圳市政府对于科技创新十分重视，具体表现在加快科技成果转化、引导新兴产业发展这两个方面。深圳市政府设立资助基金鼓励高校、企业、科研机构进行研发并将成果转化成产业，通过举办比赛等多种形式吸引科技创新人才，引进科研成果；设立政府引导基金支持新兴产业。风投创投发展需要中小微企业发达的环境，深圳市政府对于中小微企业的支持力度很大，重点侧重于完善有关创业、中小企业发展的法律、法规、政策和促进中小企业发展的优惠政策，维护中小企业的合法权益，对从事高新技术产品研究开发的中小微企业予以股权投资支持。税收优惠和奖励向来是吸引风投创投机构的重要因素，深圳市政府充分利用了这一点，使用大力度的税后优惠和奖励吸引风投创投机构入驻深圳，并将其股权投资基金投资于深圳的企业或项目。深圳市政府为促进风投创投产业发展，会直接资助风投创投机构，并且对风投创投人才发放福利，完善配套措施。

深圳是我国创新创业环境最好的城市之一，创新创业和风投创投之间存在着相互促进、共同发展的关系。深圳市政府主要通过培养本地的创新创业氛围，鼓励高校、企业、科研机构进行科技创新和加快科技成果的转化；为中小微企业提供良好的环境和政府服务，保护中小微企业的合法权益，对部分中小微企业进行投资资助来帮助他们发展。科技创新和中小微企业发展都为风投创投资本提供更多的标的资产，吸引风投创投资本的流入；科技成果的涌现也吸引更多为寻找投资项目的风投创投机构入驻，从而有力地促进了深圳市创投中心的形成。深圳市采取的大力度税收优惠政策、一系列补贴和对风投创投人才的吸纳都有利于该地区风投创投的发展。

（4）杭州市建设创投中心政策特点

杭州市政府大力支持风投创投产业的发展，致力打造区域性的创投中心，重点培育当地的民营企业，鼓励创业创新，着力打造本地的龙头企业，再以龙头企业牵头，带动本地民营风投创投企业发展。对于创投中心的建设，杭州市政府推出了一系列具有系统性的扶持政策，其中包括优化风投创投产业发展环境，鼓励传统金融机构发展风投创投，落实税收优惠政策，吸引风投创投人才，推进风投创投聚集区建设等内容。设立政府引导基金，尤其是政府天使引导基金，加大对杭州本地的创新创业项目的种子期的投入，对于亏损的合作天使投资机构进行一定的补偿。杭州市政府重视风投创投产业和高新科技产业相互融合；同时打造风投创投聚集区和高新科技聚集区，提高风投创投机构和标的资产对接的效率，利用协同效应促进它们共同发展，发挥创投中心的聚集效应和高新科技特区的聚集效应，吸引社会资本并将其引导至高新科技特区，加快了杭州市建设创投中心的步伐。

杭州市风投创投产业的发展虽然起步比北京、上海、深圳这类第一梯队的城市要晚，但是杭州市目前创投中心的建设取得了不俗的成就，杭州市近几年风投创投发展迅速的主要原因在于杭州市政府鼓励当地民营企业家创业创新，培养了以阿里巴巴为代表的一批龙头企业，这些企业的影响力大，企业运用自身资本发展风投创投并且带动了杭州本地的民营风投创投发展。由于种子期投资的风险非常大，风投创投机构一般不愿意或者是非常谨慎地在种子期进行投入，杭州市政府为弥补这点缺陷，注重项目种子期投入，成立政府天使引导基金，鼓励风投创投机构对种子期的项目进行投资。风投创投产业和高新技术产业有着相辅相成的关联，杭州市政府出台相关政策，重点加快这两个产业的融合，发挥出协同效应。对于风投创投机构的税收优惠、奖励补贴和人才吸引也建立了一套系统的扶持方案，支持风投创投产业的发展。

（5）武汉市建设创投中心政策特点

武汉市也是近期风投创投飞速增长的城市，与北京、上海、深圳的风投创投产业存在着较大差距，其经济结构是以传统的大型国企为主体。武汉市的风投创投发展在没有先发优势、缺乏发展环境和发展起步较晚的情况下依然取得令人瞩目的成绩,这与武汉市政府的大力支持密不可分。武汉市政府充分发挥了政府推力的作用,成立了规模巨大的政府引导基金;引导基金规模在全国排名位居前列,并且充分发挥好当地国有企业资本的作用,利用国有企业的资金成立各种相关产业的风投创投机构,引导国有资本进入风投创投行业。政府引导基金能够撬动更多的社会资本,在武汉市政府的推动下,该地区的风投创投蓬勃发展。虽然武汉市的总体科技创新水平不如北京、上海、深圳,但是仍然有在全国领先的科学技术和科技成果,与其他城市打造高新技术产业不同的地方在于武汉能结合自身优势,引入风投创投资本,着力打造高新技术产业里的某些细分行业的龙头企业,在这些细分行业中做大做强,然后带动大产业的发展。与杭州市政府相同,武汉市政府也支持天使投资的发展,其力度比杭州市还要大,成立了大规模的政府天使引导基金并且吸纳天使投资人,鼓励风投创投机构进行天使投资,力争将武汉建设成为"天使之城"。建立风险补偿机制,对风投创投机构进行一定程度补偿,尝试投贷联动,鼓励试点银行向风投创投机构发放贷款。此外,武汉市政府也关注税收优惠、奖励补贴和资金项目对接机制,并在这些方面采取了相关的激励措施,对于武汉市建设创投中心也有强大的推动力。

武汉市风投创投快速发展的主要原因是政府设立了大量的政府引导基金,政府基金规模庞大,以政府牵头,投资本地的高新技术产业,撬动社会资本,充分发挥政府引导基金的杠杆作用。此外,武汉市政府善于利用自身的优势,扬长避短,巧妙引导国企资本进入风投创投领域,提高了社会资源配置效率,同时也有利于国有企业本身的发展;武汉明白自身与北上深之间的差距,目标现实,定位准确,重点打造十几个具有领先技术的细分产业龙头企业进而带动整个产业的发展,起到四两拨千斤的作用。与此同时,武汉市政府对于天使投资的发展十分重视,不仅启动大规模政府天使引导基金,还广泛招贤纳士,鼓励天使投资,打造"天使之城"。为鼓励风投创投机构进行投资,武汉市政府还建立风险补偿机制并且在投贷联动上进行试点创新;出台政策帮助风投创投资本和项目对接,对于风投创投产业的发展给予税收优惠和补贴奖励等。

(6)广州市建设创投中心政策特点

广州市创业投资政策也有自己的特点,政府特别重视创投机构的设立和落户,有助于广州市创业投资规模的壮大。一方面,广州市政府通过降低创业投资机构成立的门槛以促进更多创投机构的成立;取消股权投资类企业在工商登记前需市金融办出具意见的环节,简化广州股权投资类企业的设立流程和删除关于股权投资类企业设立条件的内容,直接刷新了中国股权投资类企业的注册门槛最低标准,降低股权投资准入门槛将有望促进更多股权投资机构的成立。另一方面,通过现金奖励和补贴的形式鼓励风投创投机构落户广州;凡是企业总部注册地在广州或者后续迁入广州的创投机构均能获得政府发的奖金和补贴,不同规模的创投机构依据标准获得不同级别的奖金,其中最高级别的可以获得1500万元的奖金。除了总部落户奖励以外,广州推出了人才优惠、税收优惠和房租优惠政策。高端创投人才不仅能享受到安家费和政府补贴，在安家落户、子女入学方面也有不少的便利。投资中小高新技术企业的创投机构还可享受到按其对中小高新技术企业投资额的 70%，在股权持有时间满 24 个月的当年度抵扣企业的应纳税所得额；当年不足抵扣的，可以在以后纳税年度结转抵扣的税收优惠。总部设在广州的创业投资机构还可以享受到租金补贴和新建或者新购自用办公房产补贴。广州通过奖励和补贴的形式来吸引创业投资机构和创投人才的入驻，推动广州市创业投资产业的发展。

在引导创业投资发展方面，广州市政府设立了多支政府引导基金，这些政府引导基金的作用在于引导民间资金进入股权投资市场以及引导风投创投资金投向指定产业。在成立产业引导基金的基础上，通过对《广州市工业转型升级发展基金管理暂行办法》的修订，实现了引导基金与社会资本"同股同权"，进一步提高财政资金的使用效率；有效放大政府引导基金的效应，更好地推动了金融资本、社会资本和产业融合，加强了引导基金的风险控制和引导作用；提高工业转型升级基金市场化运作效率，更加切合市场需求。与此同时，广州市政府将促进中小微企业的发展列为重要目标。因为中小微企业为风投创投资金提供丰富的资产标的，所以格外重视中小微企业的发展。中小微企业发展基金的成立帮助中小微企业解决融资困难，支持先进制造业、电子信息业、生产性服务业、战略性新兴产业等领域的中小企业，引导创业投资进入这一类中小微企业，为创业投资机构提供更多的标的。

创业投资的发展与科技创新密不可分，在科技创新方面，广州市财政设立企业研发机构建设专项资金，引导和支持企业加大研发创新投入，加强与高等学校和科研院所合作，不断完善研究、开发和试验条件，按一定标准组建企业研发机构。此外，广州市政府还发展和利用多层次资本市场，这是将广州建设成为具有全国影响力创投中心的必然要求。多层次资本市场体系建设才能满足市场对投融资和风险管理等金融服务的多层次需求。广州市政府重点通过奖金和补贴吸引创投机构总部落户和创投人才流入广州，设立税收优惠、租金优惠和人才优惠政策减轻创业投资机构的经营负担，增大创投机构的利润，吸引高层次的创业投资人才。降低创业投资机构成立的门槛也能有效地促进广州市创业投资规模的壮大。此外，出台了促进中小微企业发展、兴办政府引导基金、推动科技创新、发展多层次资本市场等相关政策，对于创业投资的发展十分有利。

（7）国内先进城市建设创投中心政策对比分析

通过对国内先进城市的创业投资政策分析，进行对比研究可以看出广州市创业投资特点与其他先进城市的特点存在一定的差异。

如表 10-1 所示，国内先进城市的创业投资政策大多大同小异，涉及税收优惠、政府补贴、引进创业投资人才、促进科技创新、政府服务、设立政府引导基金这几个方面。

表 10-1　国内先进城市建设创投中心政策特点

城市	创业投资政策特点
北京	先行先试的优惠政策、促进科研成果转化、推进区域性股权交易市场规范发展、"孵化＋创投"多角度服务于创新创业企业、政府引导基金
上海	金融支持有效机制、多样化投融资模式、企业金融服务、增强监控力度、设立创业投资风险救助专项资金、政府引导基金
深圳	加快科技成果转化、引导新兴产业发展、促进中小微创新企业发展、加大税收优惠和奖励及补助、培养风投创投产业人才、政府引导基金
杭州	发展民营风投创投、完整的创业投资政策体系、鼓励天使投资发展、促进创业投资与科技产业共同发展、政府引导基金
武汉	加大税收优惠和奖励及补助、国企资金进入创投、风险补偿机制、完善项目与创业投资资本对接、鼓励天使投资发展、政府引导基金
广州	创投机构落户广州奖励、降低风投创投机构成立门槛、吸纳创业投资人才、税收优惠和补贴、促进中小微企业发展、加快科技创新、建设多层次资本市场、政府引导基金

北京的创业投资优惠政策是最早推行的，其创业投资政策涉及有限合伙制创业投资企业法人合伙人企业所得税、技术转让企业所得税、企业转增股本个人所得税 4 项税收政策，颁布的时点要比其他地区早四年；国家自主创新示范区部分所得税试点政策在北京的应用则比其他地区早了两年。这些先发优势使得北京市的创业投资产业发展比其他城市迅速，为北京市创业投资发展领先奠定了基础。

上海市作为中国的金融中心，发展创业投资有着天然的优势。创业投资实质上是金融的一个分支，金融业的发达和资本的充裕为创业投资的发展提供了先天土壤。而上海市创业投资政策中最具特色的就是加强金融支持有效机制和探索多样化投融资模式，利用金融业上的优势为创业投资的发展开拓更大的空间。此外，在监管方面，上海与其他城市也存在不同，对创业投资的监管最为严格，监管体系是最完善的，有利于创业投资产业的健康发展。

深圳市是中国的经济特区，在财政收入上有着不少的优势，各种税收补贴是最为优惠的，创投机构在投资和退出两个环节中有巨大的优惠。与北京、上海、广州等高校科技成果产出情况较大不同的是深圳市的科技创新大多起源于企业，所以政府更注重中小微企业的发展，这些中小微企业的发展为创业投资提供了不少标的资产。

杭州市的创业投资发展十分迅速，属于后来居上，这离不开杭州市的创业投资政策体系。杭州市的创业投资政策体系十分完善，包括税收优惠、补贴、人才吸引、资本市场建设等，是一个完整的政策体系。完整的创业投资政策体系带来高效率的政策落地和执行，所以杭州市创业投资近几年飞速发展，这套政策体系功不可没。在这基础上，杭州市政府也格外重视创业投资和科技的融合以及天使投资。将创业投资中心和高新科技中心相结合起来，相互促进融合发展；在天使投资方面，还设立了专门的政府天使引导基金。

武汉市创业投资发展速度令人瞩目，最大的原因在于大规模的政府引导基金，武汉市政府计划成立规模最大的政府引导基金，力助当地创业投资的发展。与杭州一样，武汉市也出台了政府天使引导基金，吸引天使投资机构，打造"天使之城"。高新技术产业与创业投资的发展有着相互促进的作用，武汉很好地把握住了这点。在政府服务方面，武汉市政府完善项目与创业投资资本对接，特别注重扶持高新技术细分领域强的产业通过创业投资的形式发展，以带动整个大产业的发展，同时也促进创业投资发展。

广州市政府在创业投资政策中最有特点的一条是降低风投创投机构成立门槛，该政策为全国首例，起到了增加创投机构数目、壮大创业投资资本的作用。另外，广州市政府在多层次资本市场建设上位于全国前列，尝试了多种办法来丰富资本市场需求。多层次资本市场的建设对于创业投资资本的募集和退出都有益处，所以对创业投资的发展也起到了不小的推动作用。

通过对国内先进城市创业投资政策的分析、总结和对比，可以看出广州市创业投资在降低创投机构成立门槛和建设多层次资本市场上都有着自己的优势，然而与其他城市相比，没有北京的政策先发优势；缺乏类似于上海的天然环境和结合环境的政策；税收优惠和政府补贴力度不及深圳；没有像杭州那样注重政策体系的完整性以及金融与科技的融合；政府引导基金规模比不上武汉，也没有类似于武汉市政府针对本地优势产业的政策。所以广州市的创业投资政策还有很大的改进空间。

10.2 广州市发展创业投资政策建议

通过上文分析，对比国内创投中心地区推行风投创投政策的成功经验，结合现时广州市风投创投产业存在的问题，课题组总结出广州市风投创投政策主要在以下四方面有待完善。

10.2.1 完善创业投资政策体系，加强创投政策的关联性

广州市应尽快出台以创业投资为主体的规划纲要，规划纲要的各个层面要有专门的配套政策进行支撑，每个配套政策至少配备一部实施细则。政策体系应当围绕创业投资

规划纲要进行布局，涵盖创业投资的募、投、管、退四个环节，采用金融政策、财政政策、税收政策、简政政策、产业政策、技术政策、保护政策、协调政策和引导政策等不同的政策手段，从多个渠道去促进创业投资的发展，形成一个完整的政策体系，如图10-1所示。

此外，广州应当加强创投政策与产业政策、人才政策、财政政策、创业政策等的关联性。例如，参考深圳对高新技术小微企业予以股权投资支持的做法，由政府聘请创业投资专家对提交申请的小微企业进行筛选，使用政府专项资金来帮助小微企业与创业投资机构对接。

图10-1　广州市创业投资政策体系结构

广州市创业投资体系的结构目前并不完善。首先，广州市创业投资政策体系中的规划纲要数量与配套政策数量相当，比例不协调。规划纲要涉及多个方面，需要多个不同的配套政策进行支撑，失调的比例结构会导致规划纲要没有对应的完整的配套政策，使得规划纲要只能停留在纸上无法实施。从规划纲要中可以看出广州市并未出台直接针对创业投资发展的规划纲要，因此广州市创业投资政策体系缺乏主导政策。在缺乏主导政策的情况下，整个创业投资政策体系是不完善的，创业投资政策也只是充当了辅助其他产业发展的角色。广州市政府应该更为重视创业投资的发展，出台以推动创业投资发展为直接目的的规划纲要，围绕该规划纲要推出合理的创业投资发展配套政策和实施细则，合理制定配套政策和实施细则的数量，确保整个体系的结构稳定。

杭州在私募金融服务业发展纲要的基础上推出的政策体系，涵盖优化创业投资环境的方方面面，如鼓励传统金融机构和民营企业发展创投，落实税收优惠、奖励补贴和人才吸引政策，设立政府天使引导基金，同步打造创业投资聚集区和高新科技聚集区等。杭州市创投产业政策体系的系统性和完整性值得广州市借鉴和学习。

针对广州市现有的创业投资政策体系，广州市政府应该做好以下两个方面的工作：

一是尽快出台直接以创业投资为主的规划纲要性政策，发挥纲要性政策规划、统领的作用，提高创业投资政策的地位，其余的创业投资政策应当围绕这部规划纲要政策进行布局，从而形成一个完整的系统；规划纲要、配套政策和实施细则三个部分应该结构合理清晰，联系紧密，相互配合。一个规划纲要涉及的各个方面需要好几部专门的配套政策进行支撑，一个配套政策同时需要至少一部实施细则支撑，所以广州市政府应该针对规划纲要的具体内容出台相对应的配套政策以保障结构的合理性。

二是重点补上政策体系的薄弱环节。首先，要加强需求型政策，即补上产业引导政策、技术引导政策和引导基金政策，包括加强对本地产业结构升级、产业重点发展方向进行引导和推动的政策，加强对技术创新目标、技术选择、创新创业的途径等推出规范的政策，优化涉及政府资金作为投资主体之一直接进行创业投资活动的政策。其次，要加强环境型政策，包括在本地技术企业处于发展初期时给予保护性政策，促进产学研合作、加强企业间技术合作、加速科技成果转化，减少或消除因官僚程序对创新创业过程造成的障碍，如减化手续、优化制度、减少行政干预、清理乱收费等。

促进创业投资发展不能只单单依靠创业投资政策，因为创业投资产业的发展与科技创新、科技成果转化率、金融行业发展情况以及中小微企业发展情况等因素存在着密切的联系。从当前的情况来看，广州市的创业投资政策与金融政策、财政政策、税收政策、产业政策、技术政策、保护政策、协调政策和引导政策之间的关联性不强。例如：

广州市政府在促进科技创新、科技成果转化方面出台了《关于加快科技创新的若干政策意见》；在金融行业发展方面出台了《广州市人民政府办公厅关于印发〈2015年广州金融创新发展重点工作实施方案〉的通知》；在促进中小微企业方面也出台了《广州市创新完善中小微企业投融资机制十条工作措施》。虽然广州在促进科技、金融、中小微企业发展等方面都出台了相关具体政策，但是这些政策之间缺乏关联性，不能构成一个整体，进而支持创业投资的发展。

反观杭州市的《关于促进科技、金融与产业融合发展的实施意见》，其中明确提到"鼓励支持众创空间设立天使投资基金，众创空间内的企业（项目）获得融资或被非控股母公司收购的，对所在的众创空间按照不超过企业（项目）前两轮融资（天使轮和A轮）总额的2%进行资助（具体比例根据申报资助总额和财政预算确定），最高不超过100万元"，有效地将风投创投政策和促进科技创新政策联系起来。深圳根据《深圳市财政产业专项资金股权投资管理办法（试行）》设立了深圳股权投资项目，对从事高新技术产品研究开发的中小微企业予以股权投资支持，符合条件的中小微企业可以进行申请，然后由政府聘请的风投创投专家组评审进行筛选，在发挥政府专项资金的同时帮助中小微企业与风投创投机构对接，既帮助中小微企业解决了困难，又有利于风投创投的发展。因此，杭州市创投产业政策的关联性也是值得广州市借鉴和学习的。

广州市政府在制定创业投资政策规划纲要、配套政策和实施细则的时候，除了保证规划纲要有完善的配套政策进行支撑、配套政策也需要对应的实施细则支撑之外，还要加强创投政策与产业政策、人才政策、财政政策、创业政策等的关联性。

10.2.2 密切与香港的科技合作，建设广深科技创新走廊，扶持重点理工大学

习近平总书记对在港两院院士来信做出重要指示，强调要促进香港同内地加强科技合作，支持香港成为国际创新科技中心，发挥内地和香港各自的科技优势。香港在高等教育方面的优势突出，在整个华南地区处于领先地位。加强与香港的科技和教育合作，有助于长效解决广州的创新能力问题。

首先，广州市应当推动创业投资与广深科技创新走廊更紧密结合，形成高新技术产业经济带。中共广东省委和广东省政府在2017年12月25日向全省发布了《广深科技创

新走廊规划》，提出"一廊十核多节点"的空间格局，即依托广州大学城、琶洲互联网创新集聚区、广州中新知识城、广州科学城等十大核心创新平台，及广州市国际生物岛园区、天河智慧城等37个创新节点，打造中国"硅谷"，形成全国创新发展重要一极。

其次，应加强对重点理工大学的扶持，加大与国际理工名校的联合培养与共同研发力度，大力引进诺贝尔奖得主、院士等科研顶尖人才，集中力量发展新兴学科关键技术，推动政府、高新技术企业、创投机构与重点理工大学签订区校合作协议，成立校地合作联盟，培育高端理工人才落户创业。例如华南理工大学正在建设的国际校区，依托广州大学城这一广深科技创新走廊核心创新平台，与麻省理工学院、剑桥大学等国际名校强强合作，围绕新兴学科培养国际高层次创新人才，解决大湾区创新能力不足和高新技术人才匮乏的问题。创业投资的引入将促进产学研密切合作，推动大湾区形成国际创投中心和创新中心。华南理工大学国际校区斥资100亿，围绕高端装备制造、量子通信、脑科学与人工智能等新兴学科和交叉学科领域，瞄准诺贝尔奖获得者、发达国家院士、世界一流大学资深教授等高层次创新人才，与英国牛津大学、美国密西根大学、美国哥伦比亚大学等大批世界一流院校签署合作协议或达成合作意向，目前已引进包括12位两院院士、欧美发达国家院士在内的90位各类高层次人才。

创业投资的发展将极大地促进以华南理工大学国际校区为代表的"智谷"进行成果转化，因此，推动创业投资与广深科技创新走廊紧密结合，将有力支撑国家科技产业创新中心和粤港澳大湾区建设，加快形成以创新为主要引领和支撑的经济体系和发展模式，同时也大大提高广州的创新能力，并促进广州创业投资的可持续发展。

10.2.3 深化穗港金融合作，推动民营企业公司创业投资（CVC）发展

深化穗港金融合作，加强两地联动。香港是重要的国际金融中心，广州是华南地区重要的中心城市，穗港金融合作对粤港澳大湾区的建设具有重要战略意义。借助香港国际金融中心的地位，吸引国际资本投入到广州的创业投资行业，进而拓宽大湾区创投资金来源渠道，发挥其人才、管理、技术等优势，积极稳妥地推进金融创新，促进科技金融、绿色金融、普惠金融等新业态成长，实现大湾区内创投人才相互流动、创投信息相互共享、机构互设、体系对接、市场联通，提高创投资源配置的效率和水平。

广州应当积极推动粤港澳大湾区金融合作，尤其要加强与香港的金融合作。香港是重要的国际金融中心，广州是华南地区重要的中心城市，穗港金融合作有很大的需求，通过优势互补，共同促进两地金融的发展。借助香港国际金融中心的优势和发达的资本市场平台，将有力促进广州与粤港澳大湾区金融基础设施、金融机构和金融业务的合作，实现金融政策相互协调、金融人才相互流动、金融信息相互共享，提高金融资源配置的效率和水平。

深化穗港合作，一方面可以深化与香港联合证券交易所的合作，推动广州的优势企业赴港上市，通过香港从国际市场融通资金，推动金融与产业深度融合发展，提高广

州的创业投资绩效水平；另一方面可以提高广州金融开放程度，支持港澳金融机构扩大在穗业务，支持有实力的香港金融机构参股广州地方金融机构，发挥其资金、人才、管理、技术等优势，促进科技金融、绿色金融、普惠金融等新业态成长，提高广州地方金融机构实力，为广州创业投资发展营造良好的金融环境。

大力推动民营企业公司创业投资。借鉴阿里巴巴、腾讯等民营龙头企业的公司创业投资宝贵经验，利用母公司强大的资金链、丰富的运营管理与资本运作经验，进行产业链上下游创新企业的战略投资，与母公司形成业务协同效应，推动新兴技术快速实现成果转化及运用，形成新的价值链；并不断将投资阶段前移，同时推动其与独立创投机构设立基金进行联合投资，降低资本运营风险。另外，推动民营龙头企业设立内部创业部门，鼓励内部人员进行创新创业，不以短期盈利为目的，给创业者提供足够的资源和扶持，公司设立专门的基金来奖励内部人员的创新创业。广州亟须进一步发挥民营龙头企业在广州创投领域的引领作用，鼓励民营企业公司创业投资，不断完善产业链，营造一个完整的创新创业生态圈。

10.2.4 继续推进人才环境建设，加大税收优惠和补贴力度

近年来，国内其他城市加大了风投创投政策实施力度，主要体现在三个方面：

（1）政策新。北京、上海、深圳、杭州的风投创投政策和法规都是近三年出台的，紧跟风投创投行业发展形势，充分吸纳了企业意见，满足了企业需求。

（2）力度大。深圳市对符合规定的股权投资基金管理企业，前两年按照营业收入形成地方财力的100%给予奖励，后三年按照营业收入形成地方财力的50%给予奖励。此外，对前两年按照企业所得形成地方财力的100%给予奖励，后三年按照企业所得形成地方财力的50%给予奖励。上海给予合伙人20%的所得税率，给予完成一定融资规模的机构500万～1500万元奖励，对于投资于浦东新区的鼓励产业项目给予50%的税收奖励。

（3）配套措施好。上海市还制定了人才、住房、子女入学、配偶就业等方面可操作性强的配套措施。

相比之下，广州在制定、完善政策上相对滞后，其具体体现为：

一是政策滞后，缺乏配套措施。2012年广州发布了《广州市人民政府办公厅印发促进广州股权投资市场规范发展暂行办法（修订）的通知》并且在2015年对其进行了修订，发布了《广州市人民政府关于印发加快发展总部经济实施意见及配套文件的通知》。虽然对时过境迁的政策文件进行了修订，但是该修订文件依然存在不能适应风投创投产业发展形势的地方，而且该文件作为规范性文件不能为广州市风投创投产业发展提供法律法规保障。同时近年国家出台了《创业投资企业管理暂行办法》《科技型中小企业创业投资引导基金管理暂行办法》《关于创业投资引导基金规范设立与运作指导意见的通知》等扶持创业投资的法律法规，但广州并没有制定相关的配套文件。

二是政策优惠不足,缺乏吸引力。2015 年的《广州市人民政府关于印发加快发展总部经济实施意见及配套文件的通知》文件涵盖了一批优惠政策,然而当时的许多优惠现在看来已经不太优惠,已经远远落后于其他城市的优惠政策,创业投资产业新需求无法满足。

目前,广州在人才环境建设上已取得一定成果,2017 年中国海外人才交流大会在广州举办,两天会期内,共有来自美国、加拿大、英国、澳大利亚等世界各地的 3500 多名海外人才参会,其中具有博士学位的占 63%,有意向回国创业发展的近 70%,带来科技发展项目 2000 余项,10 多位海内外知名专家、院士到场交流。两天会期全场项目对接数达 4000 对次,有签约意向落地项目约 150 个。其中,国家"千人计划"专家团队携 164 个项目参会,约 50% 达成合作意向。截至 2017 年,在广州工作的诺贝尔奖获得者 6 人、两院院士 77 人(全职 35 人),国家"千人计划"专家 281 人、"万人计划"专家 95 人,分别占全省的 53.2%、79.2%。但是,在全国各地"抢人"大战升温的重要节点上,广州要打造人才高地,必须继续推进人才环境建设,同时必须做到引育并举,在积极引进高端人才的同时,加大对本土高层次人才的自主培养。例如,2018 年初印发《广州市"岭南英杰工程"实施意见》提出,广州争取用 5 年时间,培养 20 名位于国际科技前沿的中国科学院、中国工程院院士后备人才,200 名具有国内领先水平的国家级重大人才工程人选后备人才。

作为经济特区的深圳在推进促进风投创业投资相关政策制定的工作上远远走在了广州的前头,深圳除了通过制定税收和退出优惠政策吸引股权投资机构外,在物业、人才引进、公司上市方面出台的相关政策也已经较为丰富和完善,已经将创业投资放在促进产业升级的高度进行扶持。为吸引国际知名的投资机构,早在 2013 年 2 月,深圳市政府就出台了《深圳市外商投资股权投资企业试点工作操作规程》,对风投创业机构的办公用房、人才落户均给予了高度优待。

大幅度的税收优惠和补贴力度能直接吸引创业投资资本的聚集和创业投资机构的入驻,所以税收优惠和补贴力度是直接影响创业投资发展的重要因素之一。广州市的创业投资政策的税收优惠力度不及深圳市、杭州市等地,造成的后果就是大量的创业投资机构和创业投资资本认为深圳市与杭州市更有吸引力,因而会优先考虑这些城市。因此,广州市政府应当从税收优惠和补贴力度这两个方面入手,完善涉及这两个方面的政策,做好配套,加大力度,吸引更多的创业投资机构、创业投资资本和创业投资人才,在国家推行的创投政策的基础上给予更多的优惠和补贴。

附录
各城市一级指标的得分情况

发展指数 2011

城市	创投绩效	创新能力	金融环境	人才环境	政策支持
上海	0.1173	0.0129	0.0183	0.0024	0.0916
北京	0.0997	0.0118	0.0185	0.0038	0.0449
深圳	0.0429	0.0116	0.0127	0.0092	0.0200
宁波	0.0043	0.0046	0.0025	0.0021	0.0523
天津	0.0193	0.0065	0.0054	0.0020	0.0156
广州	0.0072	0.0053	0.0066	0.0055	0.0089
南京	0.0057	0.0042	0.0035	0.0035	0.0127
苏州	0.0090	0.0079	0.0051	0.0026	0.0000
珠海	0.0011	0.0016	0.0008	0.0032	0.0172
杭州	0.0124	0.0047	0.0043	0.0022	0.0000
成都	0.0022	0.0030	0.0038	0.0039	0.0086
济南	0.0036	0.0020	0.0020	0.0023	0.0110
青岛	0.0034	0.0032	0.0030	0.0042	0.0070
佛山	0.0013	0.0025	0.0022	0.0013	0.0132
沈阳	0.0003	0.0128	0.0028	0.0024	0.0000
重庆	0.0028	0.0048	0.0039	0.0034	0.0029
大连	0.0058	0.0035	0.0045	0.0036	0.0000

续上表

城市	创投绩效	创新能力	金融环境	人才环境	政策支持
东莞	0.0005	0.0030	0.0033	0.0082	0.0021
武汉	0.0054	0.0067	0.0028	0.0019	0.0000
西安	0.0096	0.0026	0.0025	0.0018	0.0000
长沙	0.0063	0.0043	0.0027	0.0031	0.0000
郑州	0.0013	0.0042	0.0016	0.0014	0.0034
厦门	0.0029	0.0022	0.0013	0.0023	0.0000
福州	0.0009	0.0022	0.0015	0.0012	0.0016

发展指数 2012

城市	创投绩效	创新能力	金融环境	人才环境	政策支持
北京	0.0798	0.0107	0.0209	0.0039	0.0580
上海	0.0740	0.0147	0.0207	0.0028	0.0088
深圳	0.0473	0.0129	0.0145	0.0101	0.0322
南京	0.0099	0.0050	0.0041	0.0044	0.0674
宁波	0.0080	0.0050	0.0030	0.0023	0.0486
广州	0.0076	0.0063	0.0076	0.0066	0.0148
苏州	0.0118	0.0108	0.0057	0.0029	0.0089
杭州	0.0216	0.0054	0.0048	0.0025	0.0000
天津	0.0163	0.0083	0.0064	0.0024	0.0000
珠海	0.0010	0.0014	0.0009	0.0039	0.0214
佛山	0.0022	0.0031	0.0026	0.0018	0.0179
成都	0.0116	0.0035	0.0046	0.0039	0.0000
重庆	0.0039	0.0052	0.0050	0.0036	0.0054

续上表

城市	创投绩效	创新能力	金融环境	人才环境	政策支持
福州	0.0007	0.0023	0.0016	0.0011	0.0155
东莞	0.0011	0.0040	0.0040	0.0100	0.0000
大连	0.0059	0.0042	0.0048	0.0040	0.0000
济南	0.0030	0.0022	0.0023	0.0026	0.0079
武汉	0.0068	0.0052	0.0035	0.0021	0.0000
青岛	0.0038	0.0035	0.0036	0.0047	0.0010
沈阳	0.0003	0.0095	0.0031	0.0028	0.0000
长沙	0.0042	0.0048	0.0030	0.0030	0.0000
西安	0.0066	0.0033	0.0029	0.0019	0.0000
郑州	0.0013	0.0042	0.0019	0.0016	0.0017
厦门	0.0033	0.0021	0.0015	0.0028	0.0000

发展指数 2013

城市	创投绩效	创新能力	金融环境	人才环境	政策支持
北京	0.0870	0.0113	0.0219	0.0039	0.0370
上海	0.0795	0.0152	0.0209	0.0028	0.0242
深圳	0.0438	0.0126	0.0149	0.0099	0.0574
广州	0.0069	0.0067	0.0076	0.0065	0.0433
武汉	0.0061	0.0050	0.0037	0.0021	0.0439
南京	0.0116	0.0051	0.0041	0.0042	0.0185
杭州	0.0175	0.0051	0.0049	0.0027	0.0107
苏州	0.0183	0.0110	0.0059	0.0031	0.0000
天津	0.0157	0.0092	0.0062	0.0027	0.0000

续上表

城市	创投绩效	创新能力	金融环境	人才环境	政策支持
宁波	0.0053	0.0045	0.0030	0.0022	0.0172
沈阳	0.0004	0.0117	0.0030	0.0027	0.0110
青岛	0.0018	0.0039	0.0036	0.0041	0.0077
长沙	0.0044	0.0050	0.0032	0.0032	0.0052
成都	0.0087	0.0034	0.0046	0.0042	0.0000
东莞	0.0025	0.0043	0.0042	0.0093	0.0000
重庆	0.0026	0.0058	0.0054	0.0037	0.0021
济南	0.0056	0.0022	0.0024	0.0026	0.0045
郑州	0.0057	0.0046	0.0022	0.0016	0.0017
佛山	0.0012	0.0029	0.0025	0.0018	0.0067
大连	0.0021	0.0041	0.0045	0.0037	0.0000
西安	0.0054	0.0037	0.0030	0.0019	0.0000
珠海	0.0018	0.0019	0.0009	0.0040	0.0045
厦门	0.0025	0.0024	0.0015	0.0026	0.0000
福州	0.0008	0.0023	0.0017	0.0013	0.0000

发展指数 2014

城市	创投绩效	创新能力	金融环境	人才环境	政策支持
北京	0.1040	0.0110	0.0207	0.0030	0.0196
深圳	0.0565	0.0116	0.0158	0.0095	0.0383
上海	0.0735	0.0135	0.0211	0.0031	0.0030
武汉	0.0229	0.0053	0.0040	0.0025	0.0352
广州	0.0075	0.0064	0.0072	0.0074	0.0250

续上表

城市	创投绩效	创新能力	金融环境	人才环境	政策支持
珠海	0.0023	0.0022	0.0011	0.0054	0.0374
杭州	0.0163	0.0051	0.0050	0.0029	0.0114
南京	0.0091	0.0049	0.0037	0.0041	0.0160
苏州	0.0114	0.0094	0.0060	0.0030	0.0021
宁波	0.0060	0.0043	0.0026	0.0026	0.0157
重庆	0.0042	0.0056	0.0053	0.0026	0.0113
长沙	0.0155	0.0049	0.0038	0.0034	0.0000
天津	0.0086	0.0081	0.0066	0.0029	0.0003
东莞	0.0021	0.0045	0.0034	0.0105	0.0058
青岛	0.0041	0.0038	0.0034	0.0046	0.0044
成都	0.0089	0.0035	0.0046	0.0030	0.0002
佛山	0.0021	0.0029	0.0022	0.0017	0.0103
西安	0.0054	0.0038	0.0032	0.0021	0.0042
沈阳	0.0010	0.0120	0.0031	0.0026	0.0000
厦门	0.0029	0.0026	0.0019	0.0032	0.0077
福州	0.0008	0.0024	0.0013	0.0016	0.0108
济南	0.0040	0.0025	0.0025	0.0031	0.0037
大连	0.0012	0.0034	0.0042	0.0043	0.0000
郑州	0.0030	0.0049	0.0023	0.0018	0.0000

发展指数 2015

城市	创投绩效	创新能力	金融环境	人才环境	政策支持
北京	0.1517	0.0105	0.0203	0.0034	0.0379
深圳	0.0711	0.0120	0.0126	0.0067	0.0226
上海	0.0631	0.0131	0.0204	0.0031	0.0109
杭州	0.0198	0.0050	0.0053	0.0028	0.0507
广州	0.0150	0.0063	0.0074	0.0082	0.0186
宁波	0.0045	0.0043	0.0028	0.0029	0.0191
东莞	0.0011	0.0044	0.0024	0.0083	0.0172
天津	0.0091	0.0078	0.0065	0.0032	0.0017
苏州	0.0083	0.0098	0.0053	0.0035	0.0002
成都	0.0066	0.0036	0.0050	0.0032	0.0062
重庆	0.0089	0.0059	0.0056	0.0041	0.0000
济南	0.0041	0.0024	0.0026	0.0030	0.0105
南京	0.0064	0.0049	0.0038	0.0037	0.0030
长沙	0.0051	0.0049	0.0034	0.0036	0.0045
沈阳	0.0010	0.0099	0.0025	0.0032	0.0048
珠海	0.0023	0.0016	0.0012	0.0048	0.0107
佛山	0.0013	0.0028	0.0018	0.0013	0.0130
武汉	0.0051	0.0053	0.0040	0.0027	0.0031
西安	0.0031	0.0033	0.0031	0.0021	0.0067
青岛	0.0025	0.0039	0.0033	0.0052	0.0030
郑州	0.0061	0.0044	0.0022	0.0019	0.0023
大连	0.0021	0.0035	0.0037	0.0038	0.0000
厦门	0.0025	0.0024	0.0016	0.0026	0.0000
福州	0.0007	0.0023	0.0025	0.0013	0.0000

发展指数 2016

城市	创投绩效	创新能力	金融环境	人才环境	政策支持
北京	0.1121	0.0132	0.0232	0.0033	0.0189
上海	0.0938	0.0140	0.0243	0.0035	0.0258
深圳	0.0709	0.0125	0.0147	0.0063	0.0116
杭州	0.0213	0.0055	0.0060	0.0032	0.0447
广州	0.0219	0.0071	0.0084	0.0088	0.0254
苏州	0.0077	0.0108	0.0060	0.0040	0.0070
天津	0.0075	0.0086	0.0077	0.0029	0.0042
重庆	0.0109	0.0068	0.0063	0.0044	0.0025
武汉	0.0063	0.0056	0.0047	0.0030	0.0109
南京	0.0091	0.0054	0.0044	0.0039	0.0015
东莞	0.0013	0.0047	0.0029	0.0095	0.0056
宁波	0.0061	0.0047	0.0031	0.0030	0.0061
成都	0.0047	0.0048	0.0053	0.0031	0.0038
沈阳	0.0004	0.0060	0.0027	0.0033	0.0089
佛山	0.0020	0.0031	0.0019	0.0016	0.0124
济南	0.0028	0.0027	0.0033	0.0033	0.0072
青岛	0.0032	0.0043	0.0038	0.0057	0.0018
福州	0.0009	0.0020	0.0027	0.0015	0.0105
长沙	0.0037	0.0050	0.0040	0.0039	0.0011
郑州	0.0020	0.0044	0.0026	0.0040	0.0008
西安	0.0023	0.0035	0.0035	0.0023	0.0021
大连	0.0025	0.0031	0.0043	0.0037	0.0000
珠海	0.0021	0.0013	0.0013	0.0051	0.0011
厦门	0.0037	0.0023	0.0020	0.0028	0.0000

发展指数 2017

城市	创投绩效	创新能力	金融环境	人才环境	政策支持
北京	0.1310	0.0183	0.0222	0.0042	0.0159
深圳	0.0725	0.0151	0.0157	0.0082	0.0299
上海	0.0736	0.0193	0.0240	0.0049	0.0077
杭州	0.0208	0.0061	0.0061	0.0051	0.0300
广州	0.0160	0.0077	0.0081	0.0100	0.0093
苏州	0.0104	0.0139	0.0061	0.0063	0.0125
南京	0.0089	0.0052	0.0042	0.0065	0.0124
天津	0.0077	0.0083	0.0070	0.0042	0.0052
重庆	0.0068	0.0100	0.0060	0.0045	0.0034
武汉	0.0051	0.0056	0.0046	0.0035	0.0073
西安	0.0038	0.0028	0.0038	0.0030	0.0109
宁波	0.0096	0.0053	0.0029	0.0031	0.0028
东莞	0.0011	0.0071	0.0017	0.0091	0.0044
成都	0.0061	0.0042	0.0053	0.0048	0.0000
青岛	0.0026	0.0031	0.0038	0.0053	0.0038
长沙	0.0028	0.0051	0.0041	0.0040	0.0019
郑州	0.0037	0.0052	0.0038	0.0031	0.0007
佛山	0.0018	0.0036	0.0018	0.0022	0.0067
济南	0.0018	0.0030	0.0031	0.0024	0.0051
沈阳	0.0026	0.0055	0.0023	0.0041	0.0000
福州	0.0026	0.0022	0.0027	0.0015	0.0051
珠海	0.0040	0.0014	0.0011	0.0034	0.0037
大连	0.0006	0.0023	0.0032	0.0021	0.0039
厦门	0.0037	0.0026	0.0019	0.0025	0.0012

参考文献

[1] 李成,蔡达建,黄顺绪.风险投资对经济增长贡献的理论解读——以美国为例[J].科技进步与对策,2009,26(17):25-29.

[2] 陆文香.美国风险投资与其经济发展实证关系对我国的启示[J].当代经济管理,2013,35(9):88-92.

[3] 李少亮.风险投资对中国经济增长的影响研究[D].济南:山东财经大学,2013.

[4] 王双正,陈立文.风险投资与经济增长关系研究[J].科学管理研究,2003(2):110-112.

[5] 金雪军,谢碧琼,卢佳.风险投资与区域经济增长——基于中国东部10省的实证分析[J].上海金融,2007(9):19-21.

[6] 徐勇,宋罡,贾键涛.风险投资、技术创新与经济增长[J].中大管理研究,2012,7(3):114-127.

[7] Achleitner A, Kloeckner O. Employment Contribution of Private Equity and Venture Capital in Europe[EB/OL].(2004-12-5)[2005-11-15]. https://ssrn.com/abstract=113782.

[8] Kortum S, Lerner J. Does Venture Capital Spur Innovation?[J]. Advances in the Study of Entrepreneurship Innovation & Economic Growth, 1998, 28(1):1-44.

[9] Tykvova T. Venture Capital in Germany and Its Impact on Innovation[J]. Ssrn Electronic Journal, 2000.

[10] Hellmann T, Puri M. The Interaction between Product Market and Financing Strategy: The Role of Venture Capital[J]. Review of Financial Studies, 2000, 13(4):959-984.

[11] Engel D, Keilbach M. Firm-level Implications of Early Stage Venture Capital Investment—An Empirical Investigation[J]. Zew Discussion Papers, 2007, 14(2):150-167.

[12] 程昆,刘仁和,刘英.风险投资对我国技术创新的作用研究[J].经济问题探索,2006(10):17-22.

[13] 朱孝忠.风险投资对技术创新的作用研究综述[J].金融理论与实践,2008(3):102-106.

[14] 龙勇,杨晓燕.风险投资对技术创新能力的作用研究[J].科技进步与对策,2009,26(23):16-20.

[15] 米建华,谢富纪.创业投资、技术创新与经济增长——基于中国20省市的截面数据实证研究[J].现代管理科学,2009(6):12-13,30.

[16] 米建华,谢富纪,蔡宁.创业投资促进技术创新集群的机制及路径研究[J].科技进步与对策,2010,27(8):7-9.

[17] 龙勇,时萍萍.风险投资对高新技术企业的技术创新效应影响[J].经济与管理研究,2012(7):38-44.

[18] 苟燕楠,董静.风险投资背景对企业技术创新的影响研究[J].科研管理,2014,35(2):35-42.

[19] 张佳睿.美国风险投资与技术进步、新兴产业发展的关系研究[D].长春:吉林大学,2014.

[20] 戚溯,丁刚,魏继鑫.创业投资促进产业技术创新的实证研究[J].中国科技论坛,2014(1):16-21.

[21] 陈思,何文龙,张然.风险投资与企业创新:影响和潜在机制[J].管理世界,2017(1):158-169.

[22] 王兰芳,胡悦.创业投资促进了创新绩效吗?——基于中国企业面板数据的实证检验[J].金融研究,2017(1):177-190.

[23] 王建梅,王筱萍.风险投资促进我国技术创新的实证研究[J].科技进步与对策,2011,28(8):24-27.

[24] 尹洁.中国风险投资与高新技术产业创新[D].杭州:浙江大学,2012.

[25] 邓俊荣,龙蓉蓉.中国风险投资对技术创新作用的实证研究[J].技术经济与管理研究,2013(6):49-52.

[26] Kaplan S N, Strömberg P. Financial Contracting Theory Meets the Real World: An Empirical Analysis of Venture Capital Contracts[J]. Social Science Electronic Publishing, 2003, 70(2): 281-315.

[27] Baeyens K, Manigart S. Dynamic Financing Strategies: The Role of Venture Capital[J]. Journal of Private Equity, 2003, 7(1): 50-58.

[28] Rin M D, Penas M F. The Effect of Venture Capital on Innovation Strategies[J]. Nber Working Papers, 2007.

[29] Gompers P, Kovner A, Lerner J, et al. Venture Capital Investment Cycles: The Impact of Public Markets[J]. Journal of Financial Economics, 2005, 87(1): 1-23.

[30] Michelacci C, Suarez J. Business Creation and the Stock Market[C]//Econometric Society World Congress 2000 Contributed Papers. Econometric Society, 2000.

[31] Baker M, Gompers P A. The Determinants of Board Structure at the Initial Public Offering[J]. Journal of Law & Economics, 2003, 46(2): 569-598.

[32] Hellmann T, Puri M. The Interaction between Product Market and Financing Strategy: The Role of Venture Capital[J]. Review of Financial Studies, 2000, 13(4): 959-984.

[33] Hellmann T, Puri M. Venture Capital and the Professionalization of Start-up Firms: Empirical Evidence[J]. Journal of Finance, 2002, 57(1): 169-197.

[34] Hsu D H. Venture Capitalists and Cooperative Start-up Commercialization Strategy[M]. INFORMS, 2006.

[35] Peneder M. The Impact of Venture Capital on Innovation Behaviour and Firm Growth[C]//WIFO, 2009: 83-107.

[36] 贾生华,王敏,潘岳奇,邬爱其.创业投资对企业成长促进作用研究综述[J].江西社会科学,2009(6):92-97.

[37] 王瀚轮.风险投资对新创企业绩效的影响研究:资源获取的中介作用[D].长春:吉林大学,2014.

[38] 董静,翟海燕,汪江平.风险投资机构对创业企业的管理模式——行业专长与不确定性的视角[J].外国经济与管理,2014,36(9):3-11.

[39] 蒋伟,顾汶杰.风险投资对创业企业作用的实证研究[J].商业经济与管理,2015(11):54-67.

[40] 赵静梅,傅立立,申宇.风险投资与企业生产效率:助力还是阻力?[J].金融研究,2015(11):159-174.

[41] Hsu D H. Venture Capitalists and Cooperative Start-up Commercialization Strategy[M]. INFORMS, 2006.

[42] 张丰.创业投资对中小企业板IPO影响的实证研究[J].经济与管理研究,2009(5):10-19.

[43] 张学勇,廖理.风险投资背景与公司IPO:市场表现与内在机理[J].经济研究,2011,46(6):118-132.

[44] 贾宁,李丹.创业投资管理对企业绩效表现的影响[J].南开管理评论,2011,14(1):96-106.

[45] 李玉华,葛翔宇.风险投资参与对创业板企业影响的实证研究[J].当代财经,2013(1):75-84.

[46] Miloud T. The Venture Capital Certification Role In Initial Public Offerings[J]. Journal of Applied Business Research, 2016, 32(2):479.

[47] 许昊,万迪昉,徐晋.风险投资改善了新创企业IPO绩效吗?[J].科研管理,2016,37(1):101-109.

[48] Black B S, Gilson R J. Venture Capital and the Structure of Capital Markets: Banks Versus Stock Markets 1[J]. Journal of Financial Economics, 1998, 47(3):243-277.

[49] Gompers P A, Lerner J, Blair M M, et al. What Drives Venture Capital Fundraising?[J]. Brookings Papers on Economic Activity Microeconomics, 1998(1):149-204.

[50] Jeng L A, Wells P C. The Determinants of Venture Capital Funding: Evidence across Countries[J]. Journal of Corporate Finance, 2000, 6(3):241-289.

[51] Schertler A. Driving Forces of Venture Capital Investments in Europe: A Dynamic Panel Data Analysis[C]// Kiel Institute for the World Economy, 2003.

[52] 单雪雨.创业风险投资集聚的驱动因素研究[D].武汉:武汉理工大学,2010.

[53] 张艳光.中国风险投资影响因素探析[D].北京:中央民族大学,2011.

[54] 张晓晖,尹海英.中国创业投资的区域分布及其影响因素[J].社会科学战线,2012(8):63-69.

［55］朱永贵.风险投资影响因素的统计分析及对中国的启示［J］.统计与决策，2013（4）：160-163.

［56］蒲惠荧，苏启林.区域创新资源、金融发达程度与创业投资的集聚效应［J］.改革，2013（9）：125-130.

［57］张玉华，李超.中国创业投资地域集聚现象及其影响因素研究［J］.中国软科学，2014（12）：93-103.

［58］Furman J L, Hayes R. Catching up or Standing Still?: National Innovative Productivity among 'Follower' Countries, 1978 – 1999［J］. Research Policy, 2004, 33（9）: 1329–1354.

［59］袁卫，吴翌琳，张延松，唐丽娜.中国城市创业指数编制与测算研究［J］.中国人民大学学报，2016，30（5）：73-85.

［60］蔡真.国际金融中心评价方法论研究：以 IFCD 和 GFCI 指数为例［J］.金融评论，2015（5）：1-17.

［61］王雪青，陈媛，刘炳胜.中国区域房地产经济发展水平空间统计分析——全局 Moran's I、Moran 散点图与 LISA 集聚图的组合研究［J］.数理统计与管理，2014（1）：59-71.

［62］郭峰，孔涛，王靖一.互联网金融空间集聚效应分析：来自互联网金融发展指数的证据［R］.中国金融四十人论坛工作论文，2017.

［63］鲁春阳，文枫，杨庆媛，等.基于改进 TOPSIS 法的城市土地利用绩效评价及障碍因子诊断——以重庆市为例［J］.资源科学，2011，33（3）：535-541.

［64］郝汉舟，汤进华，翟文侠，等.湖北省绿色发展指数空间格局及诊断分析［J］.世界地理研究，2017，26（2）：91-100.